AF477543

FLUZ

QUITO

Retratar una ciudad es tarea imposible. Aunque se desplieguen a ciento cincuenta fotógrafos del lugar y se capturen decenas de miles de imágenes, el resultado final siempre será incompleto, inexacto, antojadizo.

El gran fotógrafo y editor mexicano Pablo Ortiz Monasterio ordenó las imágenes del proyecto Fluz Quito, hechas en su gran mayoría por fotógrafos quiteños, y construyó una propuesta. Lo hizo con la audacia de quien tiene décadas de experiencia en la construcción de narrativas visuales. Se ve una ciudad fragmentada, inquietante, marcada por una lucha caótica entre la contemporaneidad y la tradición.

El libro comienza con una serie de fotografías de los cielos de Quito. Los quiteños nos sentimos orgullosos de nuestro cielo, le cantamos odas al cielo, hablamos de su estructura cristalina, de la ausencia de nubes en los meses de verano. Y en ese simple ejercicio de fotografiar el cielo de Quito nos encontramos con la sorpresa de que hay muchas variaciones de azul, de celeste, de gris, de rosado, de naranja. El cielo azul de Quito, ese azul uniforme, cuyo tono exacto creemos llevar todos en nuestra psique, ya no alcanza para cobijar a todos los quiteños.

Luego se despliegan unos héroes de cartón piedra, unos súper héroes incongruentes que obviamente no son los todopoderosos de Hollywood, sino unos acotados por el subdesarrollo. ¿Qué poderes les acompañan? Seguramente hablamos de poderes más terrenales y urgentes como proteger a las mujeres de la violencia o recoger la basura, o disponer la seguridad en las estaciones de transporte.

El arte tiene la función de ofrecernos perspectivas nuevas y el documentalismo tiene la de denunciar, describir, contar. En los últimos años los fotógrafos latinoamericanos han decidido cruzar libremente las fronteras entre el arte y el documentalismo, y Ecuador ciertamente no es la excepción. Las fotos publicadas en este libro no pertenecen de manera estricta a ninguno de los dos géneros. No hablamos del purismo innecesario del documentalismo, que no permite ninguna desviación respecto a la «verdad», pero tampoco hablamos de un arte abstraído de la realidad, que le da las espaldas al aquí y ahora. Este es un libro que, como la mayor parte de la fotografía latinoamericana contemporánea, transita libremente entre el documentalismo y el arte, con la única misión de provocar.

Hablaría incluso de este libro como una invitación a ejercer la arqueología visual. A partir de una serie de restos incongruentes tenemos que reconstruir en nuestra mente el ruido de la ciudad, la energía, la diversidad.

¿Si sumamos las partes llegamos a un todo? ¿Si sumamos un antiguo letrero de Latitud 0 y una banda de pueblo y un pecador penitente encapuchado tocando el piano, y los retratos de los transeúntes de la Plaza de la Independencia tenemos un todo? ¿Qué es total? El total es una diversidad que nos causa sorpresa, conflicto. Una diversidad que no encaja bajo un solo tono de azul. Una diversidad que no puede ser explicada en las imágenes de los edificios patrimoniales del centro de Quito o de los rascacielos y centros comerciales del norte a las que nos hemos acostumbrado.

Yo hablaría de un movimiento telúrico que pulveriza las supuestas raíces de nuestra quiteñidad, de una provocación para que nos miremos bajo un prisma giratorio.

Los fotógrafos somos atraídos como moscas por el caos y el desorden visual, e intentamos crear sentido donde no lo hay. Este libro es un caleidoscopio que cada vez que giramos nos ofrece lecturas diferentes. Me llama la atención la foto del castillo pseudo-medieval en construcción, arropado por unas telas a lo Christo & Jeanne Claude. ¿Es una obra de arte o una postal antojadiza de un Quito siempre en construcción? Me inquieta la foto de la mujer desenfocada que se pinta los labios junto a su celular y un fajo de dinero. ¿Es un retrato de la burocracia o un retrato de estos tiempos ensimismados?

Si alguna virtud tiene este libro es que no da ninguna respuesta ni pretende hacerlo. El capítulo de la movilidad es el transcurso del vacío, la sensación de la nada, la espera, el lugar sin lugar. Los autobuses me dan la sensación de ser cárceles desde las que los viajeros miran el cielo de Quito, o se envuelven en sí mismos y sueñan. ¿Qué sueños sueñan? Son pesadillas de lugares inseguros y sangrientos, de un papel tapiz floreado y un payaso, de limpias rituales con fuego y lecturas desaforadas de un futuro perfecto de amor.

Los quiteños hablamos de la franciscana ciudad, es decir de la ciudad conventual y sana, de la ciudad conservadora. Este libro es el informe descarnado de que Quito ya perdió su inocencia.

El ejercicio que hemos querido hacer desde la Secretaría de Cultura de la ciudad es el de mirar la complejidad social usando las herramientas del arte, de la fotografía documental, del periodismo, de la crónica, del teatro. El ensayo sobre la violencia en contra de la mujer es una reflexión desde lo público para crear conciencia sobre esta enfermedad que nos afecta a todos. El trastorno es ciertamente la incapacidad de procesar de manera civilizada la diversidad que somos.

¿Por qué maltratamos a las mujeres, a los niños, a los refugiados, a los gays, a los indígenas, a las tribus urbanas? ¿Por qué nos maltratamos los unos a los otros? ¿Por qué permitimos ese maltrato?

El propósito de este libro es proponer la incongruencia y la inquietud. Es un libro incómodo porque todo está ligeramente desplazado, fuera de lugar. Nada hace sentido. Nada tiene sentido. Como una película B, a la que le faltó el presupuesto.

La incomodidad es el propósito de este proyecto. Lo único que aquí se retrata es a la ciudad que se despierta de la inocencia y se mira en el espejo, y duda. ¿Soy yo?

— Dr. Pablo Corral Vega
Secretario de Cultura del Distrito Metropolitano de Quito

Este libro y las imágenes que lo componen es el resultado de Fluz Quito, un proyecto de la Secretaría de Cultura del Distrito Metropolitano de Quito concebido con una doble propuesta: visibilizar determinadas situaciones sociales de la ciudad y hacerlo de la mano de artistas visuales de reconocido prestigio nacional e internacional.

Estamos inmersos en una era virtual donde la producción de imágenes es exponencial y en la que cada vez hay más dispositivos de captura de uso mayoritario. Sin embargo, esta masificación no viene acompañada de un desarrollo cualitativo en los procesos de construcción de las narrativas y sus contenidos. La realidad nos indica que la mayor parte de esta producción suele perderse en la inmensidad de las redes virtuales, sin dejar apenas reflexiones sobre su uso o intención, a pesar de su permanencia en el tiempo.

Desde Fluz Quito reivindicamos el papel de la fotografía y de la creación visual como un vector fundamental de comunicación y transmisión de conocimientos en nuestra sociedad. Sabemos que la fotografía tiene la capacidad de generar encuentros entre realidades que no siempre se relacionan entre sí, aunque las mismas formen parte de contextos cercanos con multiplicidad de vasos comunicantes. Fue así que nos planteamos conseguir una mirada colectiva que, capitaneada por autores de basta experiencia en la construcción de modos de representación e imaginarios contemporáneos, consiguiera destacar elementos fundamentales de la realidad, y a su vez, incidir en temáticas prioritarias para la sociedad quiteña.

Durante 2015 y 2016 se invitó sistemáticamente a fotógrafos para que compartieran sus experiencias de trabajo con autores locales, trabajando colectivamente en talleres y generando de ese modo sinergias compartidas en la construcción de imaginarios sobre Quito. La intención de este planteamiento era, por un lado, resignificar elementos importantes para el gobierno local y, por el otro, dimensionar las políticas sociales de integración y reconocimiento de la diversidad urbana en la ciudad.

Desde Fluz Quito hemos otorgado a los creadores un papel prioritario en la transmisión de información y colocado al alcance de la ciudadanía los resultados de su producción, apoyando así los procesos de consolidación de la creación visual no solo desde su origen sino también en su finalidad: llegar a la ciudadanía a través de diversos mecanismos expositivos en el espacio público y en las redes digitales. Para ello hemos diseñado estructuras y plataformas que nos han permitido exhibir las producciones en grandes formatos durante los eventos masivos de la urbe. El proyecto Fluz Quito ha estado todo el tiempo fundamentado en dar voz a los artistas fotógrafos para que sean escuchados en las calles. Es así que todas las producciones visuales surgidas del proyecto —que ha tenido su foco e interés en el contemporáneo de la diversa sociedad quiteña— han sido integradas y discutidas en la misma vida cotidiana de la ciudad. Hasta el cierre de la edición de este libro, hemos realizado más de veinte intervenciones en distintos espacios públicos con temáticas y aproximaciones al quehacer ciudadano.

Todas las imágenes que presentamos en este libro han sido producidas en 2015, durante el desarrollo del proyecto Fluz Quito. A la convocatoria abierta se presentaron 149 autores y colectivos ecuatorianos; entre ellos, *EveryDayEcuador*, un movimiento de Instagram que tiene especial relevancia en esta propuesta editorial.

La edición del libro y la selección de las imágenes ha sido realizada por Pablo Ortiz Monasterio, uno de los editores más relevantes del continente. En ningún momento hemos pretendido generar una visión globalizadora de la ciudad. Este libro es el resultado de una mirada panóptica, la del editor sobre los proyectos presentados en el marco de Fluz 2015. La presente edición pues, construye una nueva reflexión sobre las imágenes producidas.

Sin duda, los talleres y el intercambio de experiencias entre profesionales de la creación visual han sido la base estructural de todo el proyecto Fluz Quito, que nació con la intención de tejer redes entre profesionales del sector, para apoyar de ese modo la integración de creadores ecuatorianos en el panorama internacional. Han participado de estas intervenciones, citados por orden de su llegada a Quito, creadores de la talla de Cristina de Middel (España), Marcos López (Argentina), Stephen Ferry (EEUU), Colectivo Paradocs (Ecuador), Nelson Garrido (Venezuela), Francisco Mata Rosas (México), Iatã Cannabrava (Brasil), Ricardo Cases (España), Colectivo Runa Photos (Ecuador), los editores Gonzalo Golpe (España) y Pablo Ortiz Monasterio (México) y los miembros del comité editorial del Sueño de la Razón, revista sudamericana de imagen.

Todos ellos han participado en procesos colectivos de creación documentando y construyendo imaginarios sobre realidades tan diversas como las tribus urbanas, la diversidad étnica del país, los conflictos de género o las diferentes clases sociales que conviven en el Quito del siglo xxi. Todo el resultado de estas intervenciones y talleres se puede ver en www.fluz.net.

El gran reto de Fluz Quito ha sido atender las necesidades ciudadanas, construyendo imaginarios que detonen reflexiones. Y hacerlo de la mano de creadores y profesionales del sector. Sacando la reflexión de sus foros habituales para llevarla a la calle; poniendo en contacto el discurrir de diferentes realidades y cuestionando al ciudadano, convertido en espectador, sobre los condicionantes de la vida en sociedad. Todo ello desde la fotografía y con la expectativa puesta en la construcción de un futuro mejor para todos.

— Claudi Carreras
Director Fluz Quito

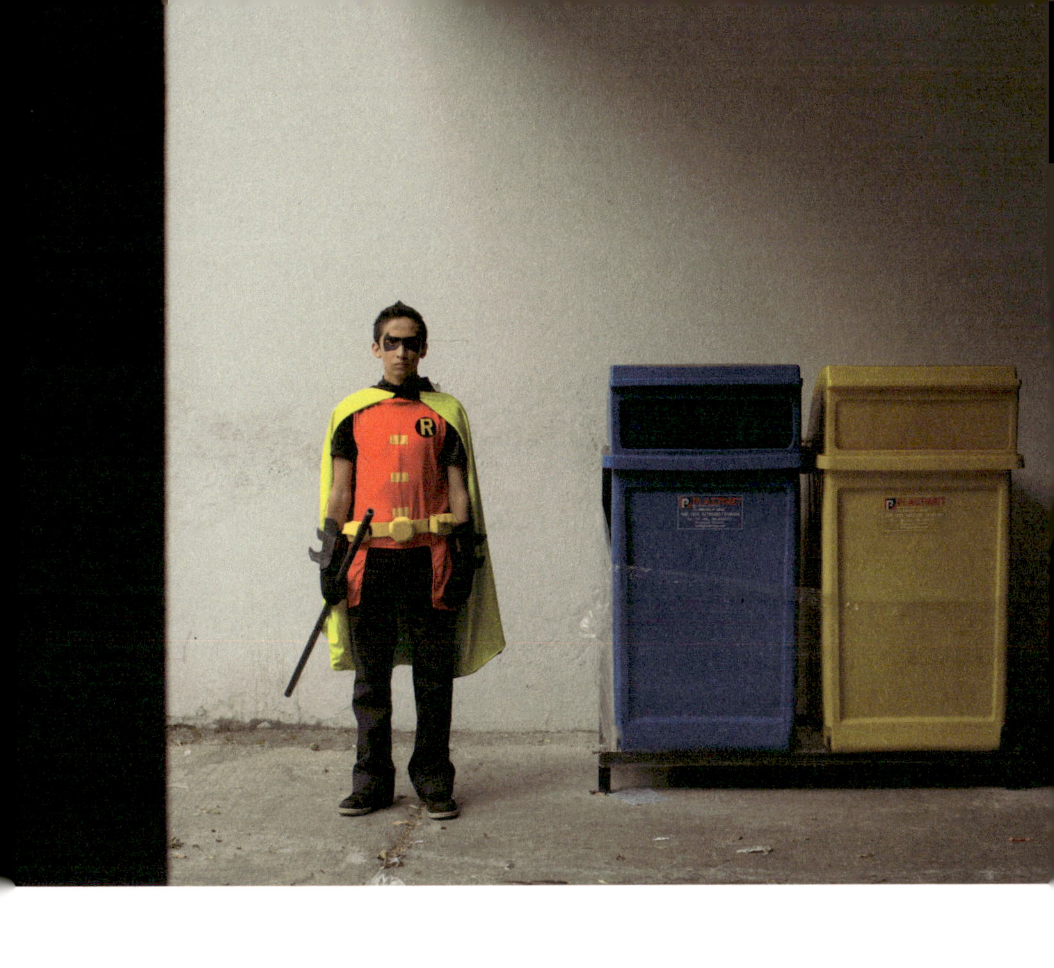

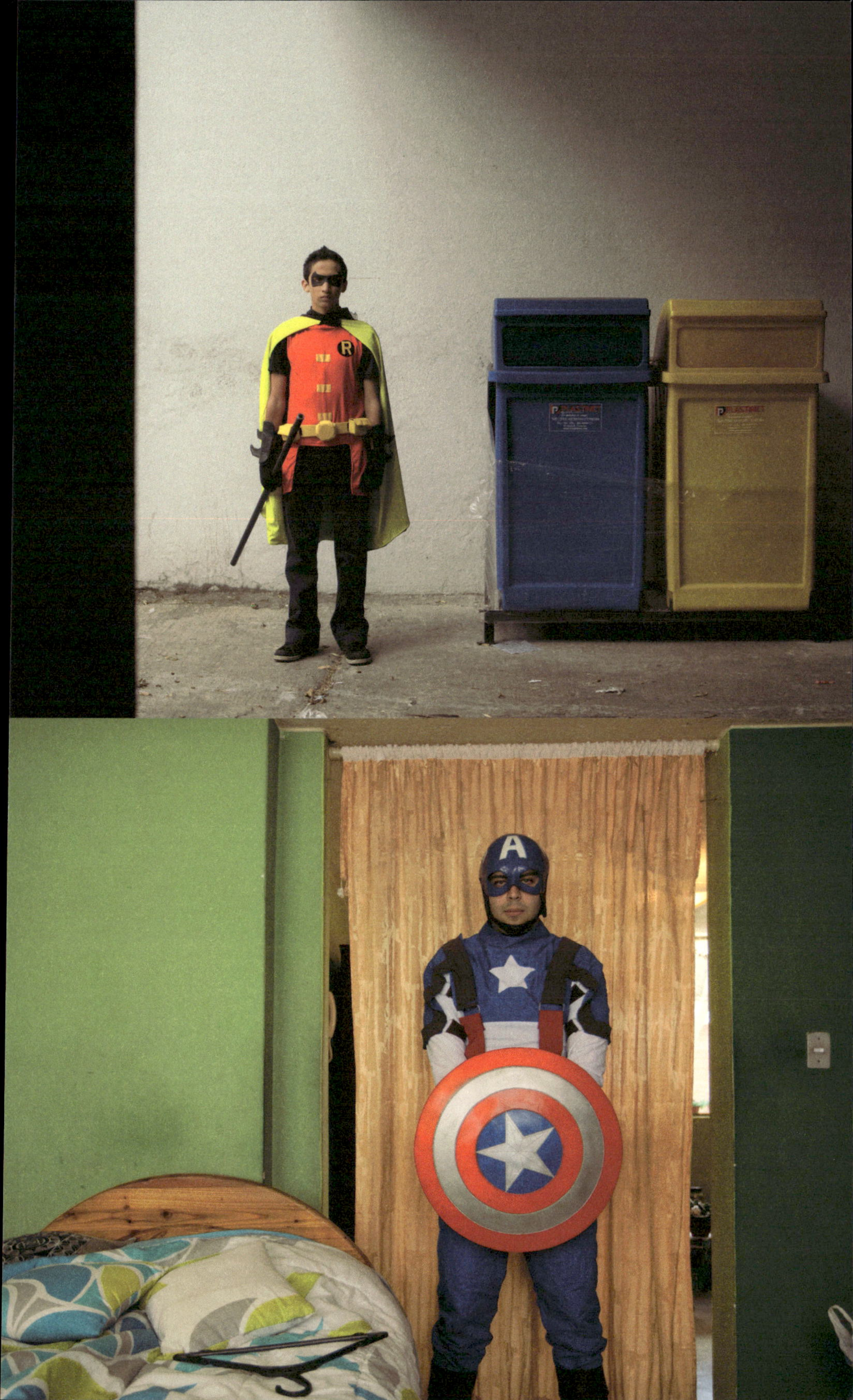

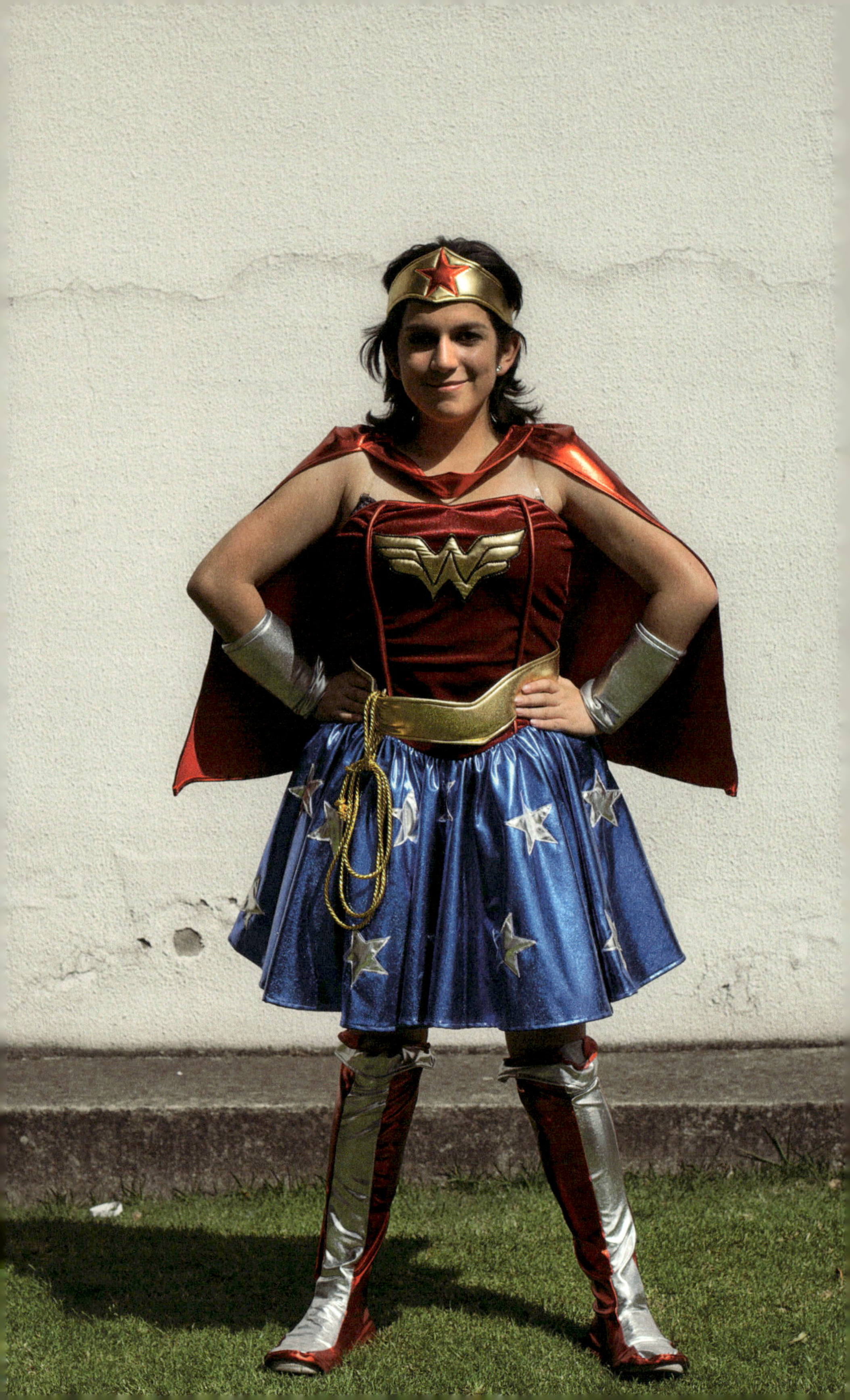

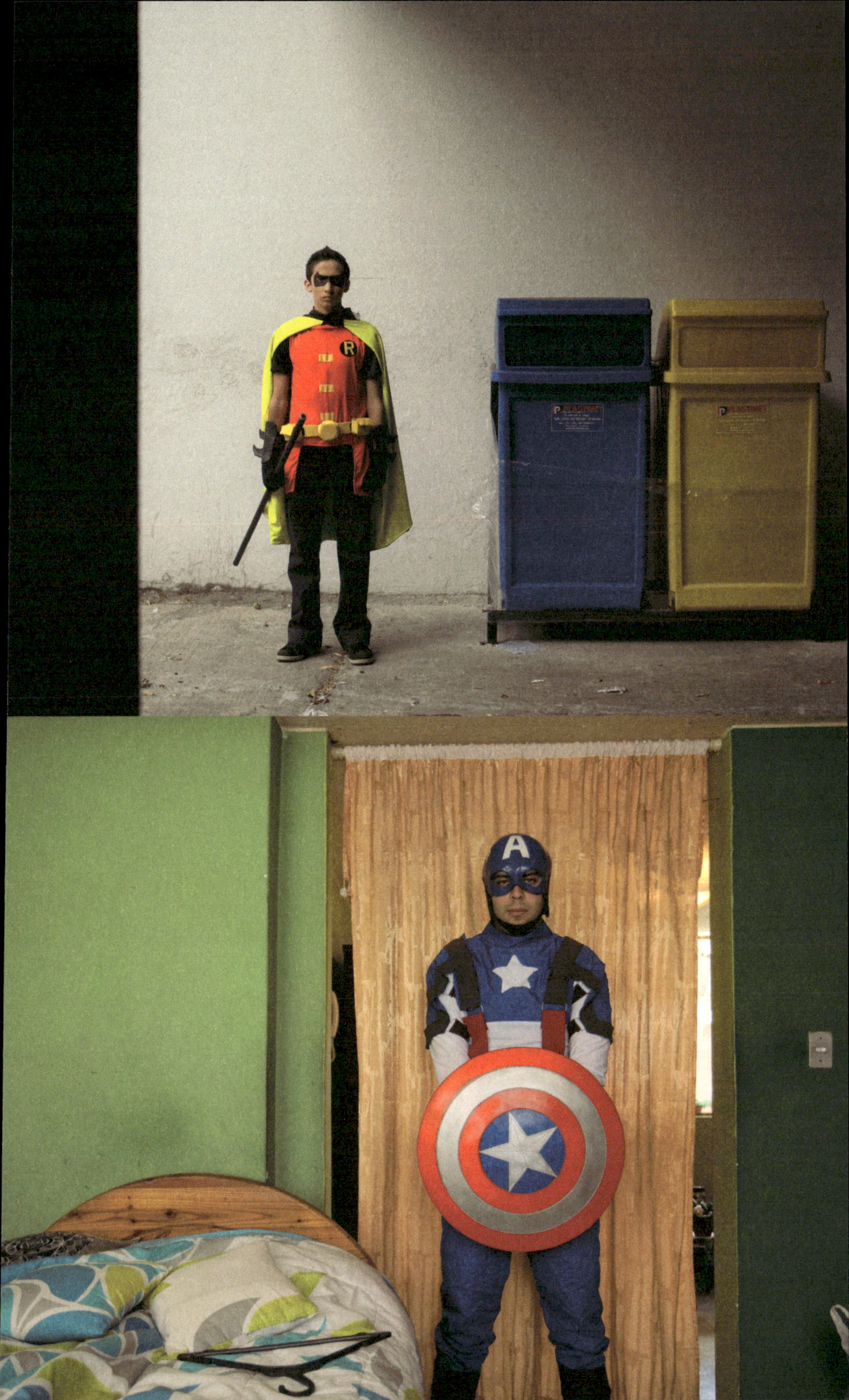

El Quito que van a ver en estas páginas es el resultado de una serie de talleres de fotografía que se impartieron a lo largo de 2015. No pretende mostrar imágenes típicas de la capital ecuatoriana como la Virgen del Panecillo —o *de los adioses* como la tituló el fotógrafo mexicano Manuel Álvarez Bravo—. Aquí se ve el enjambre humano, que iguala Quito con cualquier ciudad latinoamericana, sus ritos, su espiritualidad, sus fetiches, sus problemas, sus ritmos.

La mirada de los autores que participan en este libro colectivo estuvo guiada por fotógrafos y editores con carreras importantes como Cristina de Middel, Ricardo Cases, Iata Canabrava, Gonzalo Golpe, Nelson Garrido y más que viajaron a Quito para ser tutores de fotógrafos locales con proyectos de producción específicos. Se fotografiaron distintos sectores de la realidad quiteña y extrañamente el conjunto de las fotos dibuja un perfil de la ciudad, no es un retrato minucioso y completo, sino una instantánea del fluir urbano.

El conjunto de imágenes se puede leer como una toma de temperatura de la ciudad en el momento de los talleres. Al final del libro hay un incendio, que en 2015 amenazó a la urbe, mezclado con las imágenes de una discoteca. La composición es atrevida y tiene el propósito de mostrar los problemas de manera inusual para generar reflexión. También es cierto que tanto incendio como disco invaden el espacio con calor y sonido, propiedades que los hermana.

El proceso de edición no fue sencillo, por la diversidad de imágenes y acercamientos a la realidad, desde documentación directa hasta construcción en estudio. Mi intención fue incluir temas predominantes y construir una secuencia que invite al lector-espectador a vincular las imágenes, compartir una instantánea que contara cómo es Quito, cómo enfrenta tradición y modernidad, cómo se mueve.

El propósito final del libro es hacer sentir las cosas. Las imágenes de este volumen son testimonio de lo que se fotografió y se pensó, de cómo fueron las condiciones de producción. Esto permitirá, en futuros esfuerzos, avanzar sobre referencias concretas para lograr mayor profundidad.

Quito, comparada con Ciudad de México o São Paulo, parecería más tranquila, pero como tantas otras ciudades latinoamericanas y de otras partes del mundo, la población padece inseguridad y violencia. En los conjuntos fotográficos generados por los talleristas figuran, de manera prominente, la violencia verbal, sexual y física contra las mujeres. Esa violencia antigua que viene de lejos, marcada por la ansiedad y la incertidumbre por el futuro como posibles causas del abuso contra los más débiles, pero sin justificación. Utilizar la fotografía para mostrar todo esto es difícil y puede ser peligroso, pero ayuda a cobrar consciencia colectiva y generar soluciones.

Regreso a los procesos de creación fotográfica, me quedo con la impresión de que los talleres del '15 van a ser un hito en la fotografía ecuatoriana, y aplaudo el tesón y la inteligencia de Pablo Corral y Claudi Carreras, gestores del proyecto. Habrá un antes y después de esta experiencia, que no solo se refleja en este libro y en la exposición que lo antecedió, sino que se va ir notando con el tiempo, a través de los participantes en la gesta fotográfica. Queda el retrato coyuntural de la ciudad de Quito y para los participantes en particular y la fotografía ecuatoriana en general, un referente de trabajo colectivo enfocado al aprendizaje.

— Pablo Ortiz Monasterio

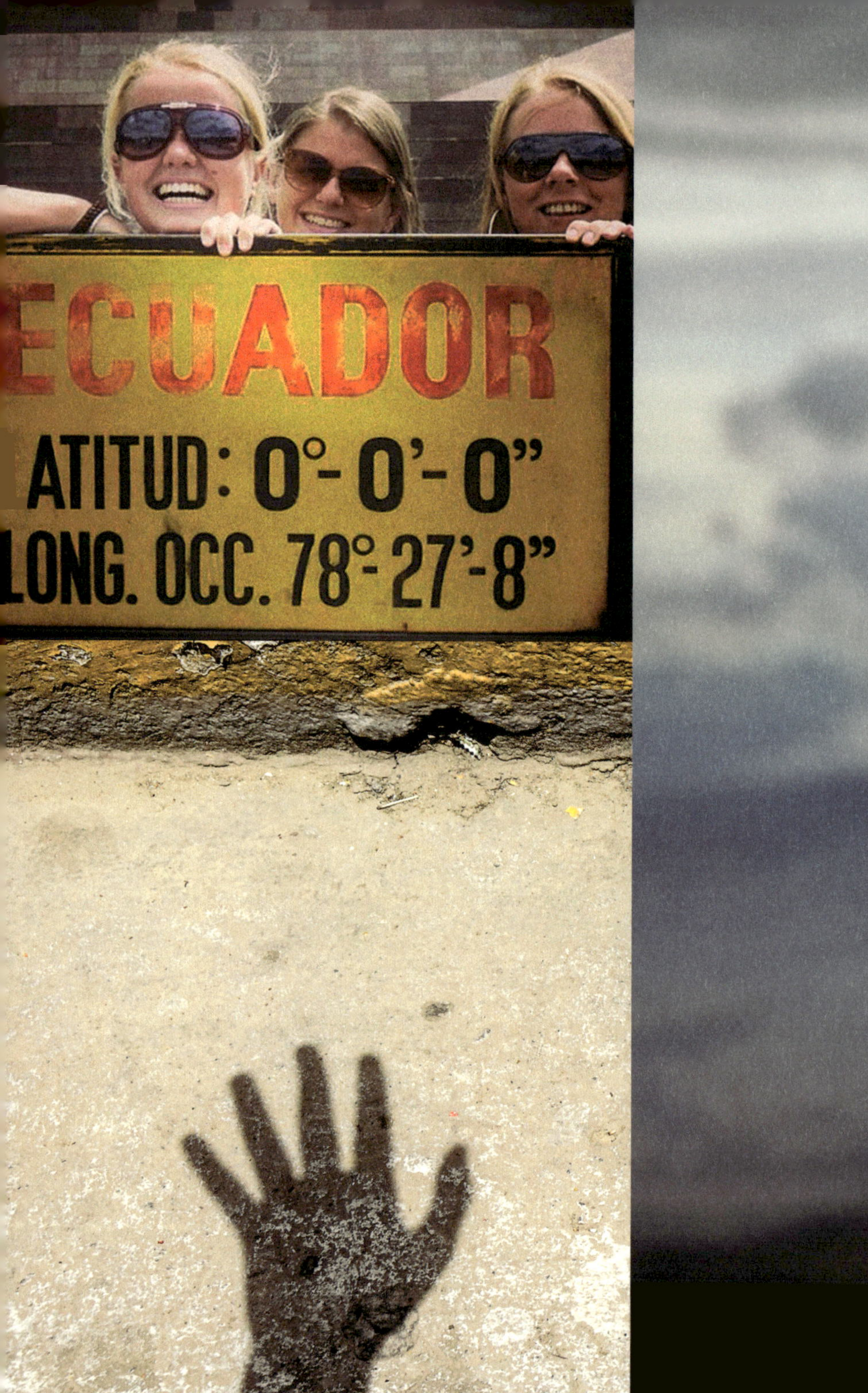
ECUADOR
ATITUD: 0°- 0'- 0"
LONG. OCC. 78°- 27'- 8"

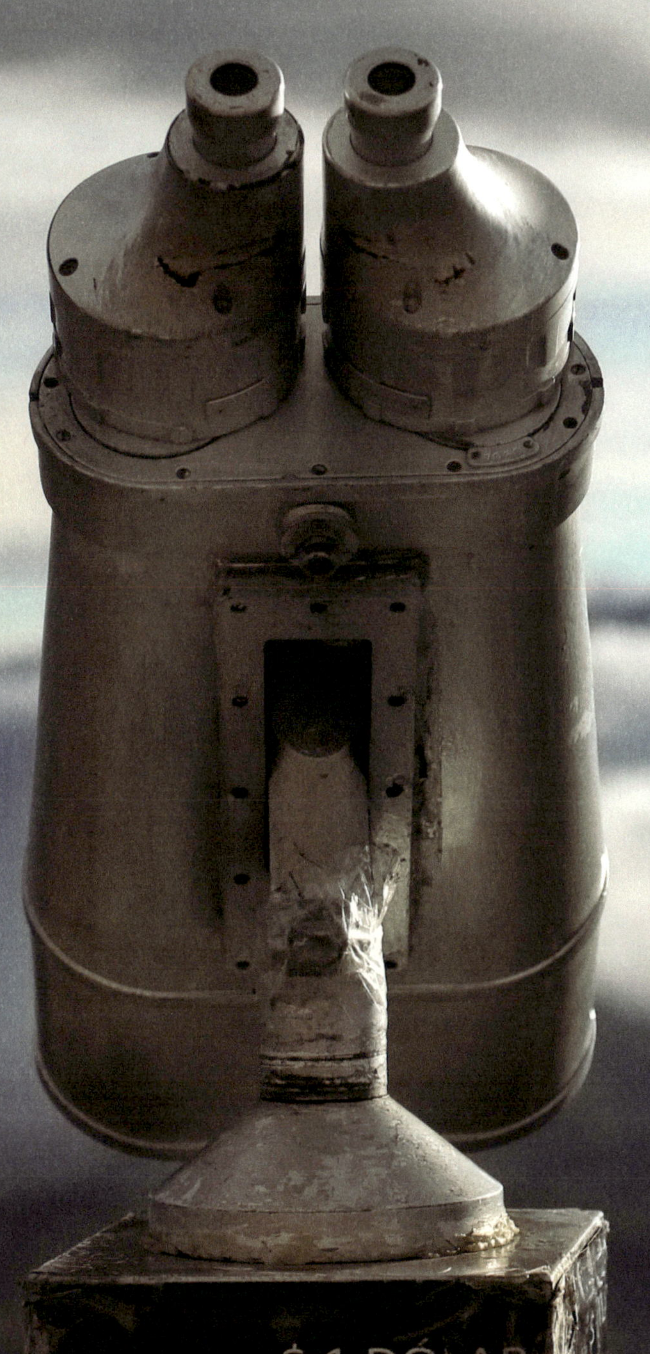
$ 1 DÓLAR
X
TRES
MINUTOS

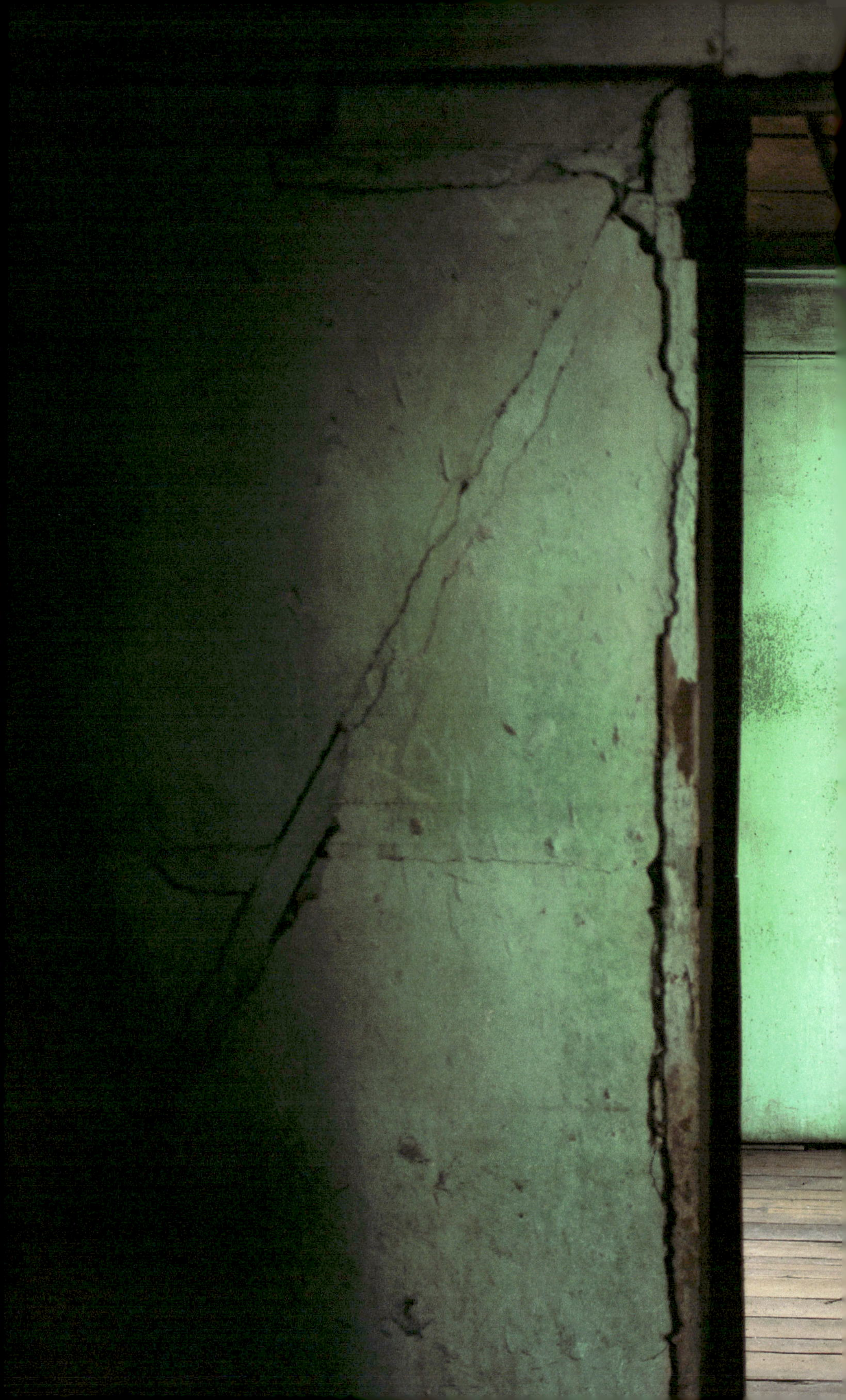

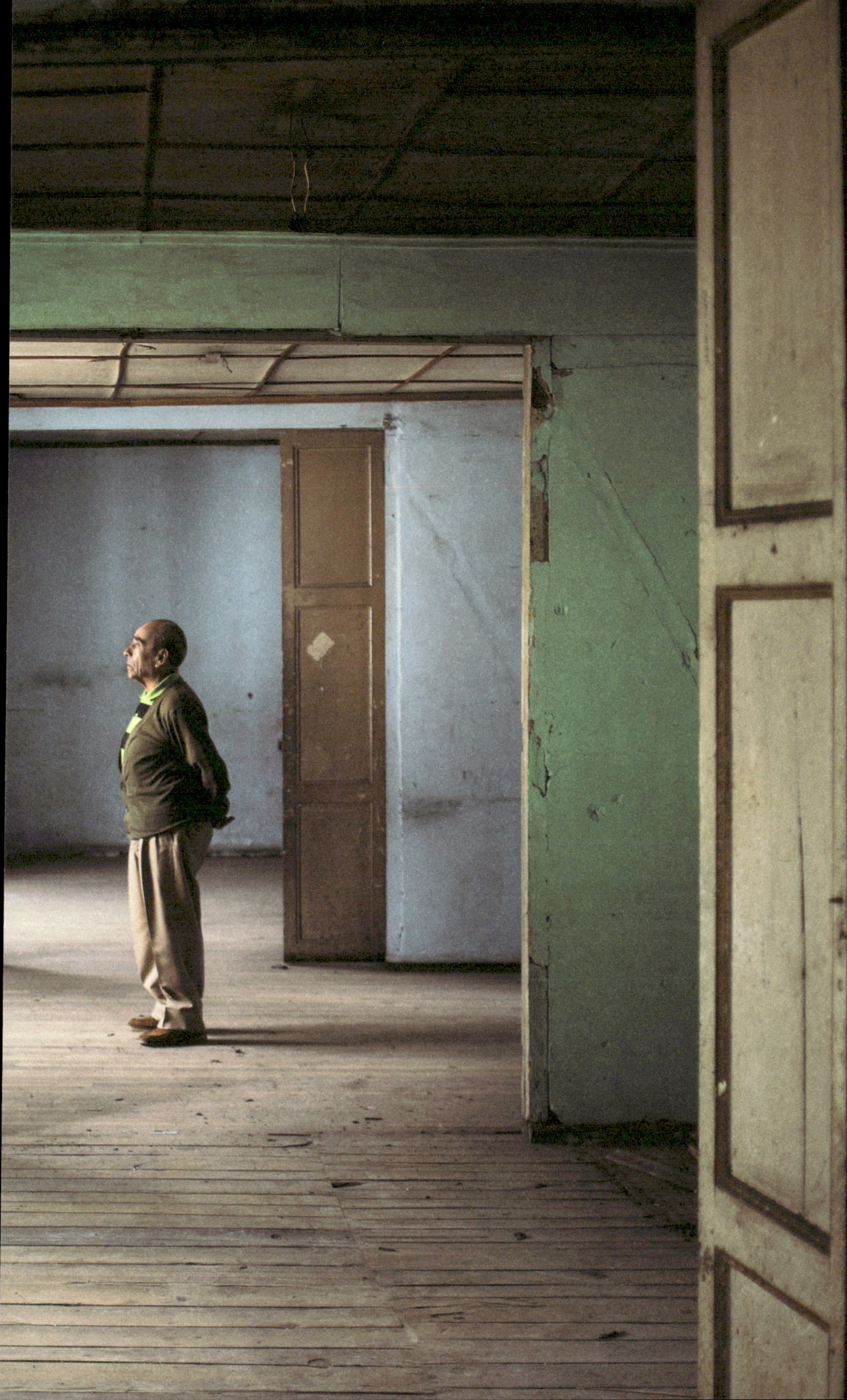

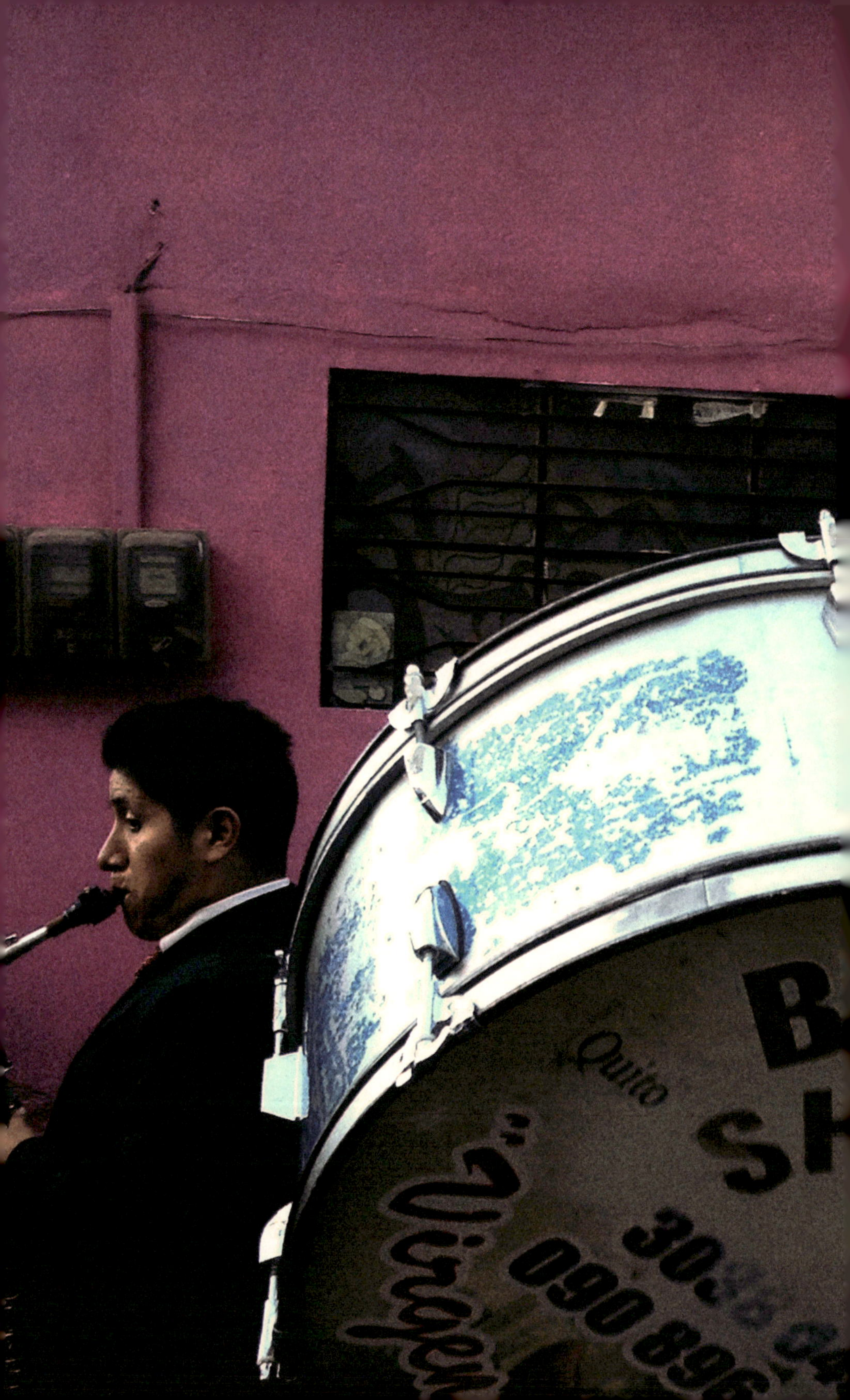
Quito
B
SH
Virgen
30.
968 060

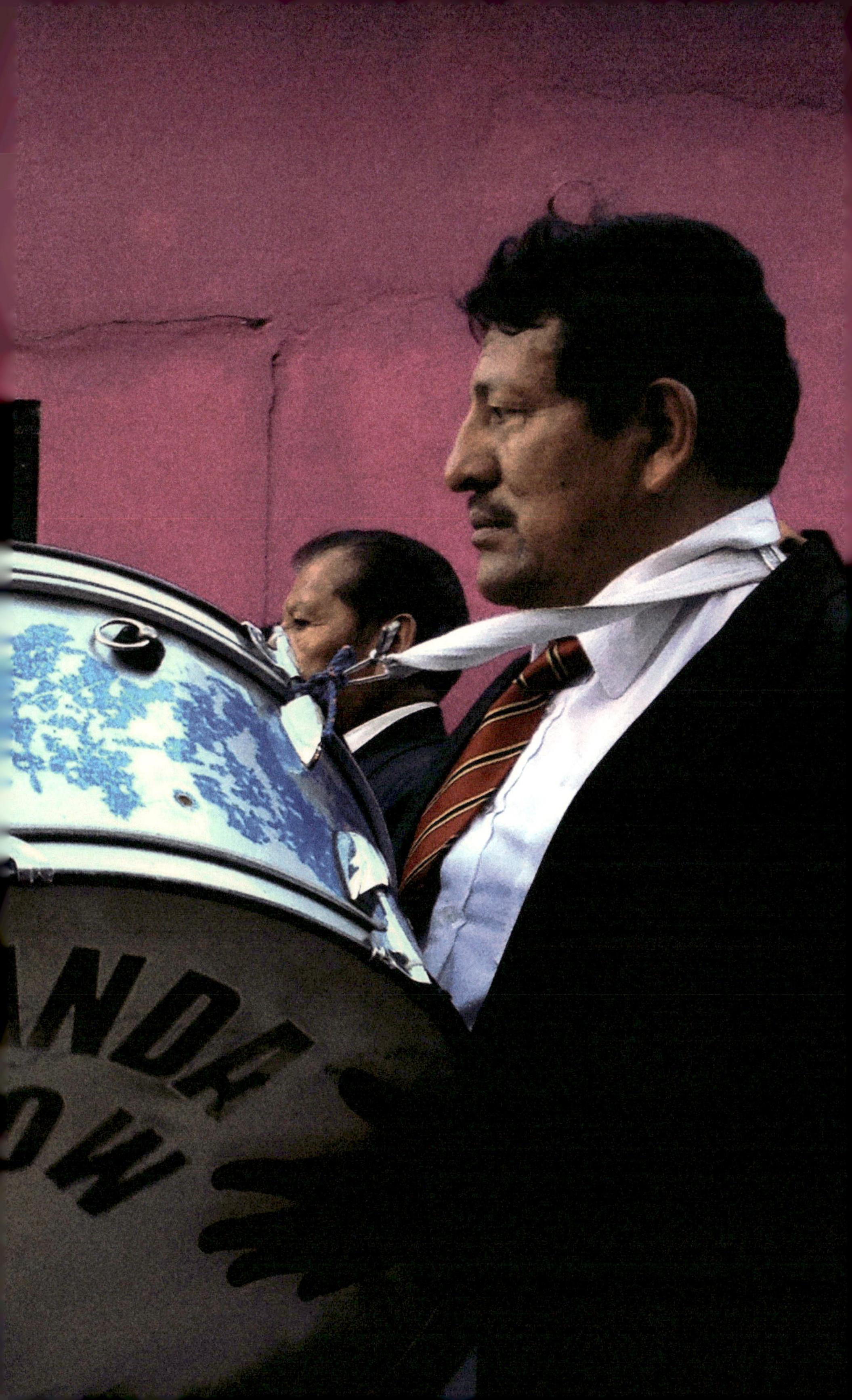
ANDA
OW

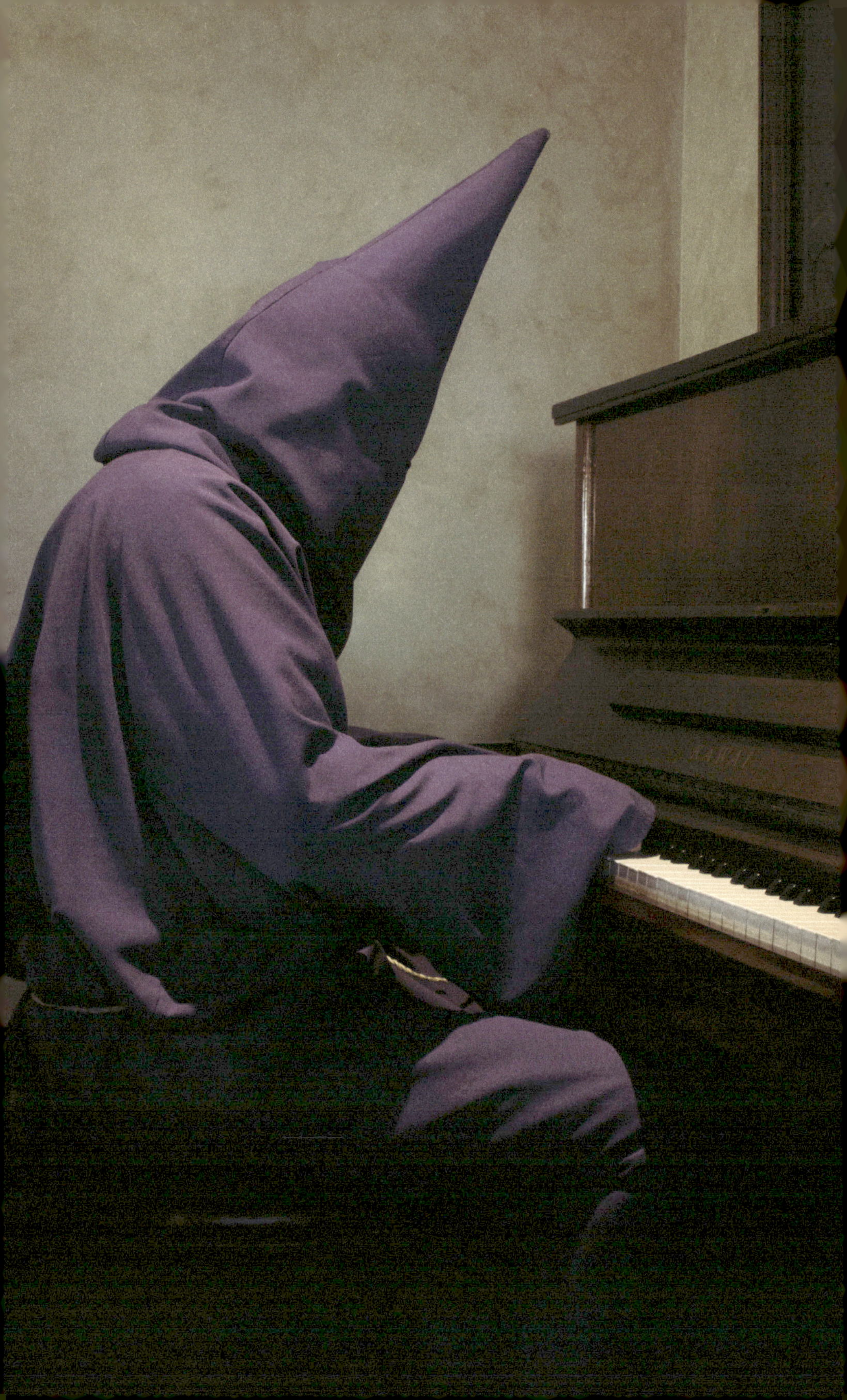

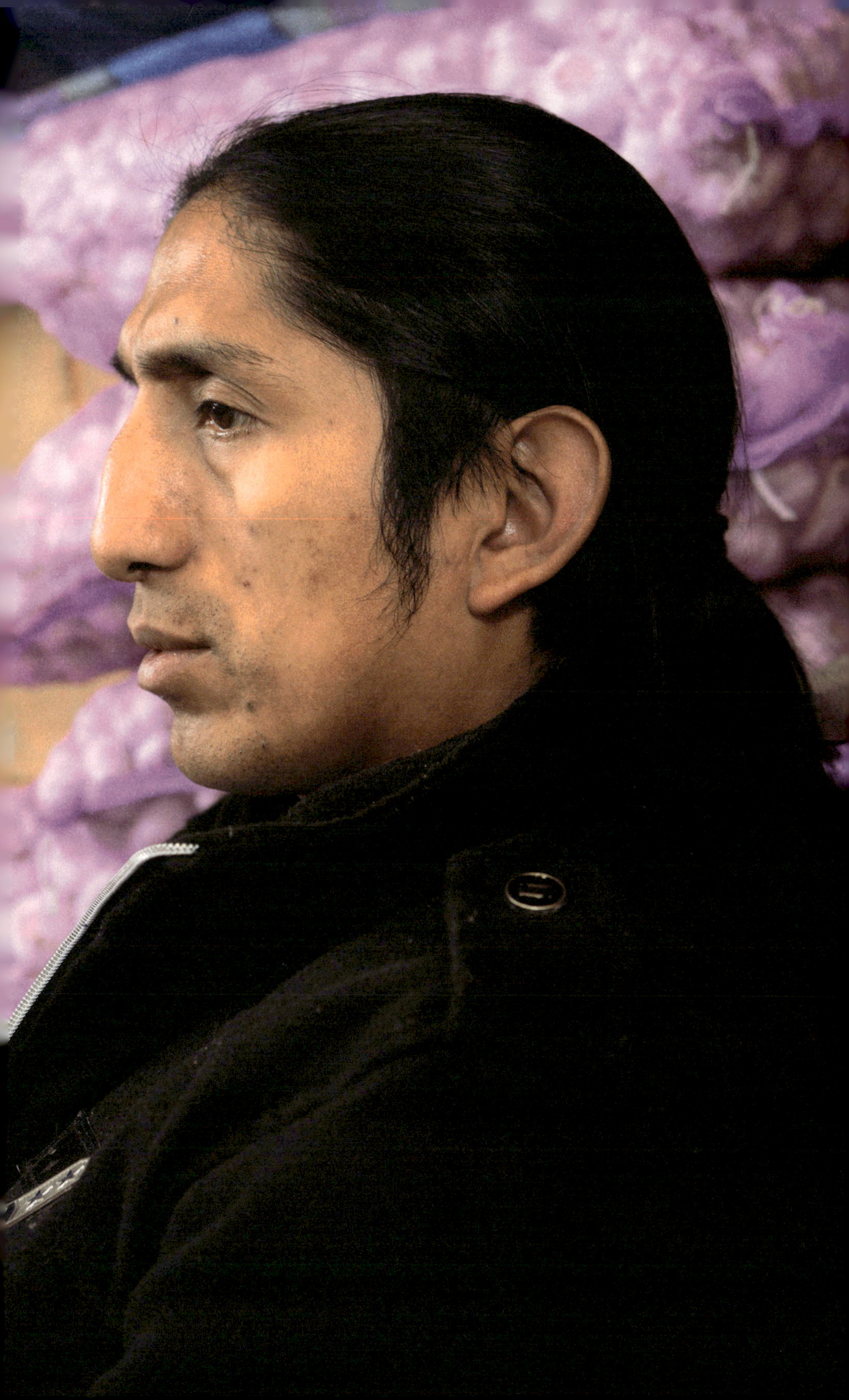

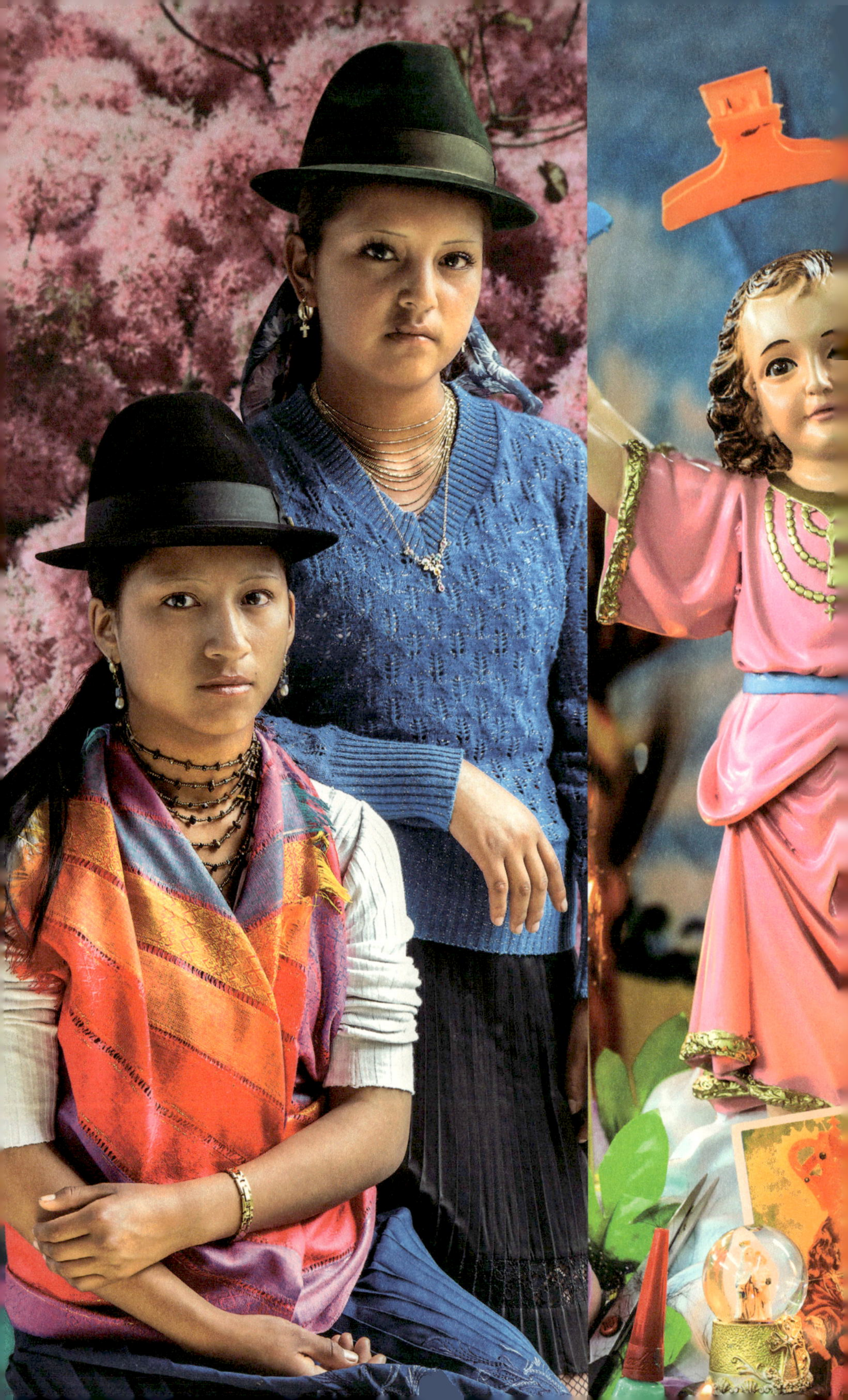

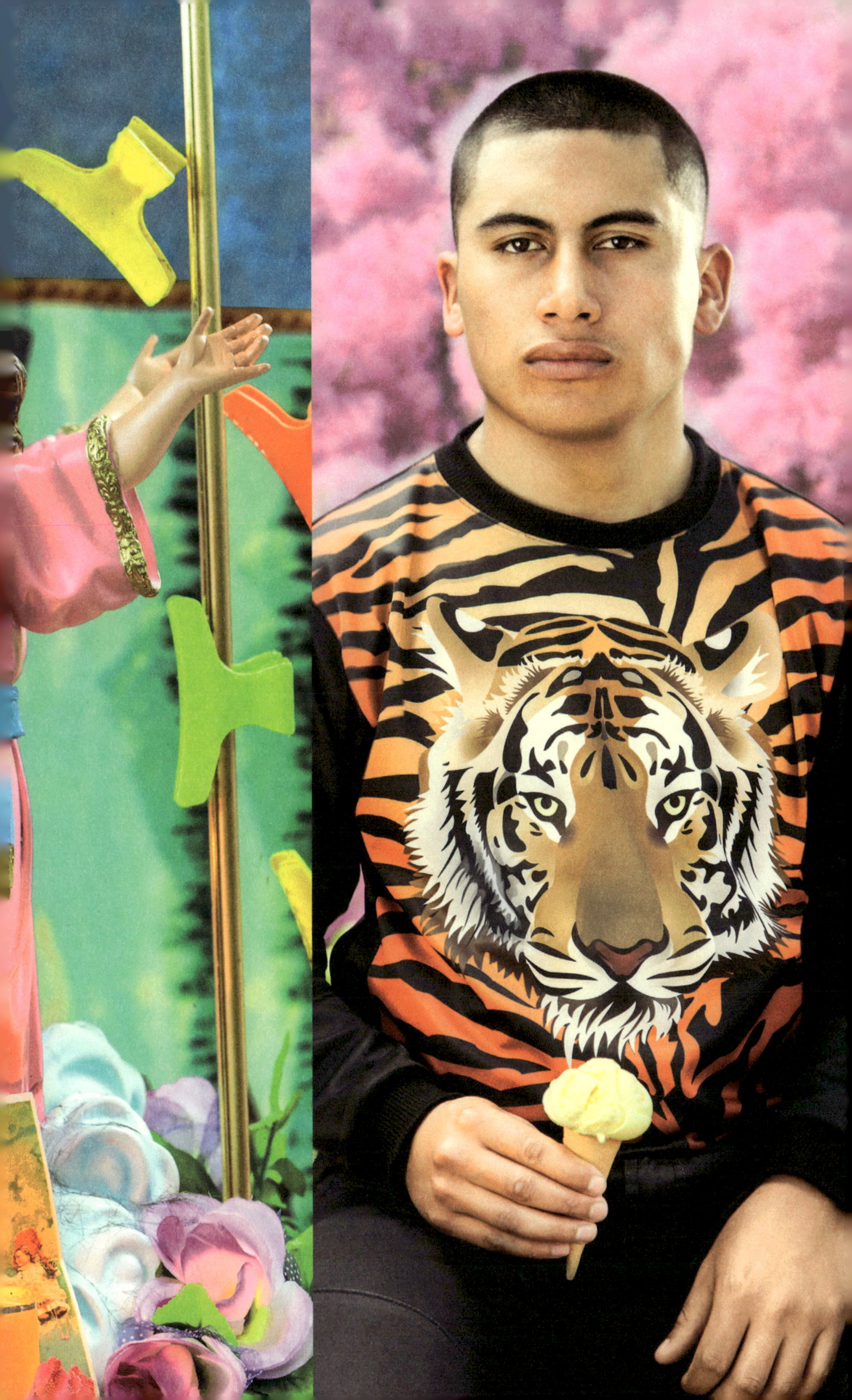

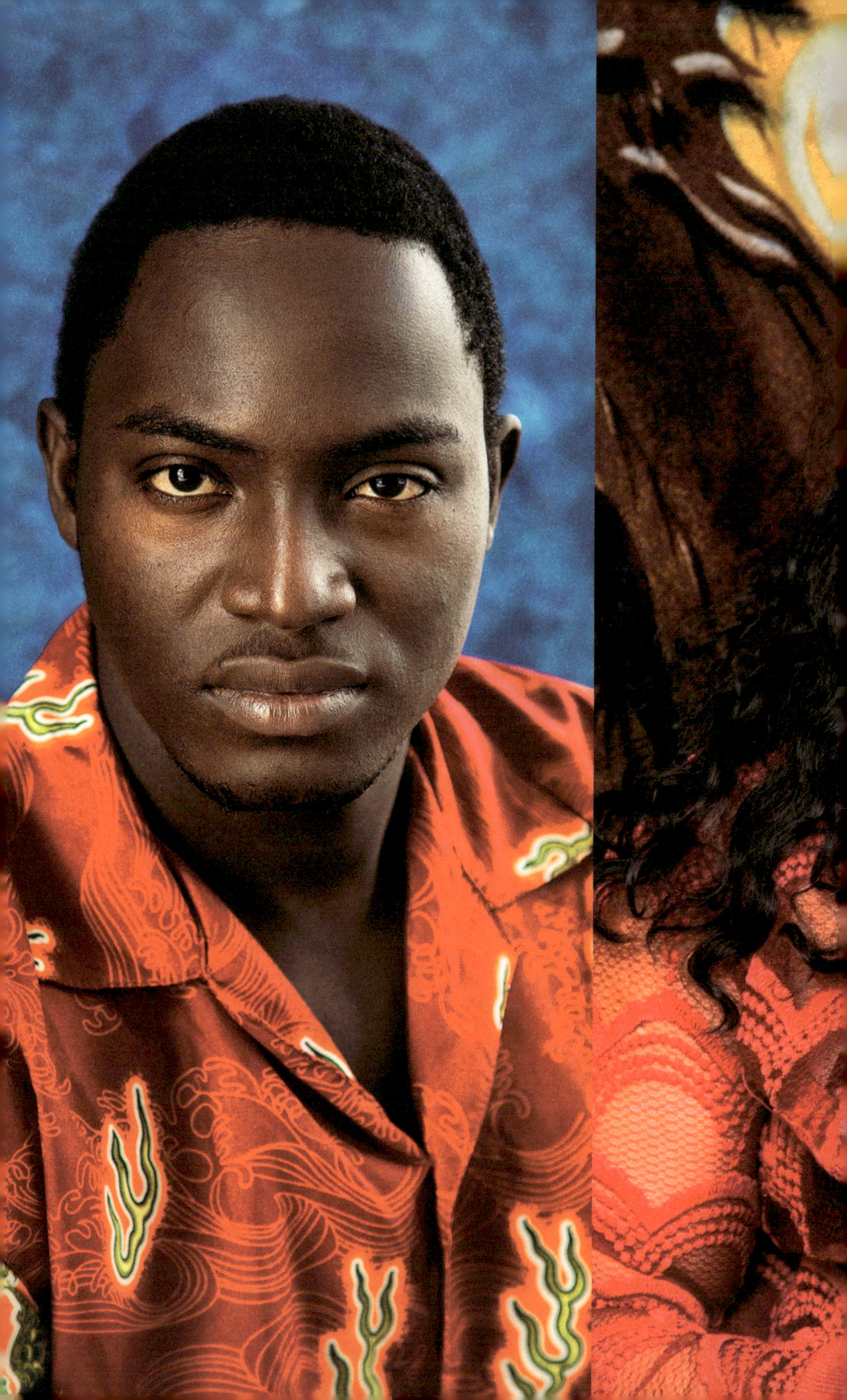

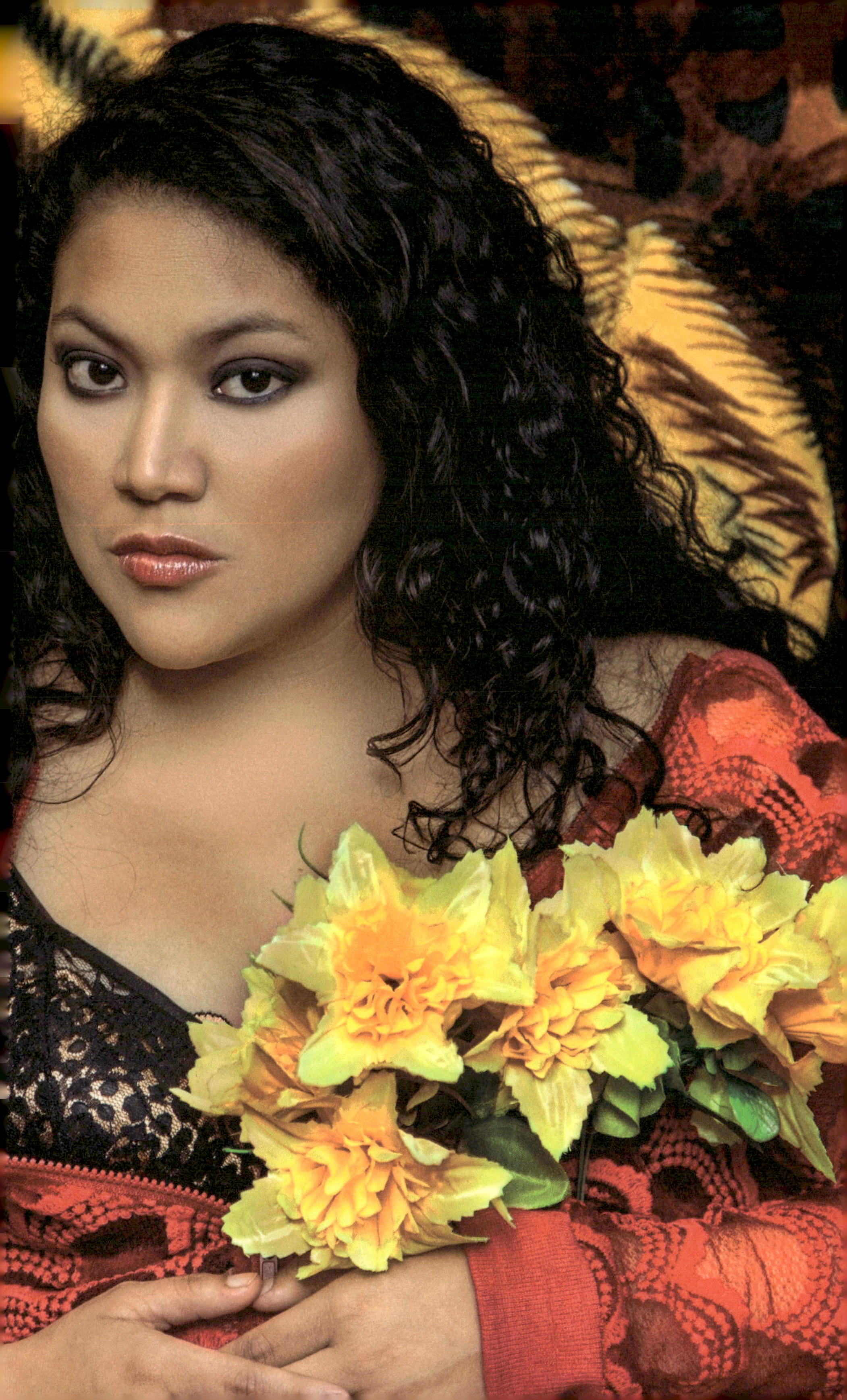

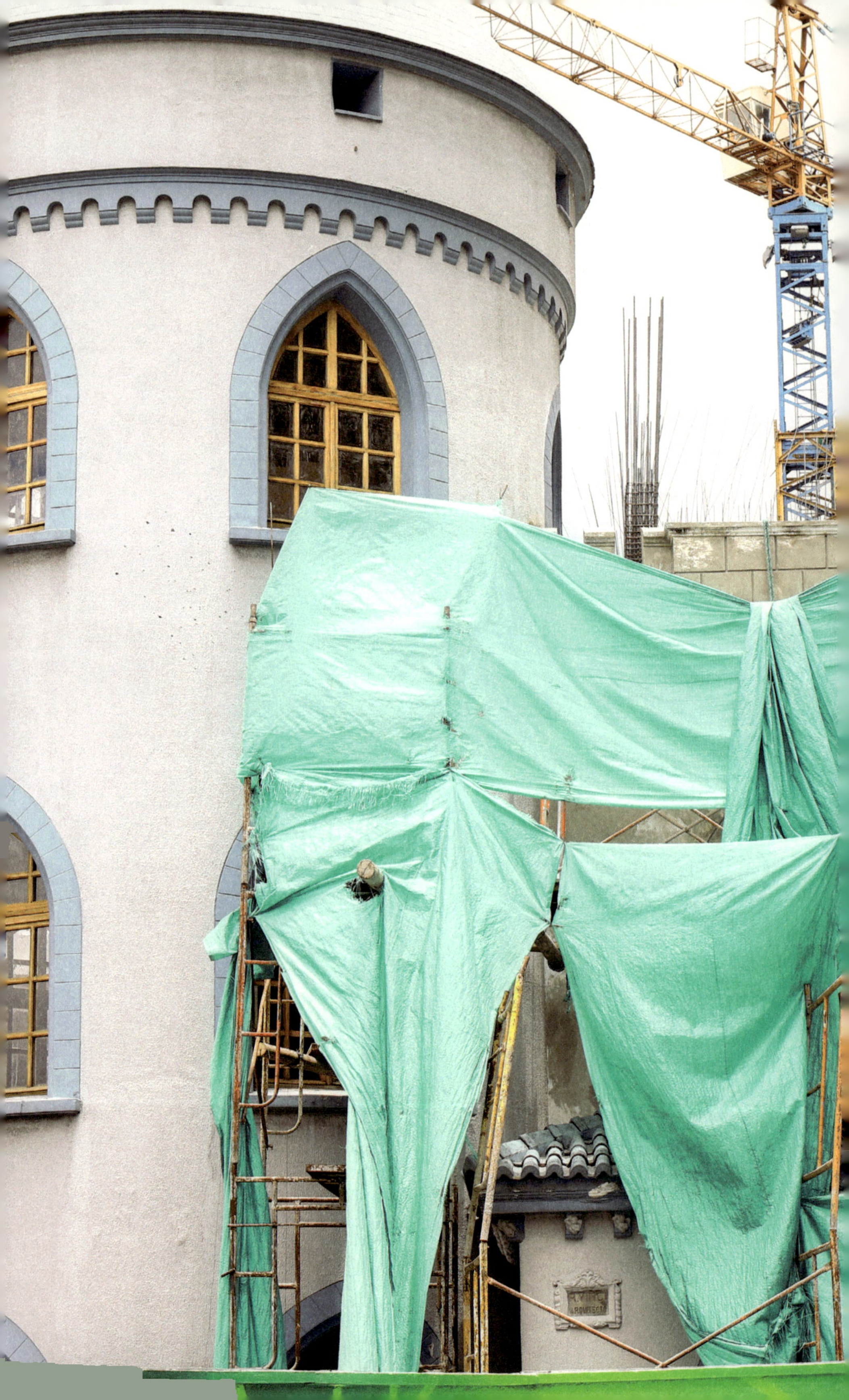

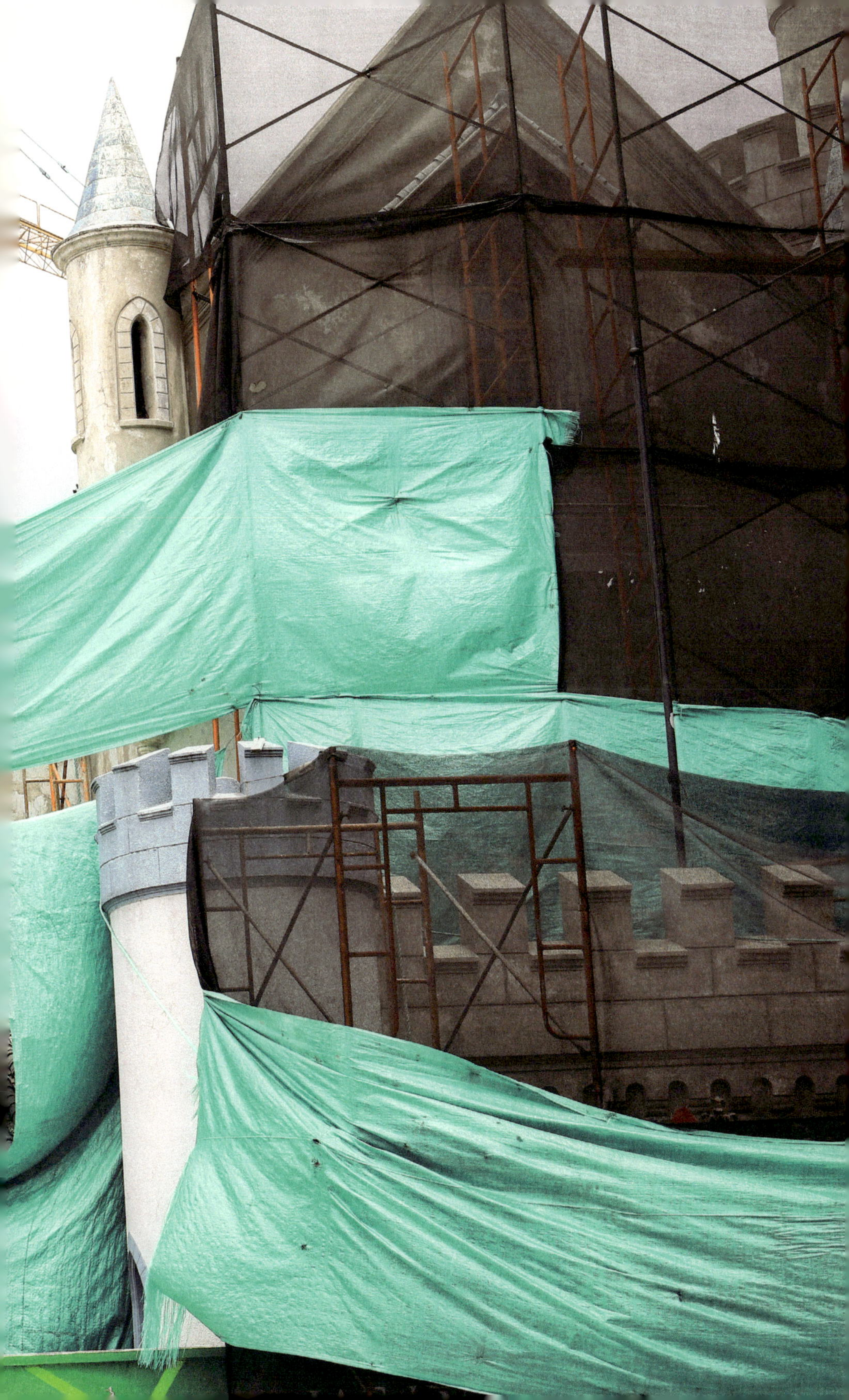

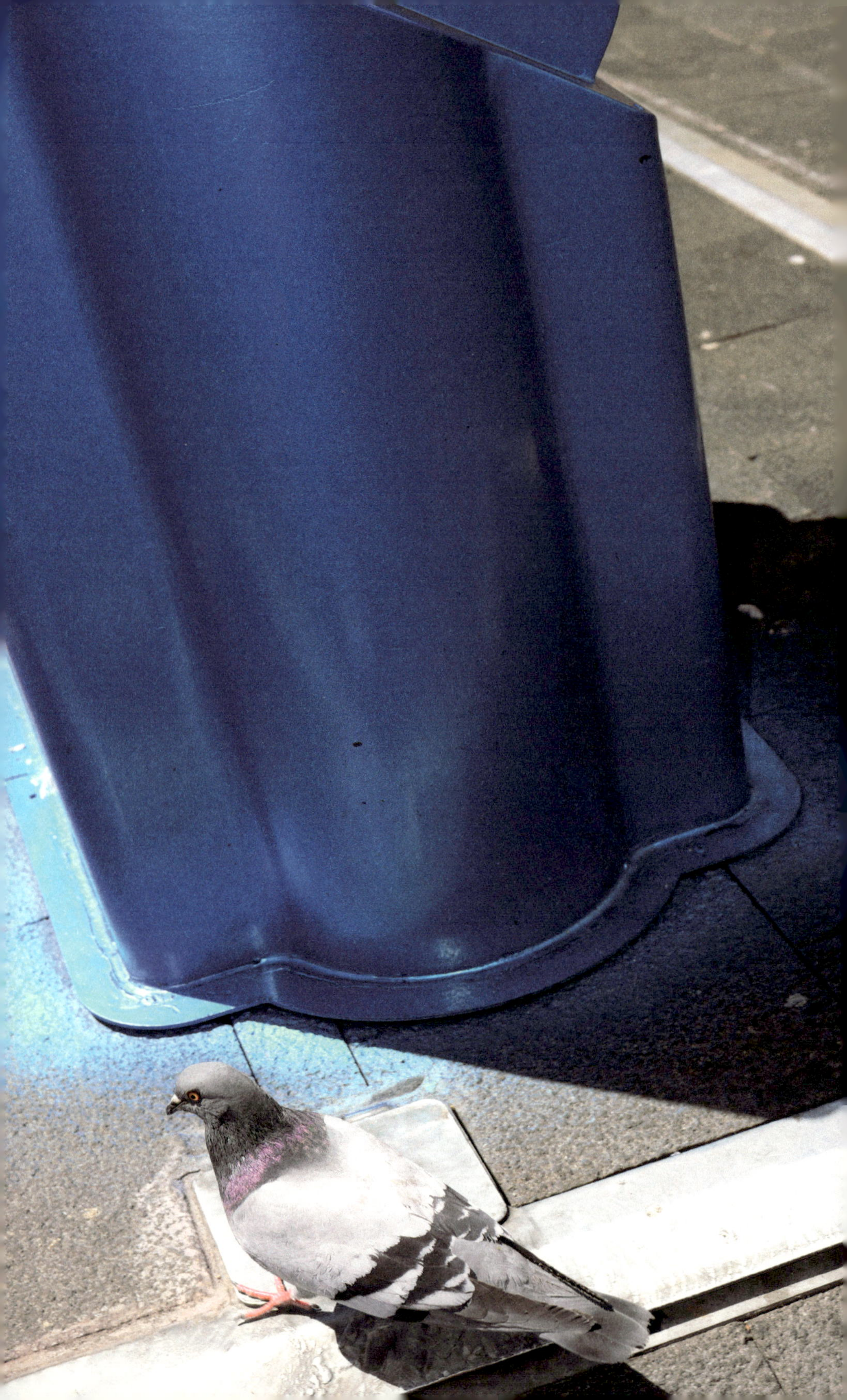

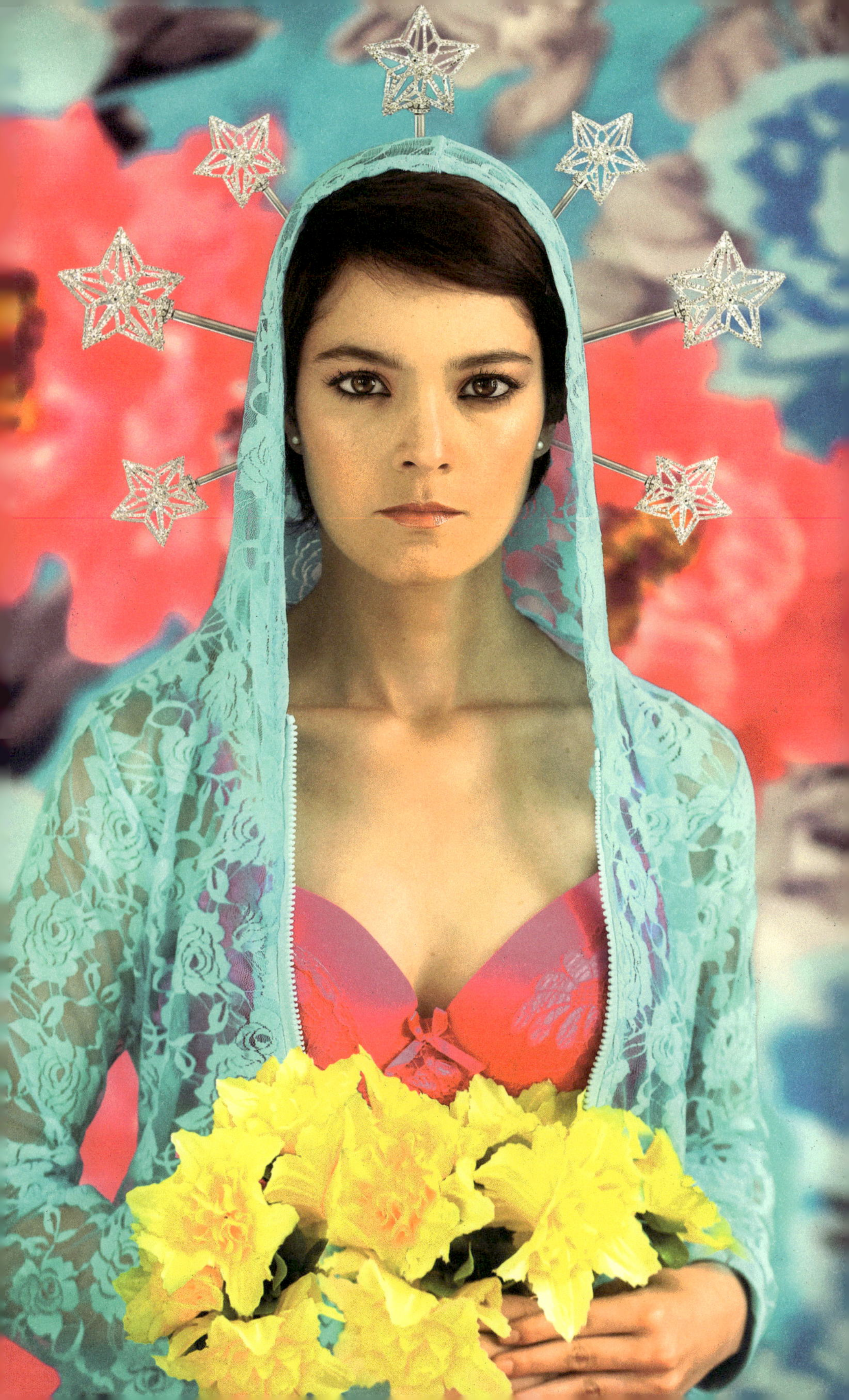

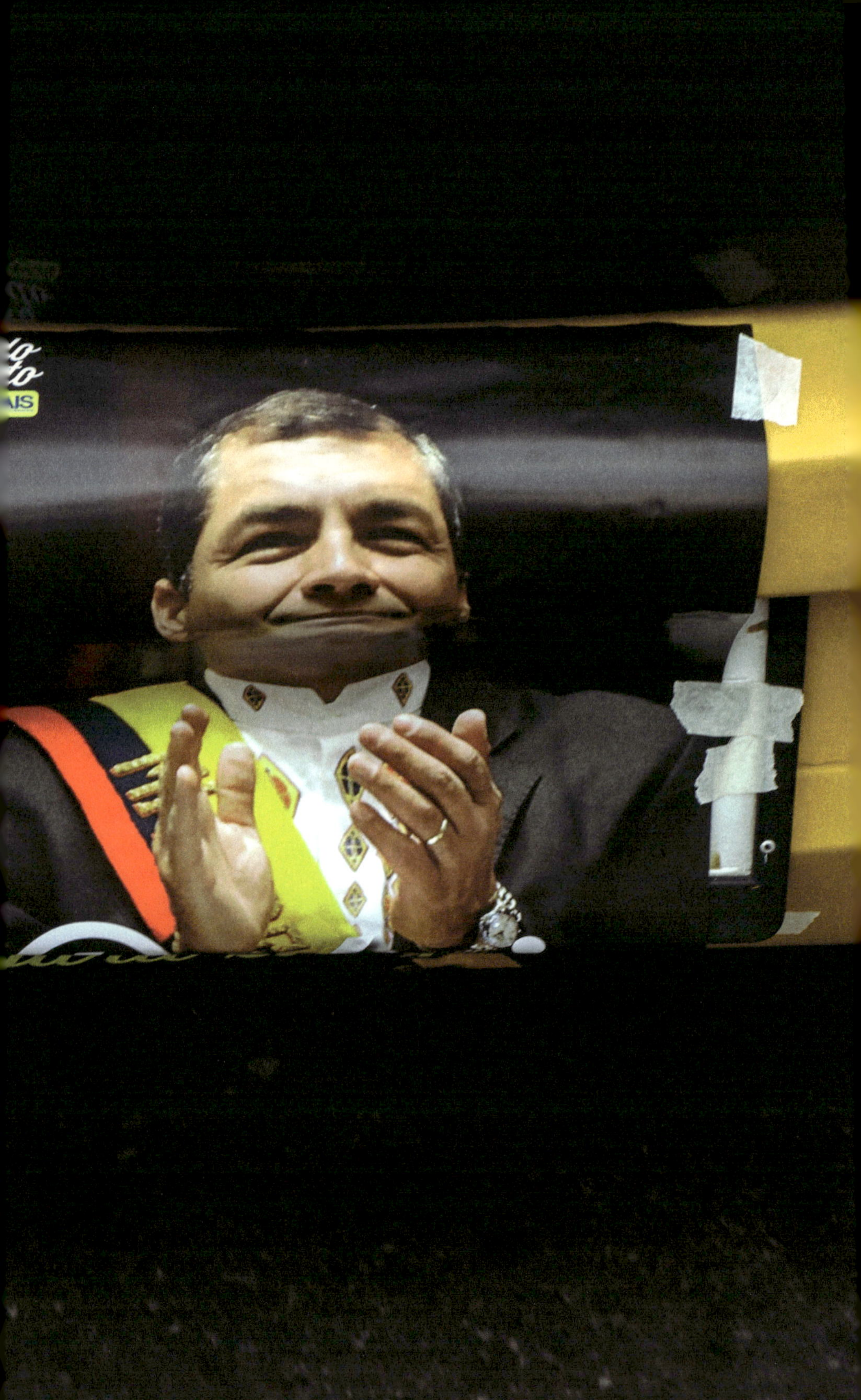

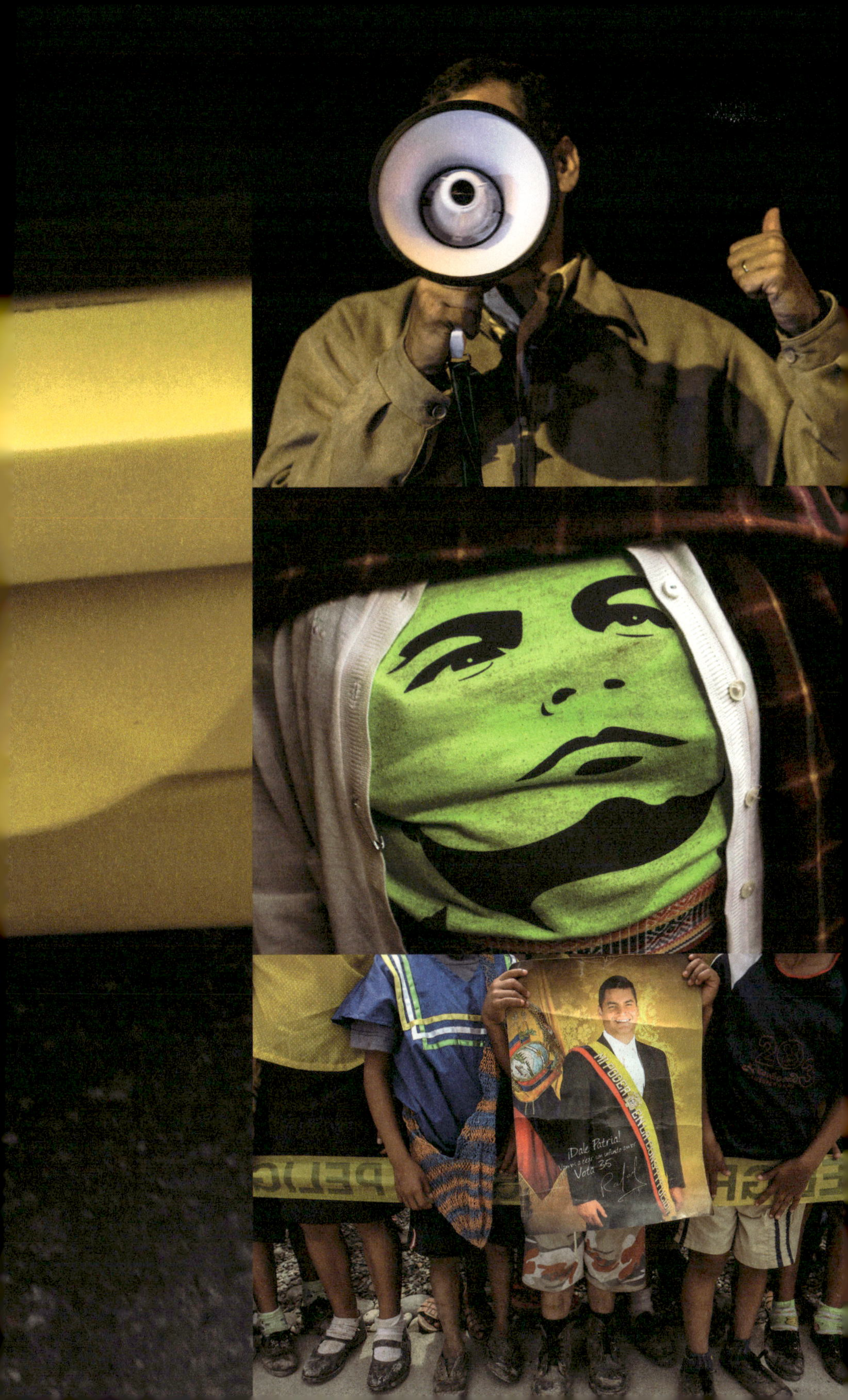
¡Dale Patria!
Vota 35

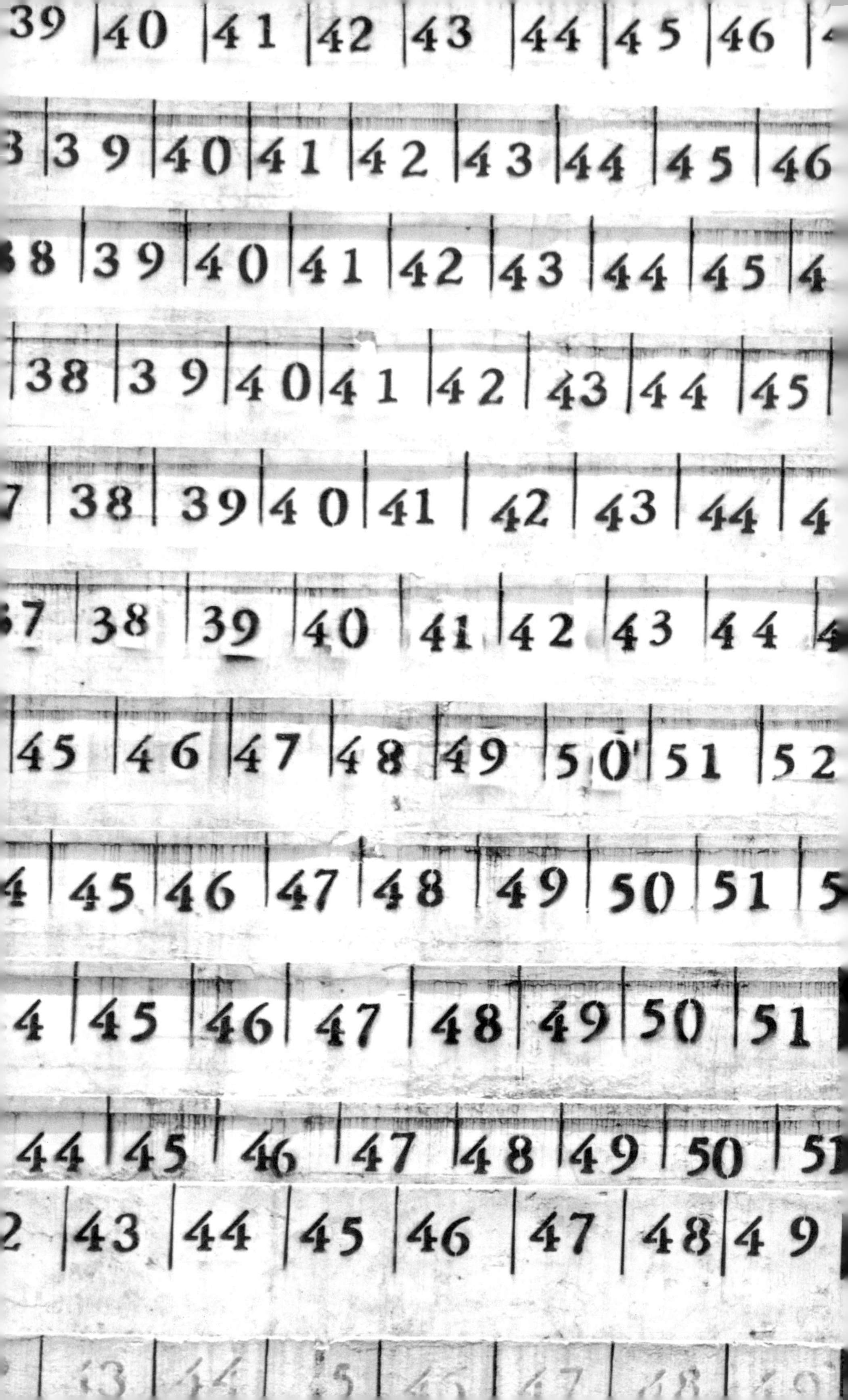

39 |40 |41 |42 |43 |44 |45 |46 |
3 | 39 |40 |41 |42 |43 |44 |45 |46
38 |39 |40 |41 |42 |43 |44 |45 |4
38 |39 |40 |41 |42 |43 |44 |45 |
7 |38 |39 |40 |41 |42 |43 |44 |4
7 |38 |39 |40 |41 |42 |43 |44 |4
45 |46 |47 |48 |49 |50 |51 |52
4 |45 |46 |47 |48 |49 |50 |51 |5
4 |45 |46 |47 |48 |49 |50 |51 |
44 |45 |46 |47 |48 |49 |50 |51
2 |43 |44 |45 |46 |47 |48 |49
13 |14 |15 |16 |17 |18 |19

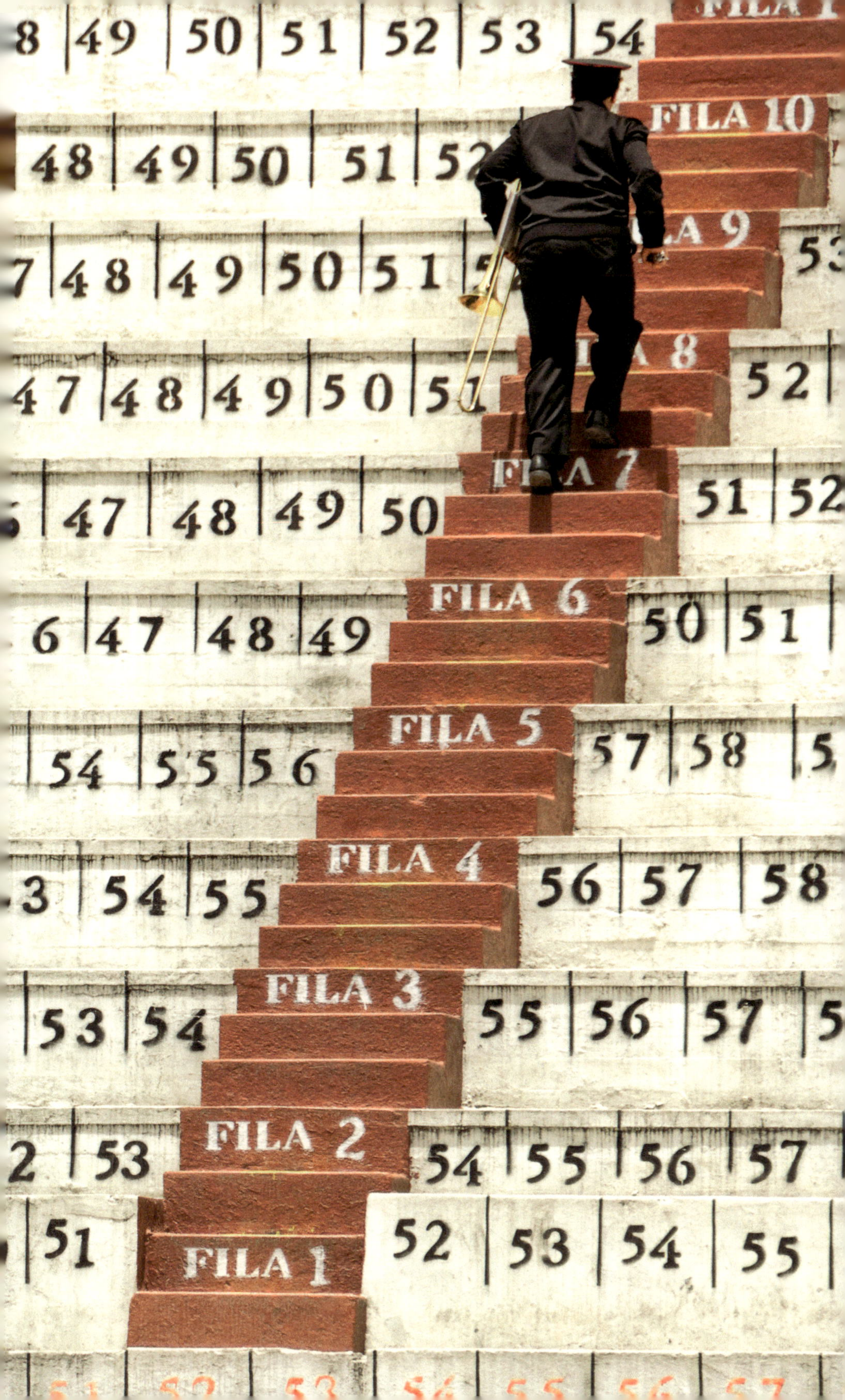
8 | 49 | 50 | 51 | 52 | 53 | 54
FILA 1
FILA 10
48 | 49 | 50 | 51 | 52
LA 9
7 | 48 | 49 | 50 | 51 | 5
53
47 | 48 | 49 | 50 | 51
ILA 8
52
47 | 48 | 49 | 50
FILA 7
51 | 52
6 | 47 | 48 | 49
FILA 6
50 | 51
54 | 55 | 56
FILA 5
57 | 58 | 5
3 | 54 | 55
FILA 4
56 | 57 | 58
53 | 54
FILA 3
55 | 56 | 57 | 5
2 | 53
FILA 2
54 | 55 | 56 | 57
51
FILA 1
52 | 53 | 54 | 55

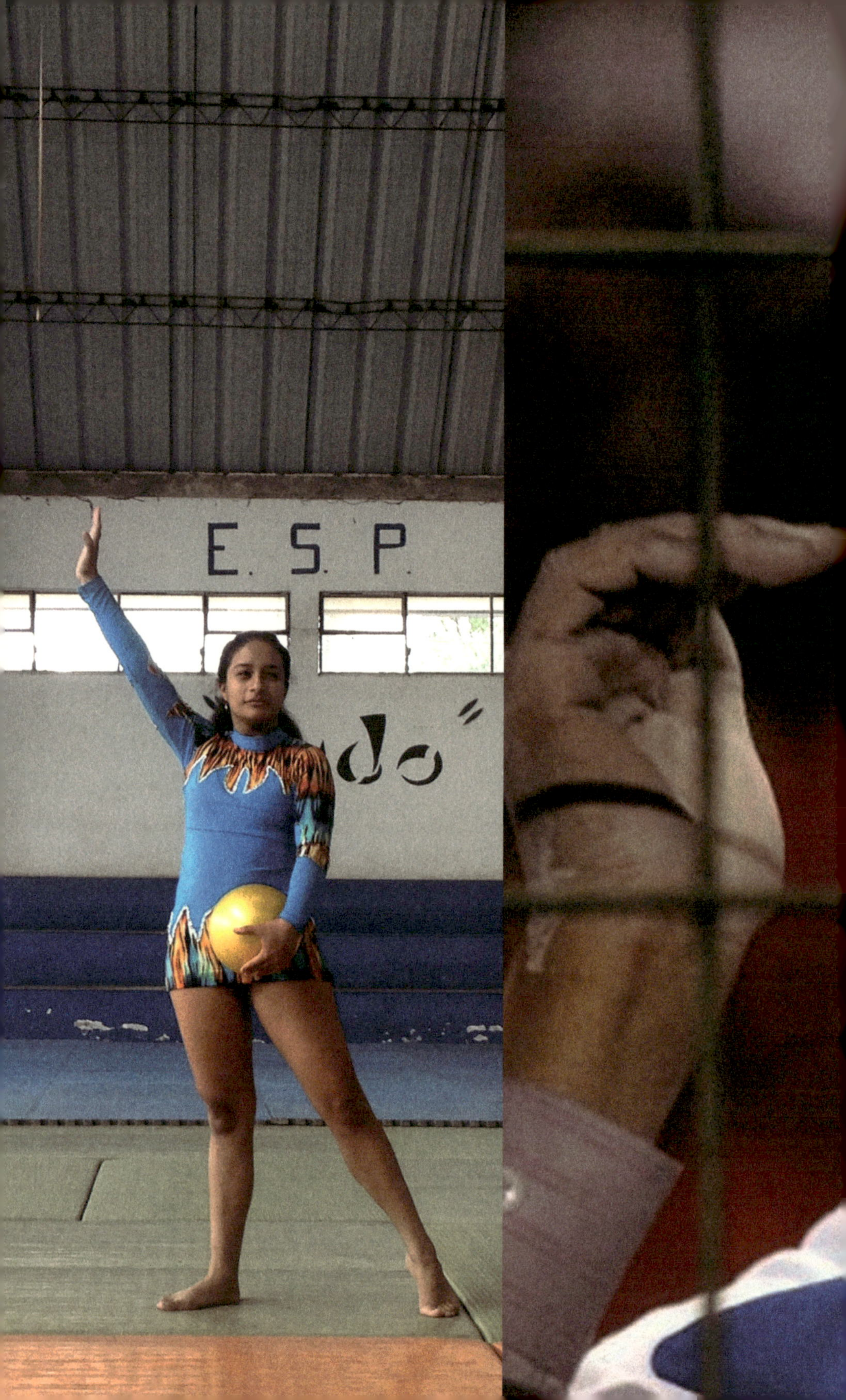
E. S. P.
do

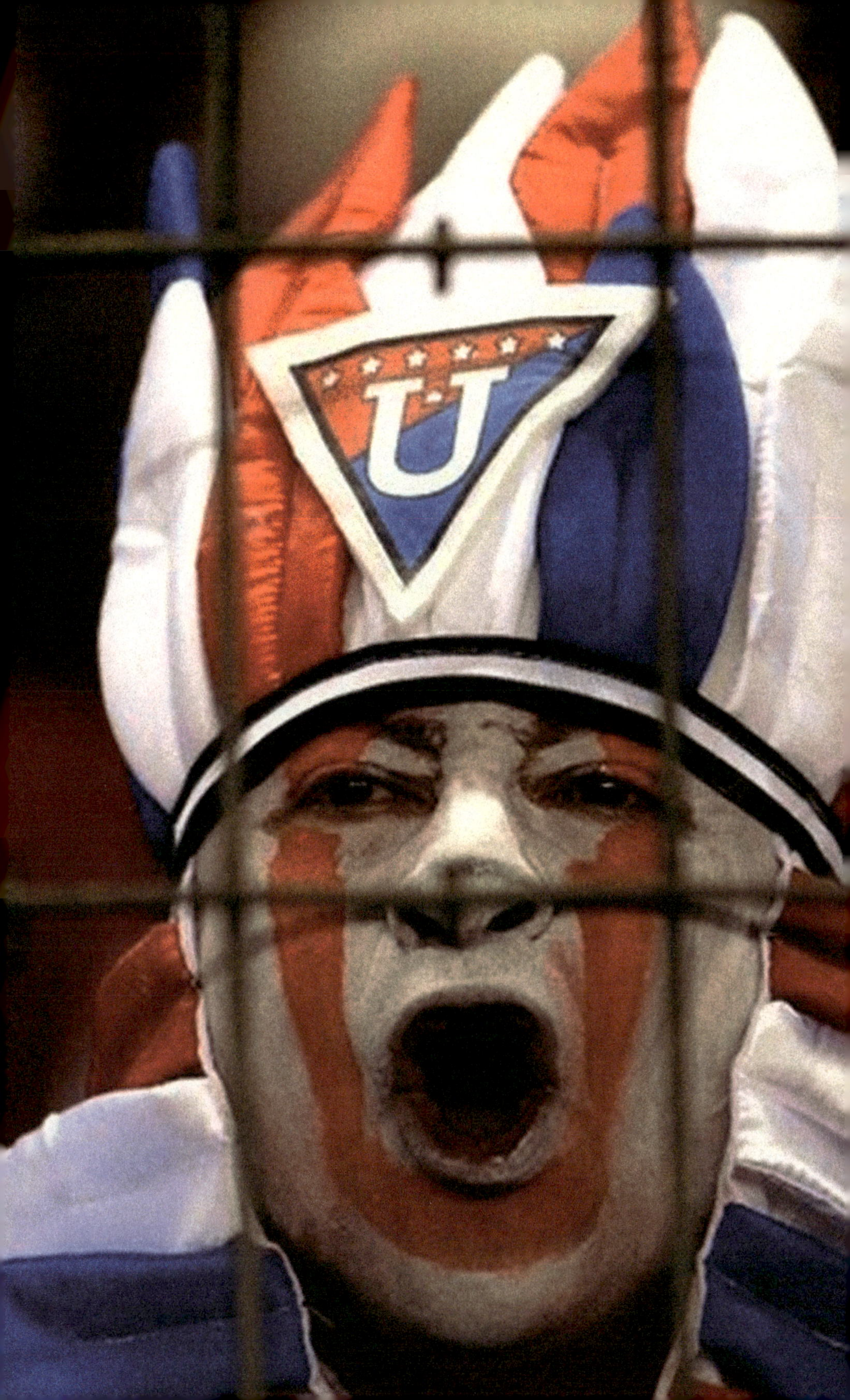

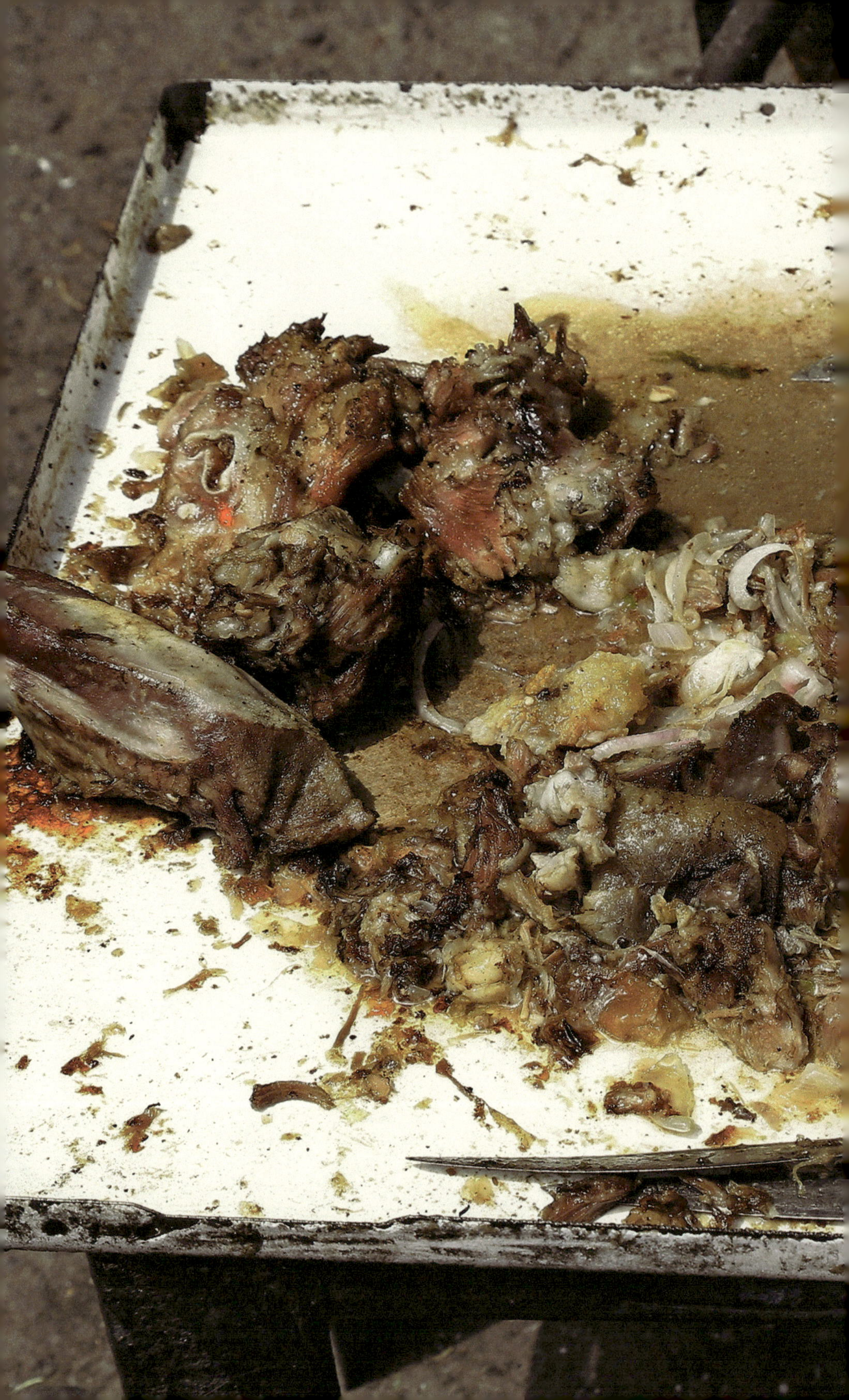

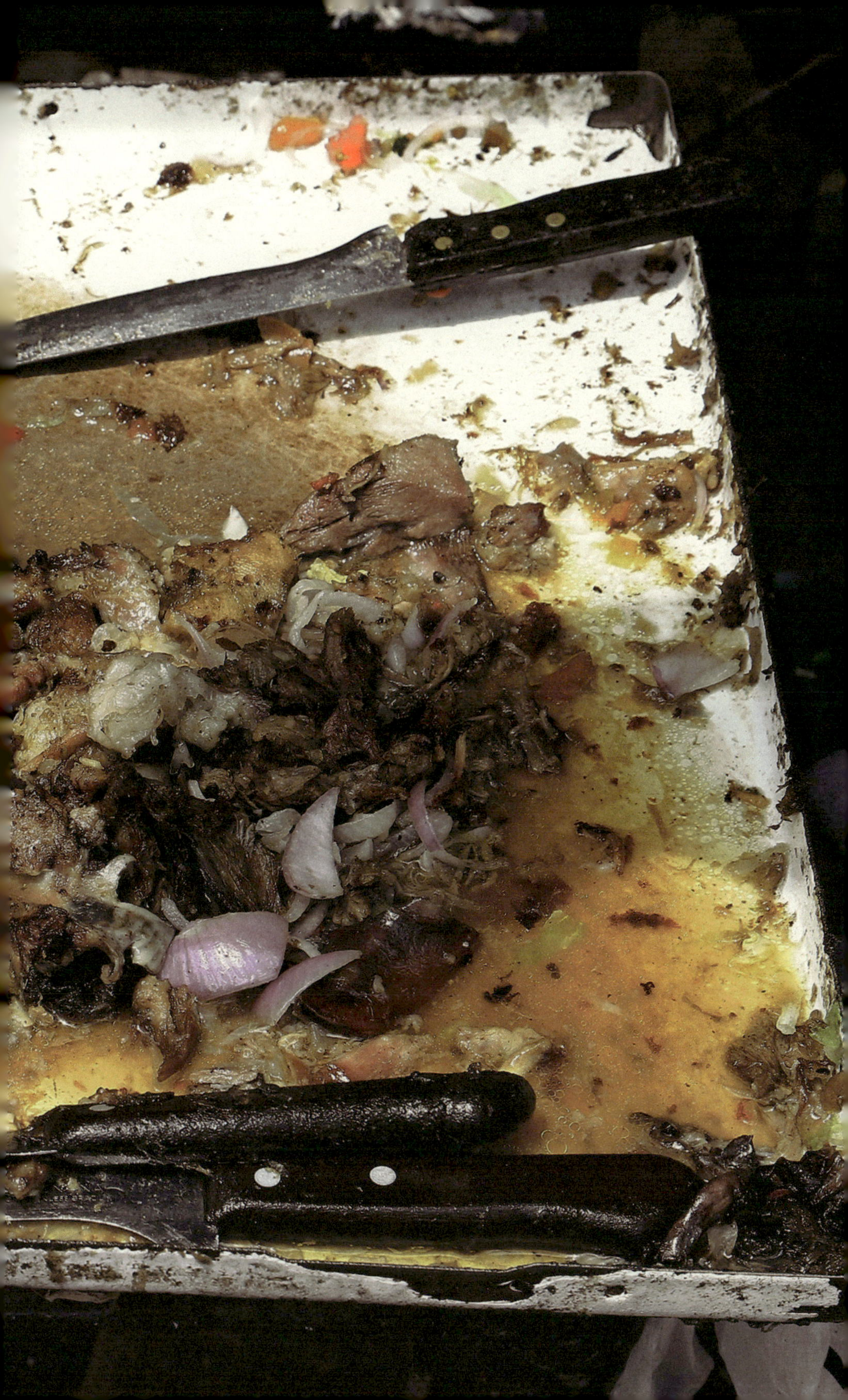

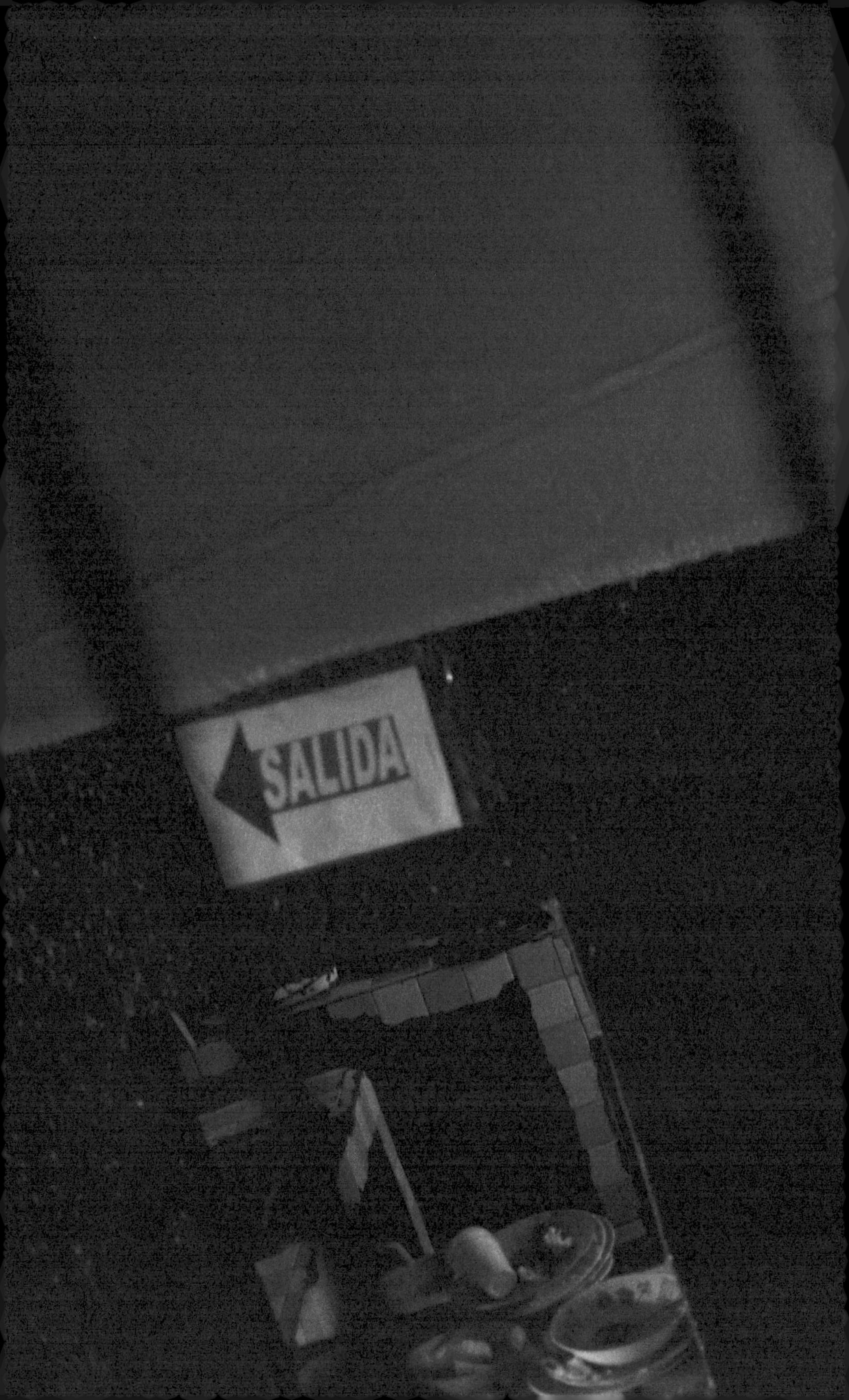
SALIDA

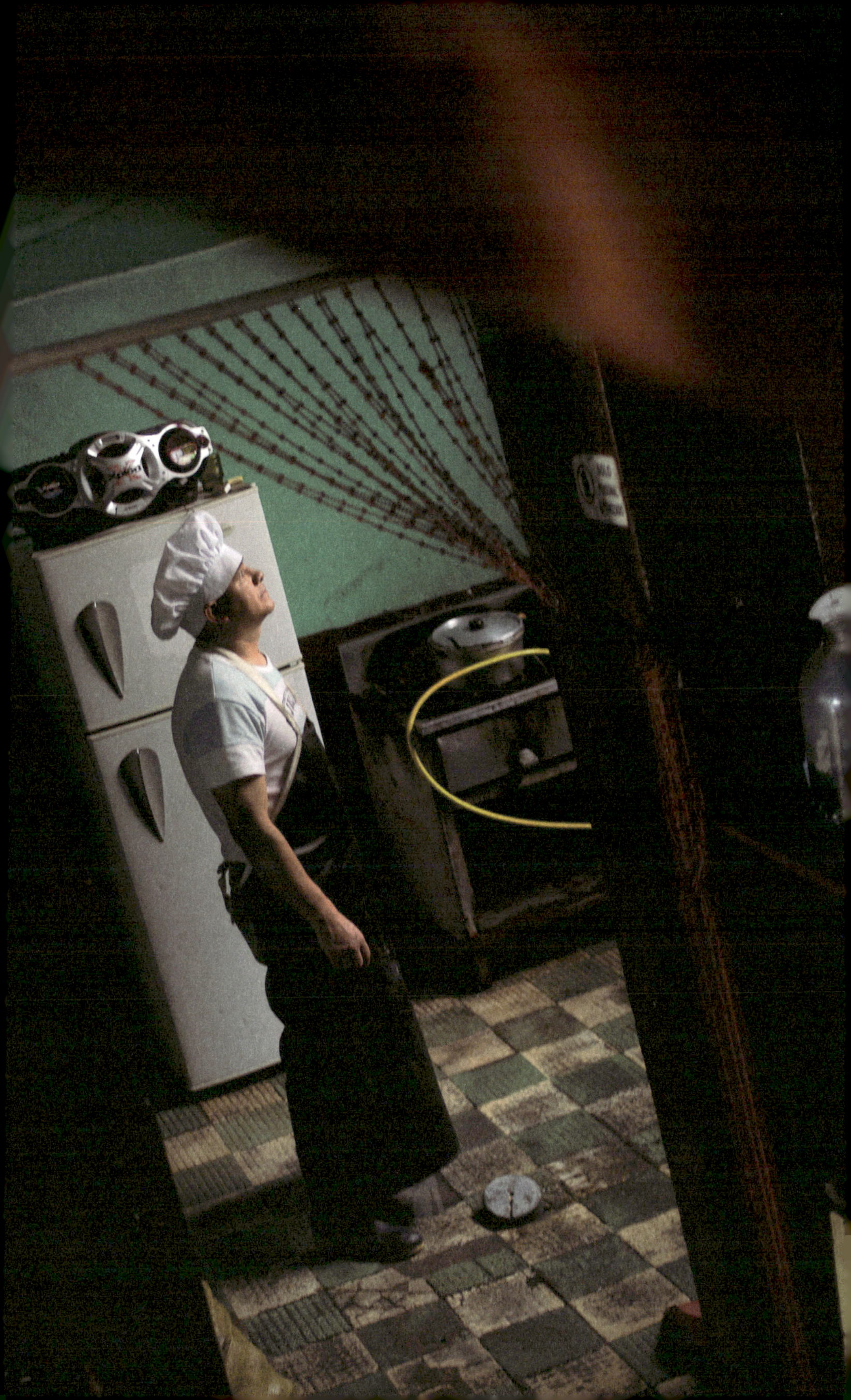

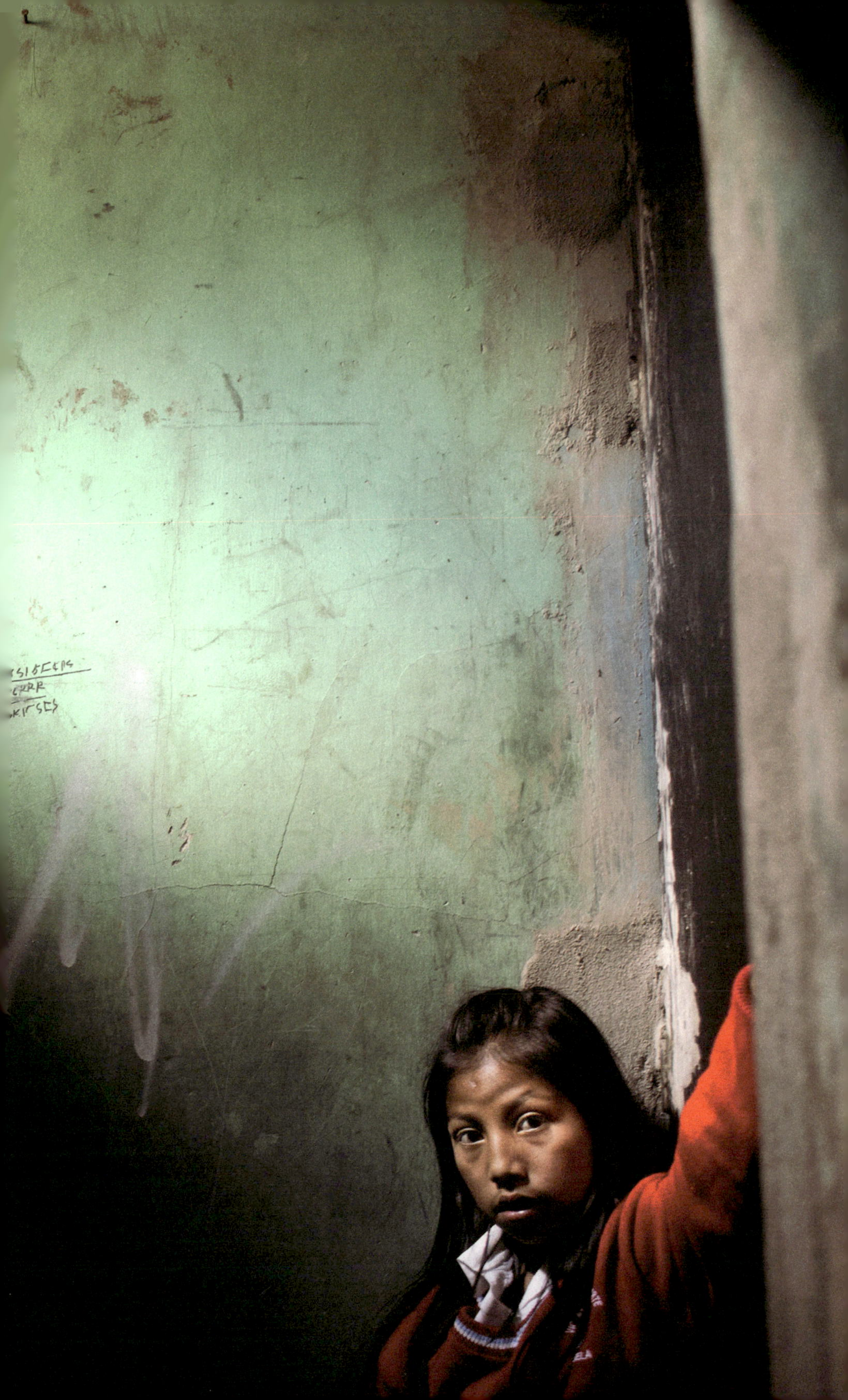
SISTERS
CRRP
KISSES

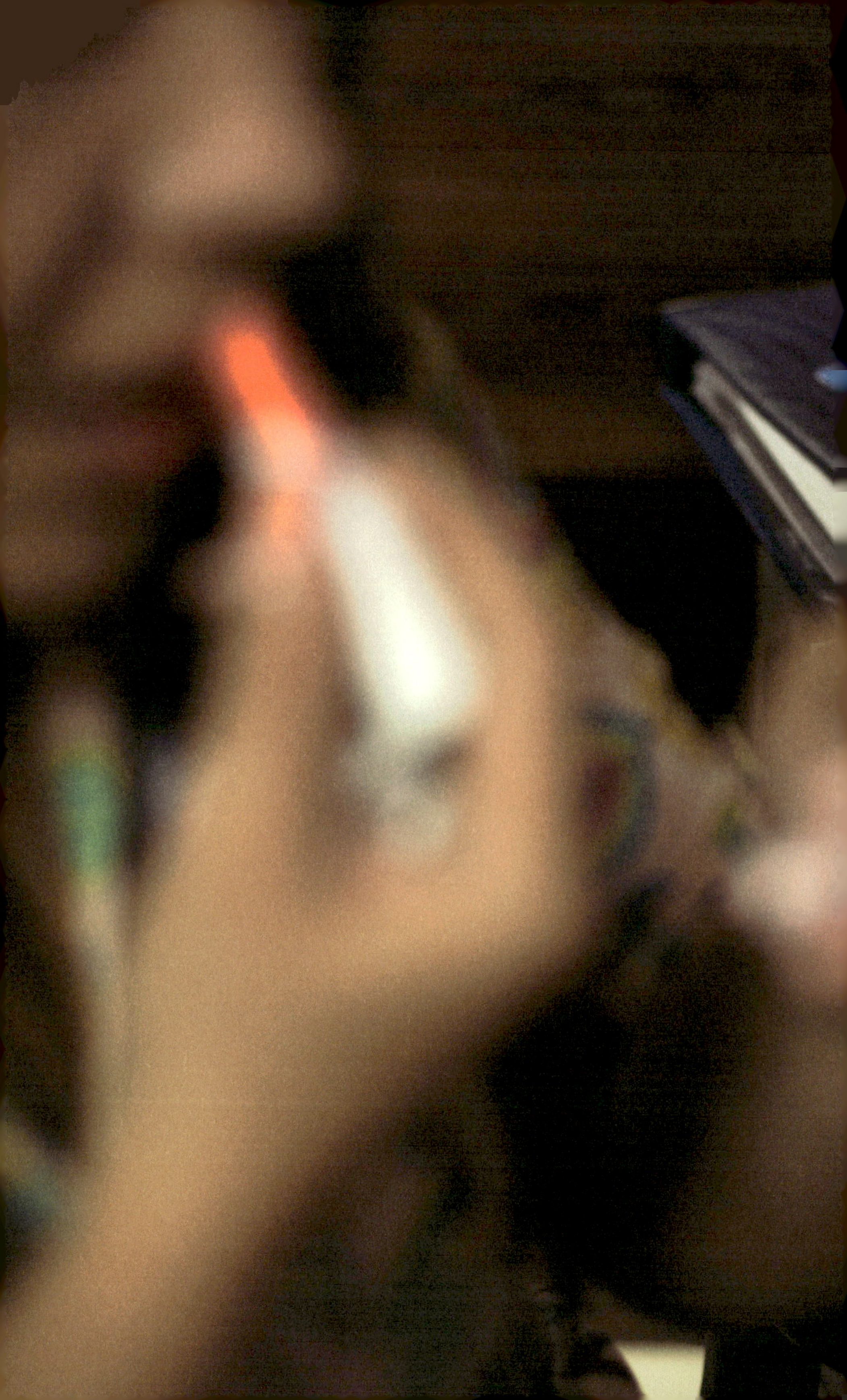

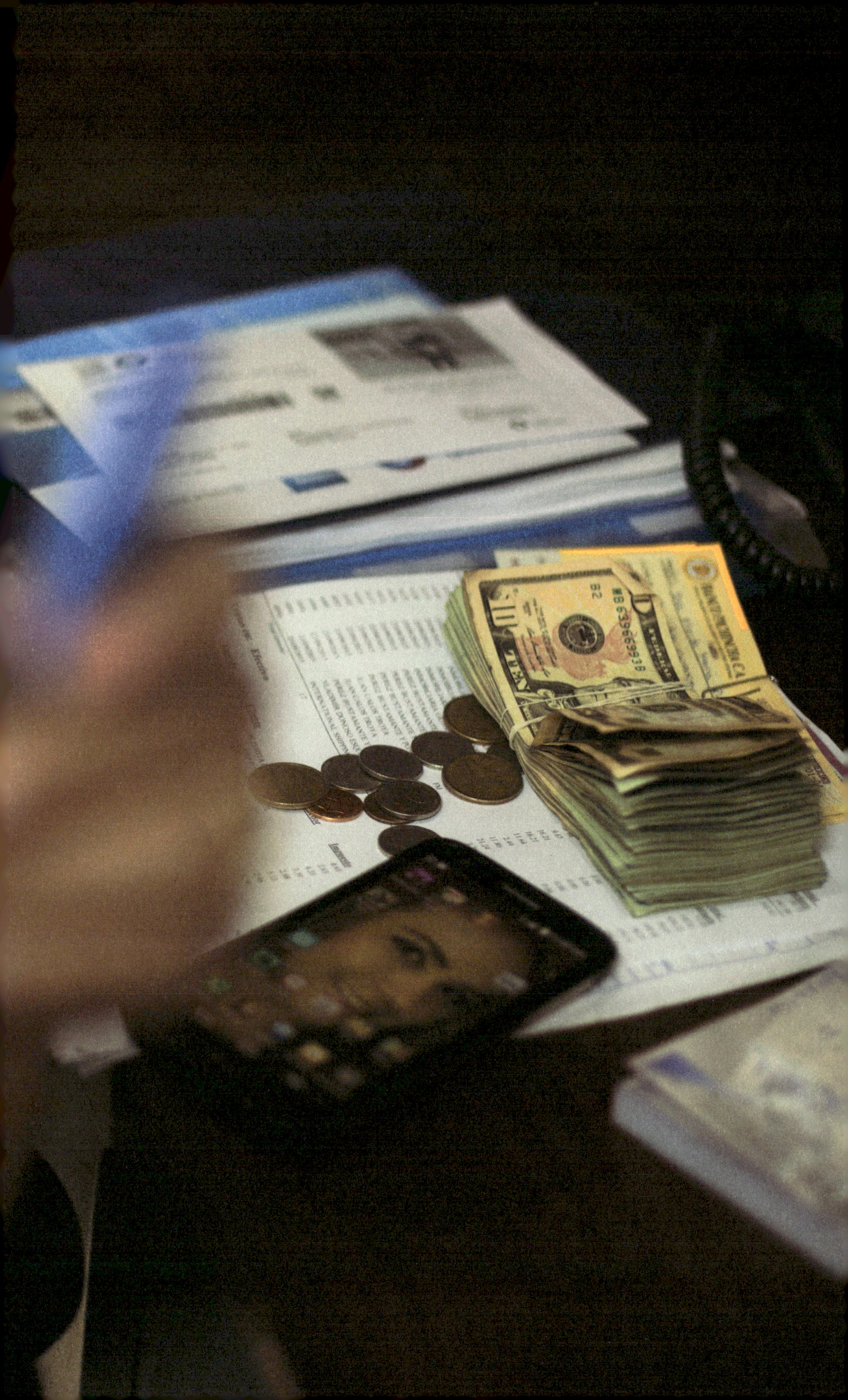

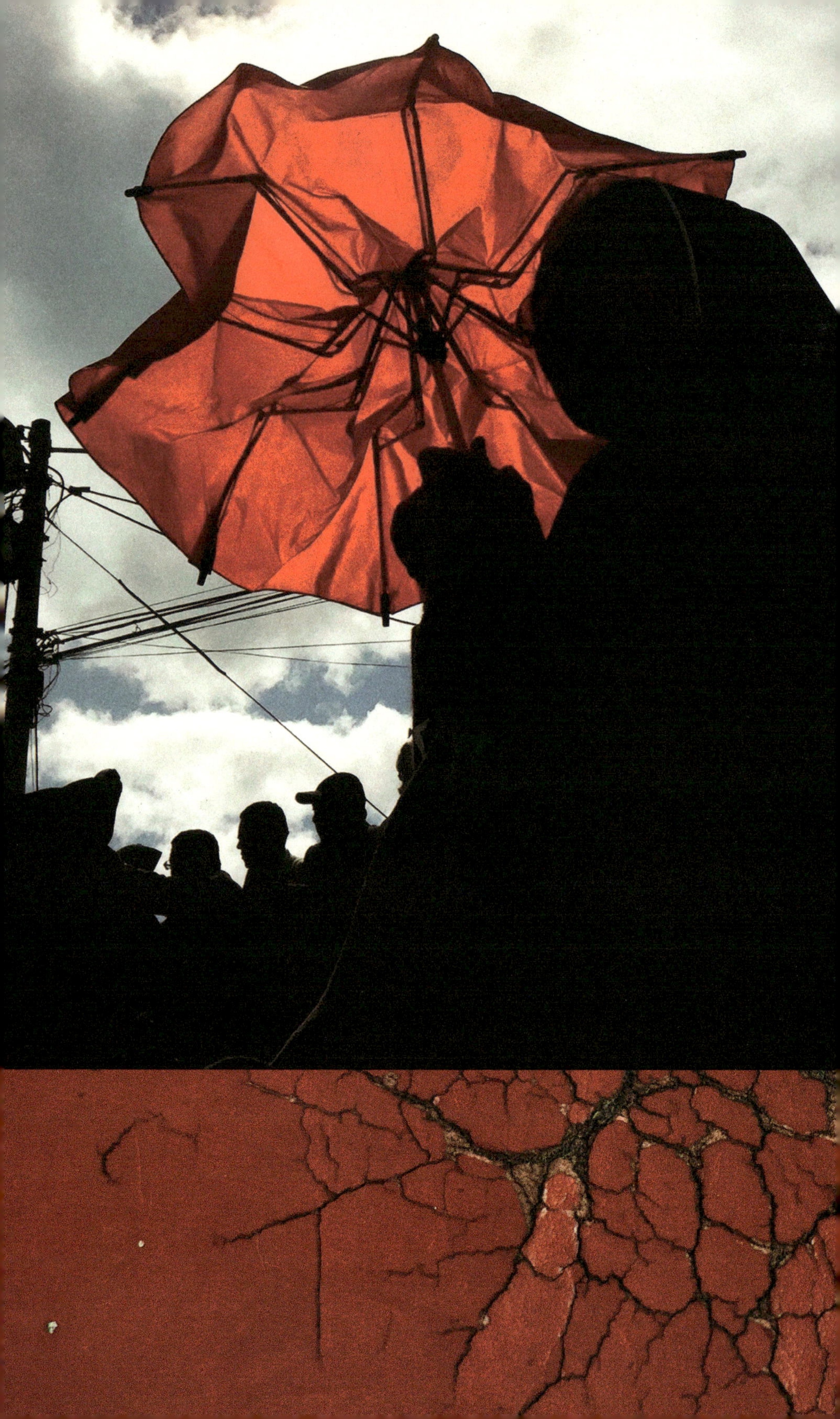

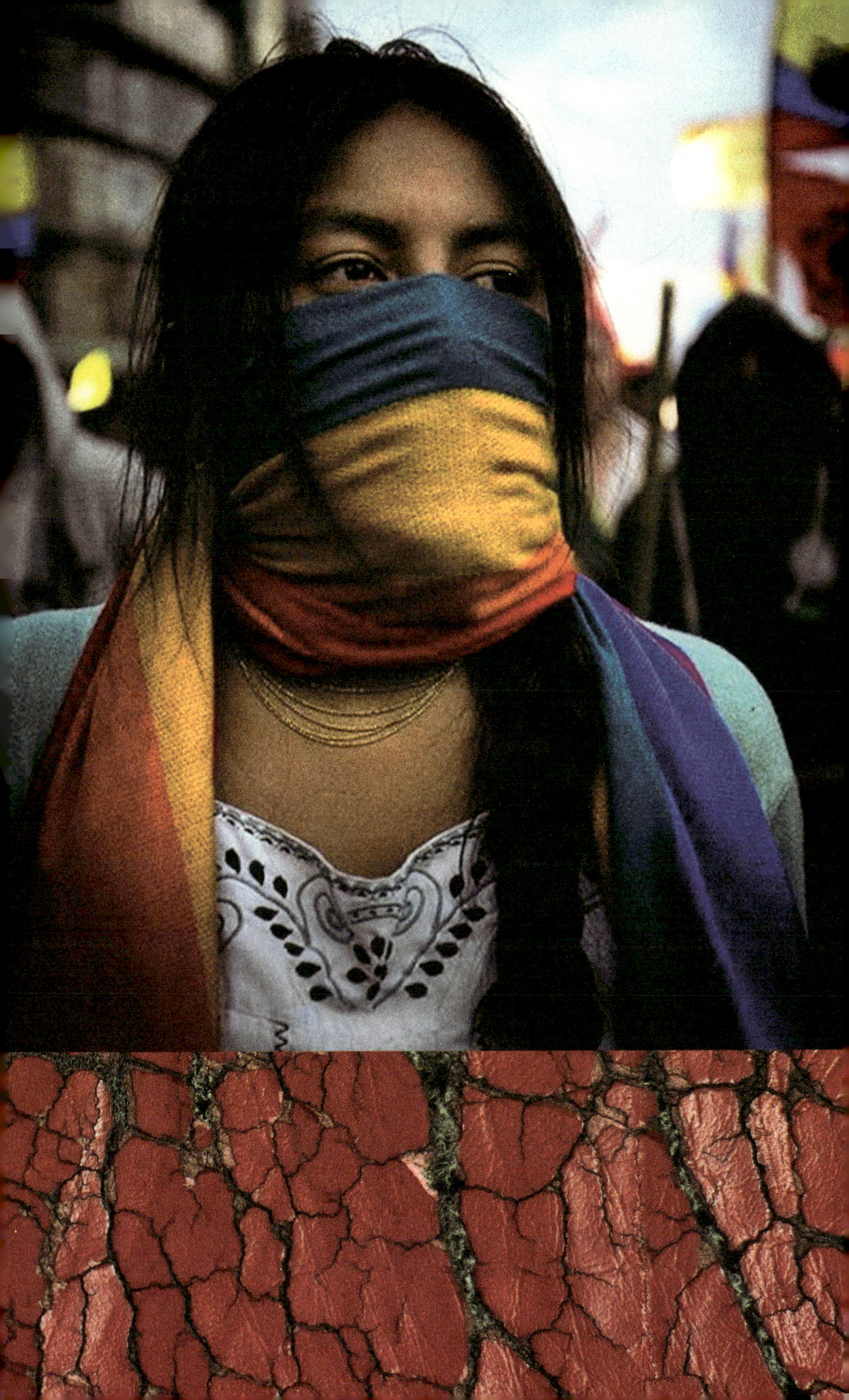

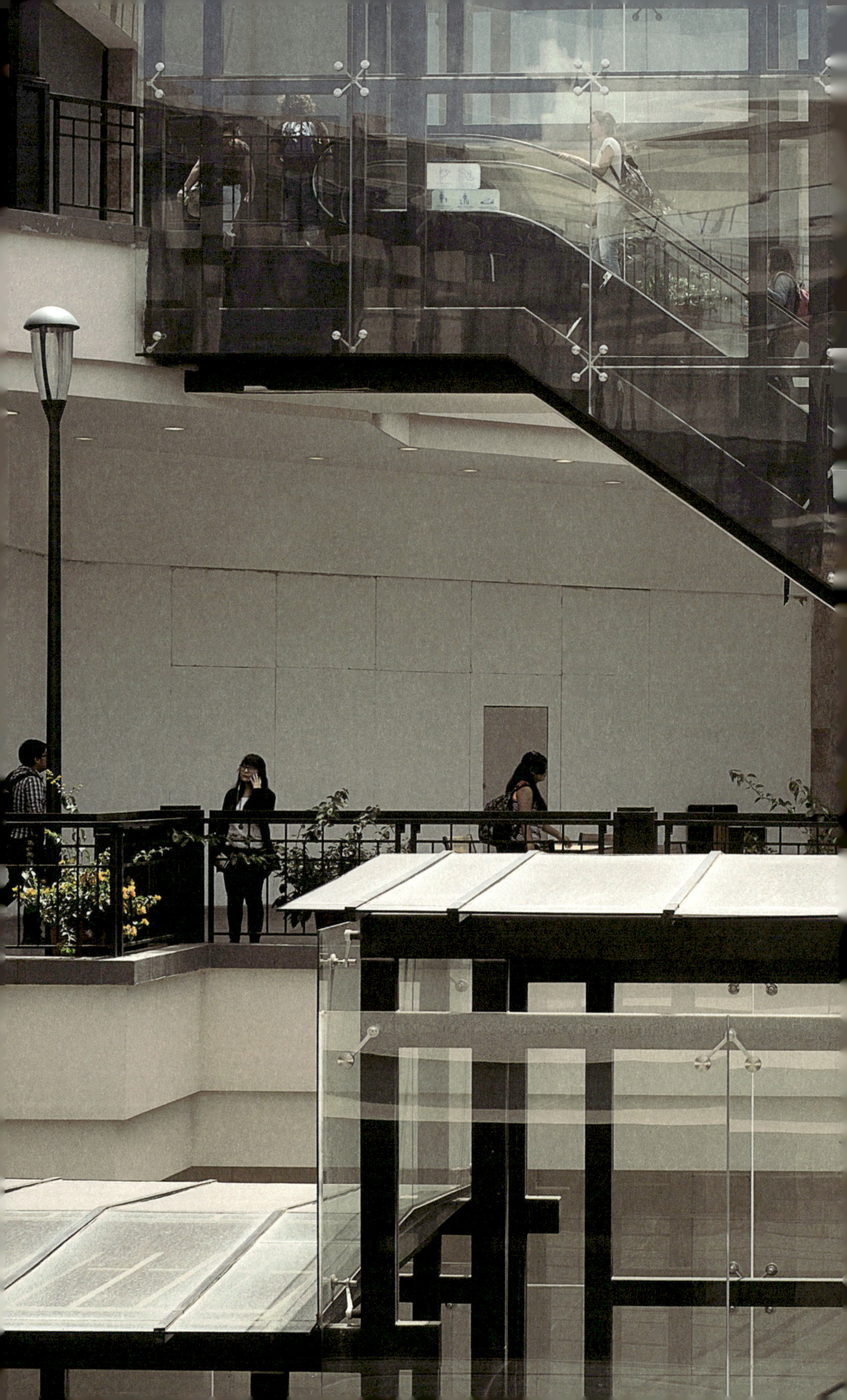

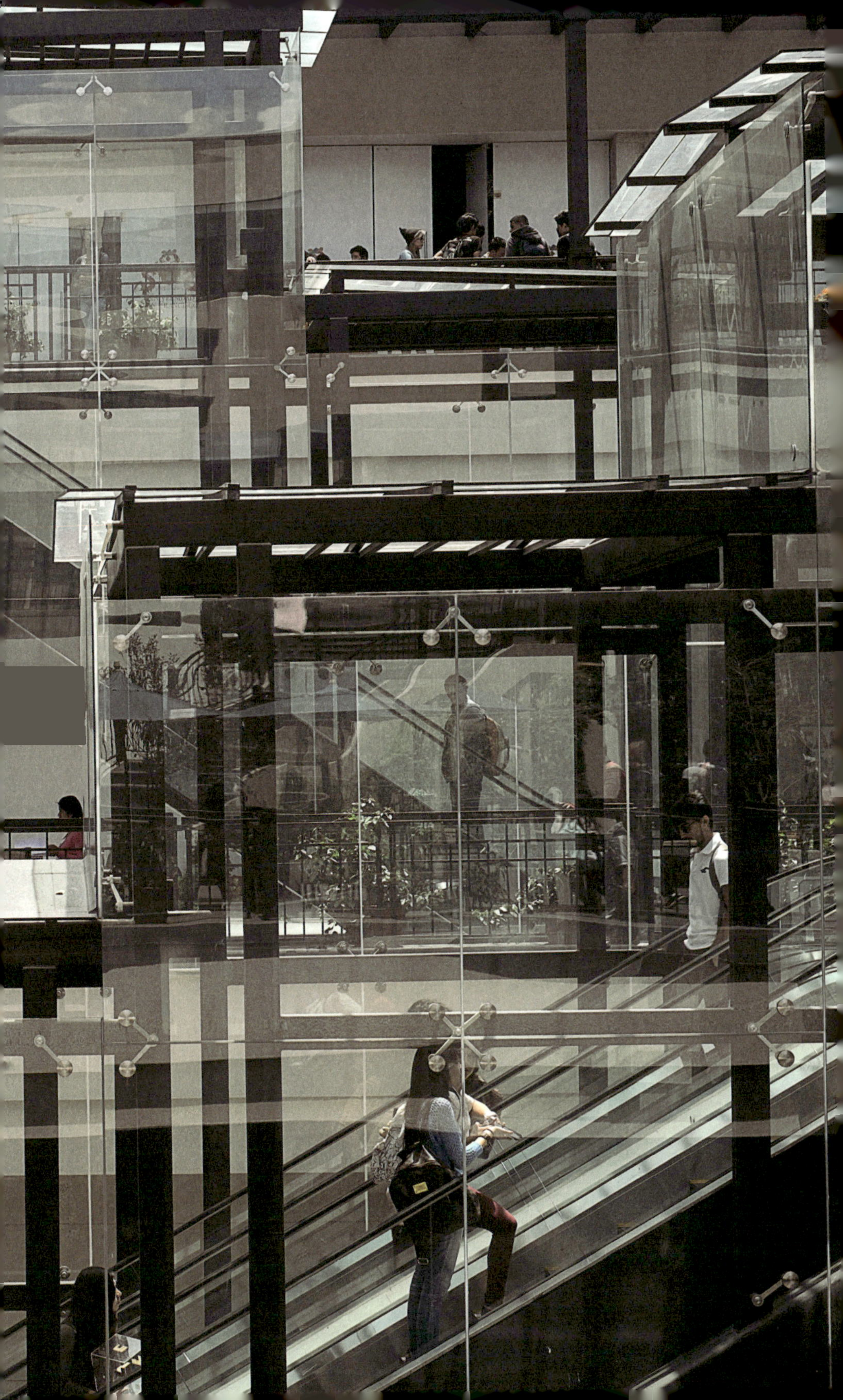

La movilidad es una preocupación cotidiana que afecta a todos los quiteños. Los excesos de tráfico generan inconvenientes como retrasos a los ciudadanos, que no pueden llegar a tiempo a su trabajo o a sus hogares. Esto no afecta solamente la productividad individual y la economía de la ciudad, sino que genera malestar colectivo por tener que hacer viajes largos, muchas veces en buses abarrotados de gente, soportar problemas de inseguridad y de acoso sexual, la contaminación del aire y el ruido.

Las tendencias de los últimos años muestran que a pesar de que la gran mayoría de quiteños se moviliza en transporte público, este reparto modal va en disminución, a la par que crece el parque automotor, por lo que se están tomando acciones para revertir esta tendencia con la mejora de la oferta de servicios de transporte público. Por un lado, la gran mayoría de viajes en la ciudad tiene como origen y destino al hipercentro de la ciudad, generando problemas en las vías principales internas y de acceso, que se encuentran saturadas en horas pico.

Por otro lado, la expansión urbana de la ciudad en forma desordenada impacta negativamente a la movilidad, lo que genera una mayor distancia de viajes y hace más difícil la cobertura de servicios de transporte público. En reacción, sobre todo, en zonas alejadas, de conectividad deficiente, surgen servicios de transporte informal. Otro factor que debe, sin duda, mejorar es la seguridad vial, pues numerosos son los accidentes que causan pérdidas irreversibles a la sociedad quiteña. Si bien la situación de la movilidad actual es grave, para corregirla se deben estudiar estas tendencias, revertirlas y mitigarlas con una adecuada planificación y medidas oportunas.

La nueva visión de movilidad para Quito busca
que los desplazamientos de personas y mercade-
rías se realicen de manera sostenible con sistemas
de transporte eficientes, innovadores, inteligentes,
solidarios, seguros y cómodos, con tiempos de viaje
razonables a través de espacios públicos agradables,
donde prime el mutuo respeto y consideración especial a los grupos de atención prioritaria, dando una
cobertura y accesibilidad que se adapte a las necesidades de todos los ciudadanos.

Esta nueva filosofía de movilidad se enfoca en
el movimiento de personas y no de vehículos. Una
ciudad donde los ciudadanos tengan una conciencia
colectiva en favor de alternativas sostenibles de transporte, y se deje de ver al espacio público como un lugar
de supremacía, para ser un lugar de convivencia ar-
mónica y de encuentro ciudadano, compartido entre
todos los usuarios. Las políticas de accesibilidad universal en esta nueva ciudad facilitarían el ingreso a los
sistemas de transporte motorizado y no motorizados,
de los grupos más vulnerables, con discapacidades
físicas, de movilidad reducida, ancianos y niños.

Aunque los pasos que se han dado son importantes, tanto del Municipio como de colectivos urbanos, se debe fomentar aún más la prioridad peatonal,
mejorando la calidad de las aceras, cruces de vías y
accesos a edificios públicos y privados; así como la
densificación del servicio de bicicleta pública y red
de ciclovías conectadas al sistema integrado de transporte público. Sería ideal que los ciudadanos que poseen un auto particular, prefieran viajar en transporte
público o medios no-motorizados, para ello la calidad
del transporte público debe mejorar sustancialmente

y las inversiones en infraestructura diseñarse para el largo plazo.

Justamente, las soluciones para una movilidad sostenible están dadas por una planificación integral, que incluye el uso de suelo, el diseño urbano, criterios ambientales, así como aspectos de desarrollo económico y social. En ese sentido, el diseño de una ciudad compacta, de centralidades, con uso de suelo mixto, equipamiento urbano diverso, densificada alrededor de estaciones de transporte público de alta capacidad, reducirá las distancias y tiempos de viaje.

Para alcanzar los objetivos de movilidad sostenible se requiere un sistema integrado de transporte público donde todos los modos estén potenciados y conectados para lograr una verdadera inter-modalidad. El manejo adecuado de la demanda a través de adecuadas políticas de estacionamiento tarifado, cargos por congestión (peajes urbanos) y prioridad a vehículos de alta ocupación debería, a futuro, desincentivar el uso del automóvil particular, reduciendo la congestión. Los sistemas de *car sharing* o auto compartido y *tele-working* o trabajo remoto también disminuirían el número de viajes y por ende la contaminación ambiental y el calentamiento climático. Las nuevas tecnologías de vehículos y el uso de energías alternativas ya reducen las emisiones contaminantes. Los sistemas inteligentes de transporte en otras ciudades brindan información en tiempo real a los usuarios para ayudarles a tomar decisiones y contribuir así a disminuir los problemas de atascos.

El transporte como mecanismo de cohesión e inclusión social debe favorecer la diversidad social y la unidad de Quito. El territorio no puede estar dividido en lugares donde se tienen ventajas frente a otros y la calidad de vida debe ser similar en todos los barrios. Esta equidad hace que todo lugar sea agradable para vivir y en conexión con el resto de la ciudad. Los proyectos de transporte deben darse en la globalidad del territorio, generando una identidad común. El objetivo es tener una cobertura sobre toda la ciudad, hacer el norte accesible al sur y viceversa. La movilidad integra y equilibra la ciudad de forma inclusiva. Los sistemas de transporte multi-modales dinamizan y favorecen las actividades e intercambios humanos, acercando a las personas y dando accesibilidad a los lugares de encuentro ciudadano.

— Jean Pol Armijos

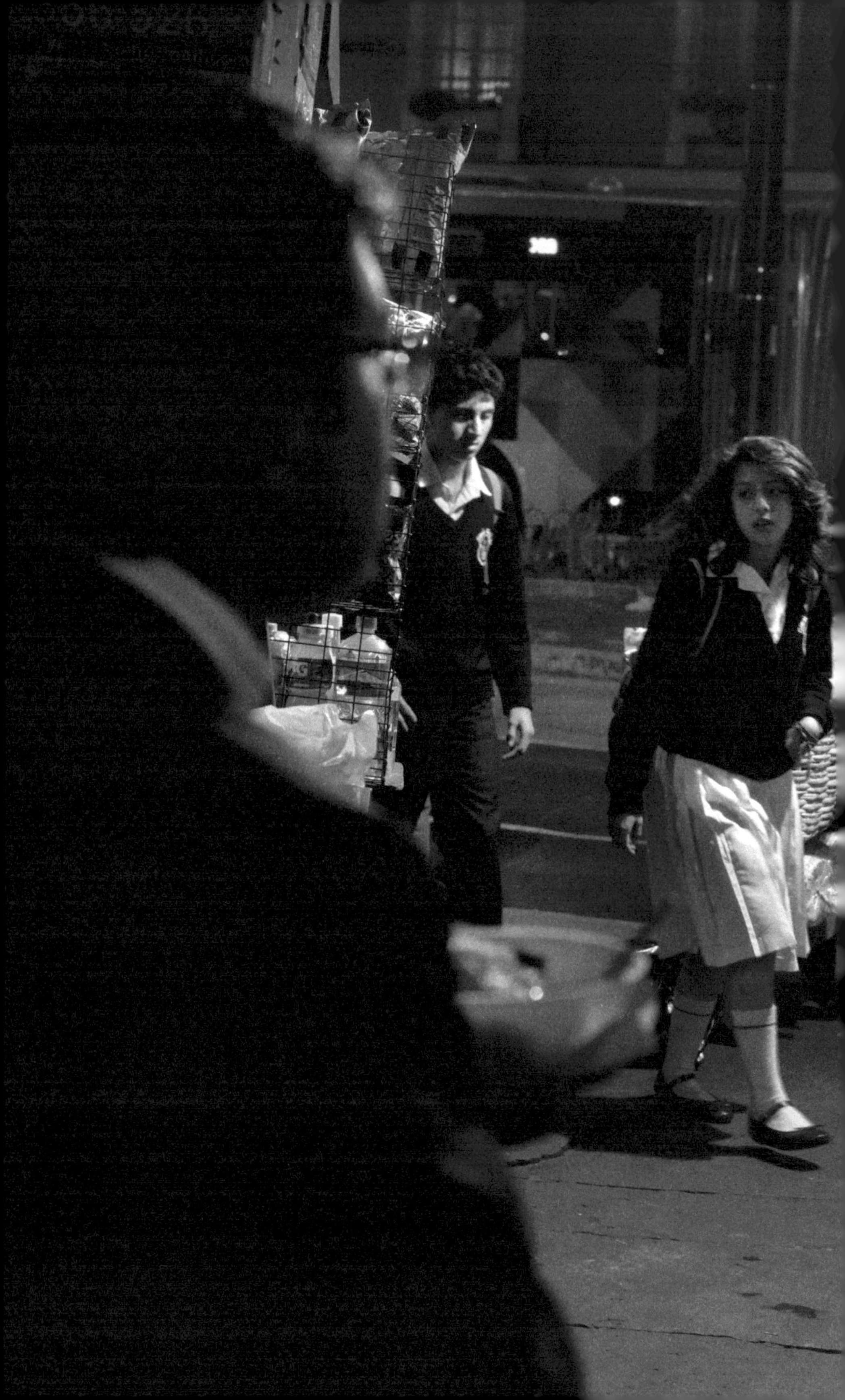

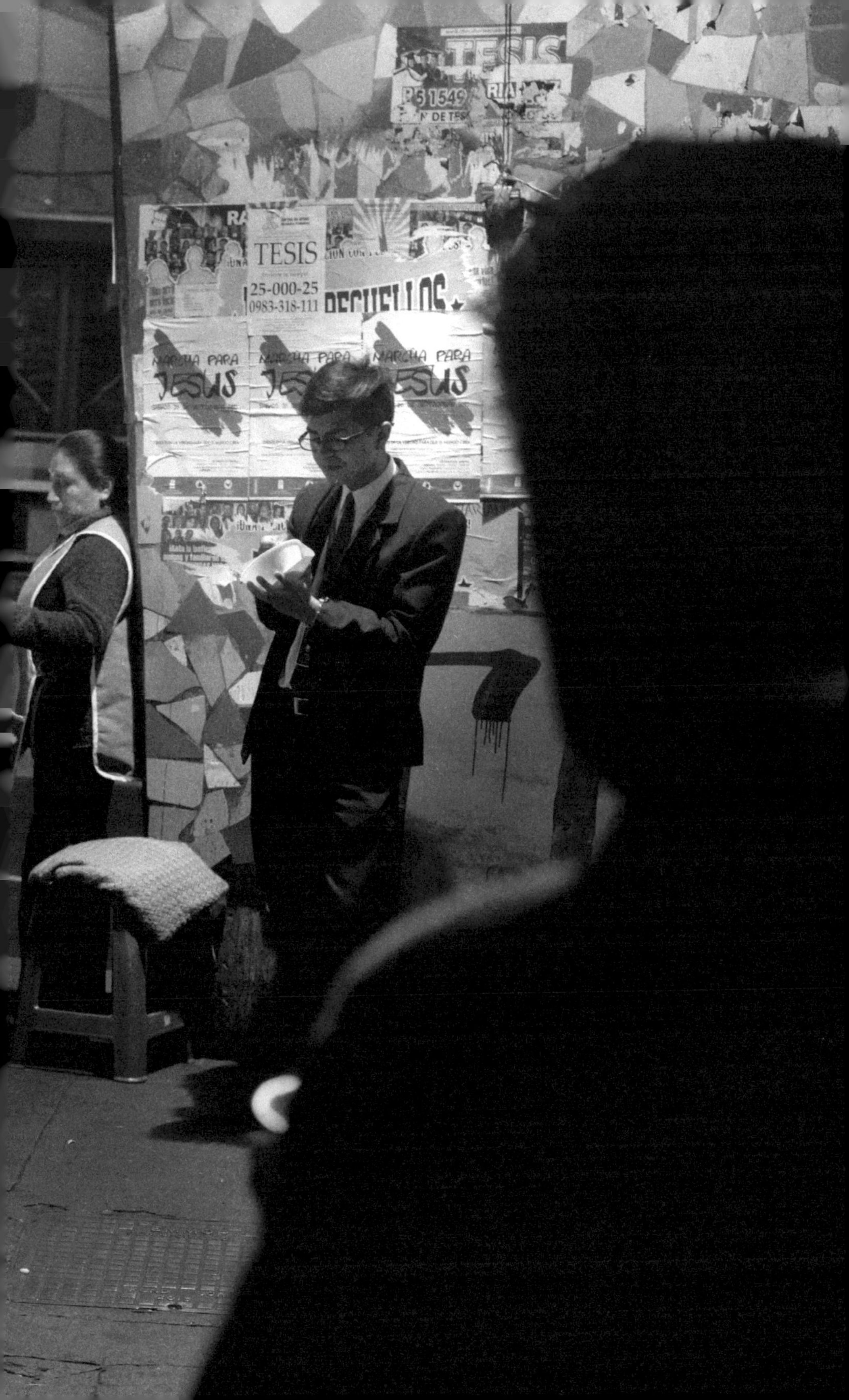

TESIS
P 51549
TESIS
25-000-25
0983-318-111
DEGUELLO
MARCHA PARA
JESUS

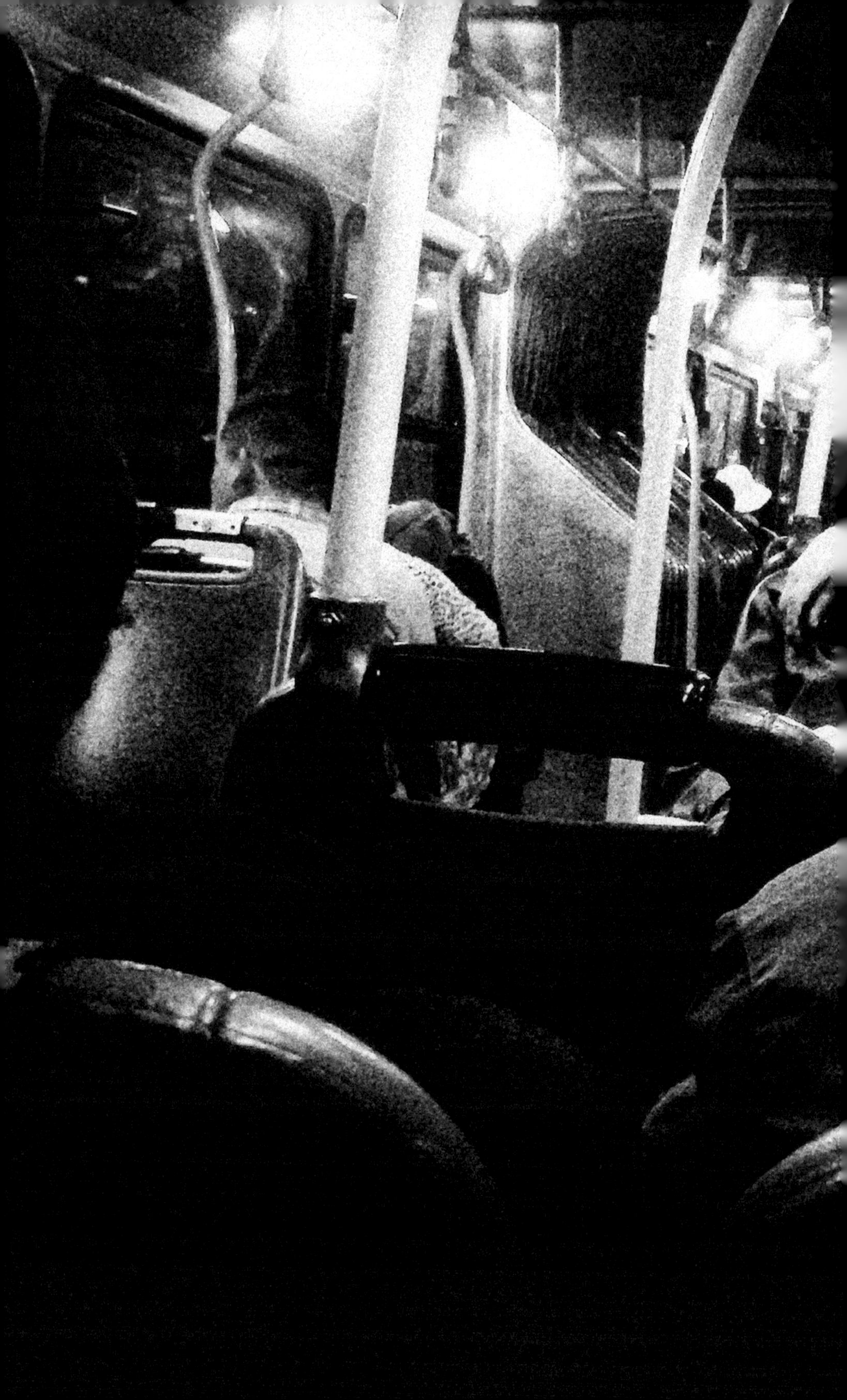

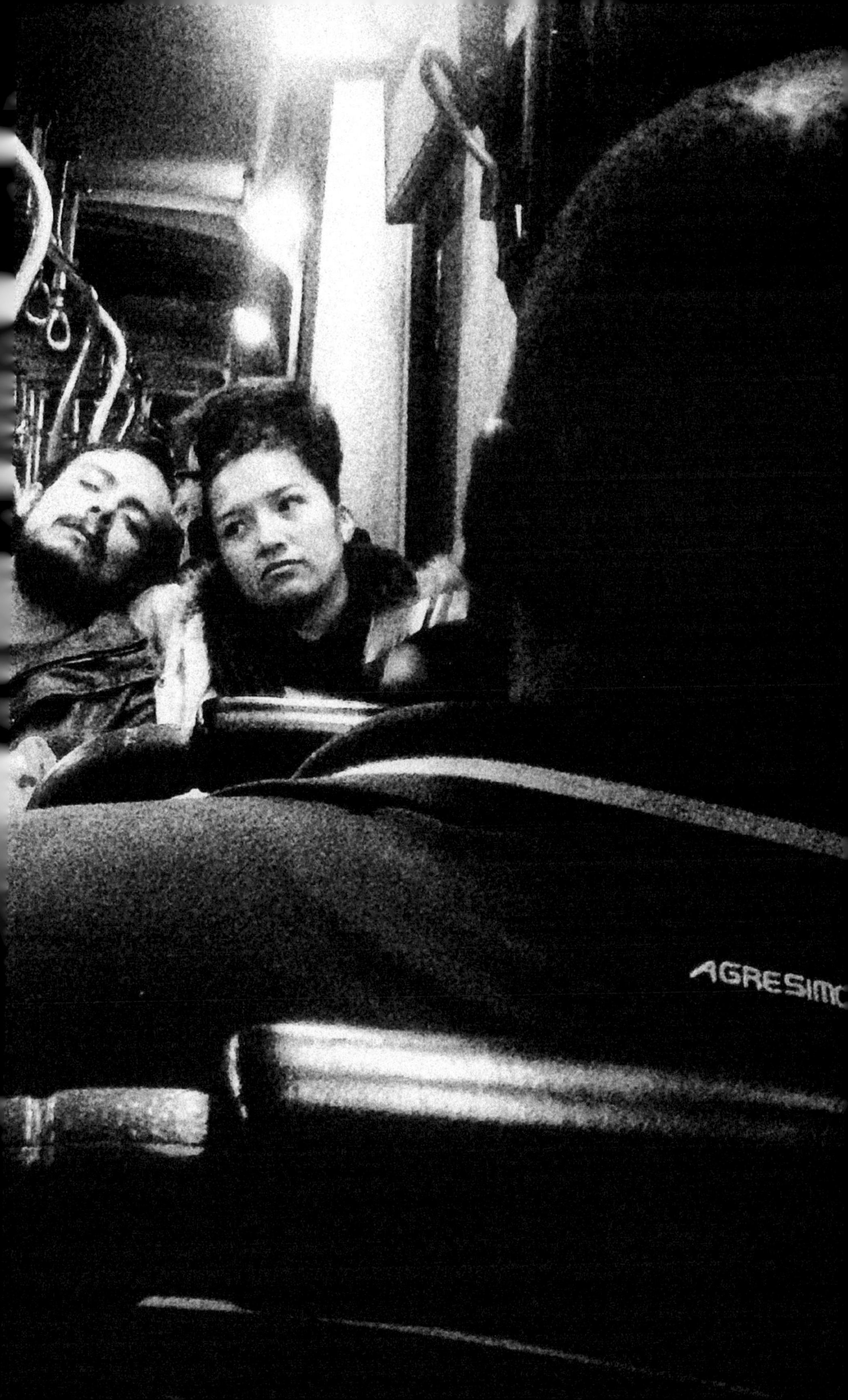
AGRESIMO

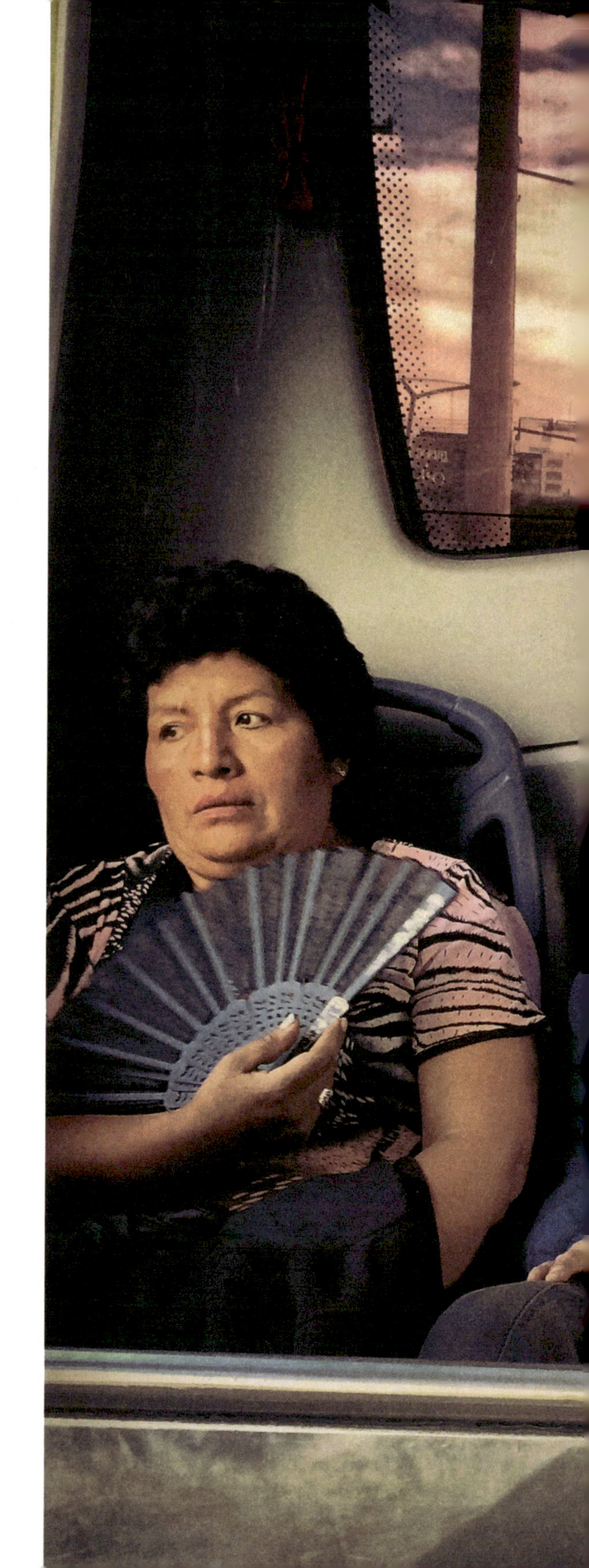

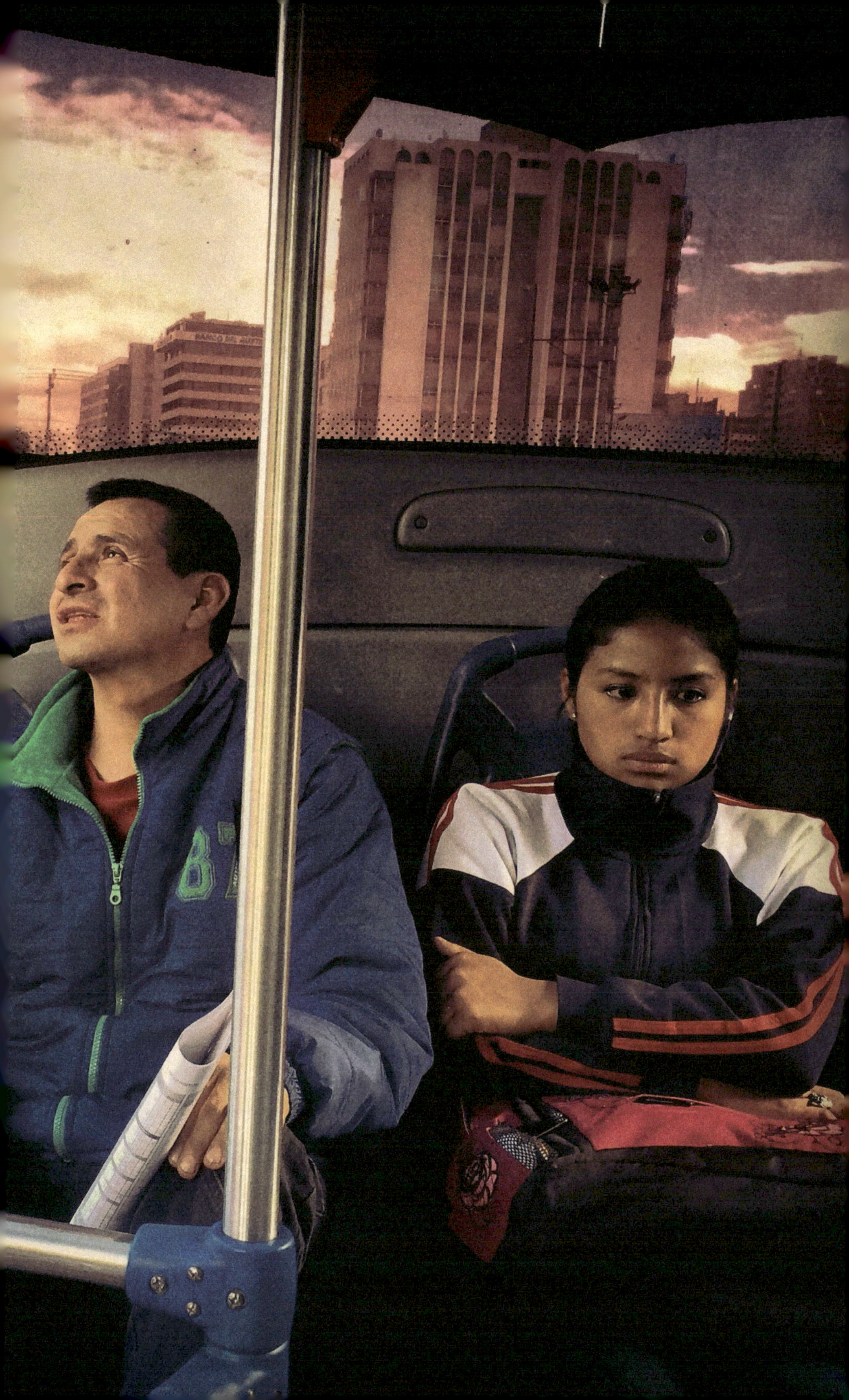

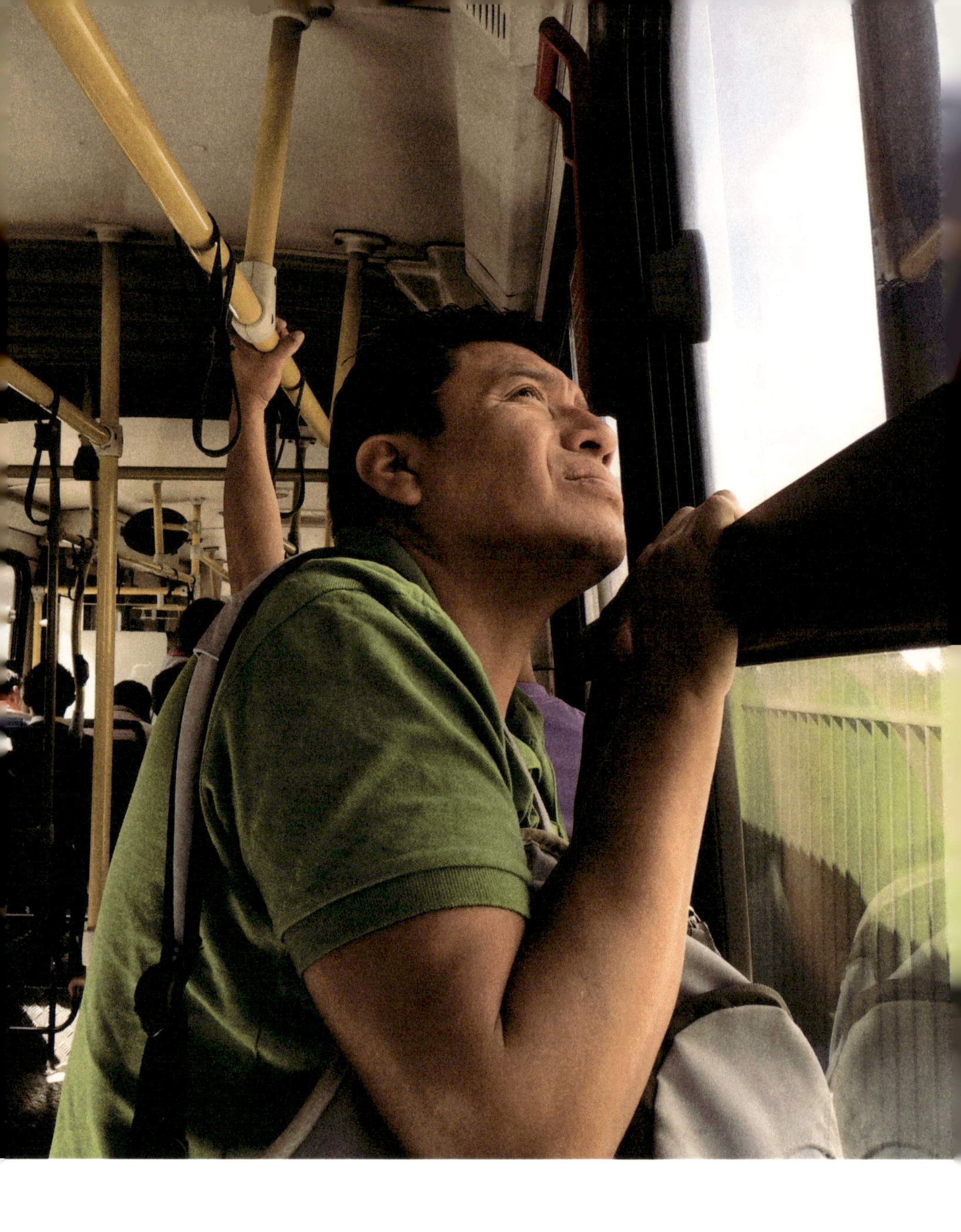

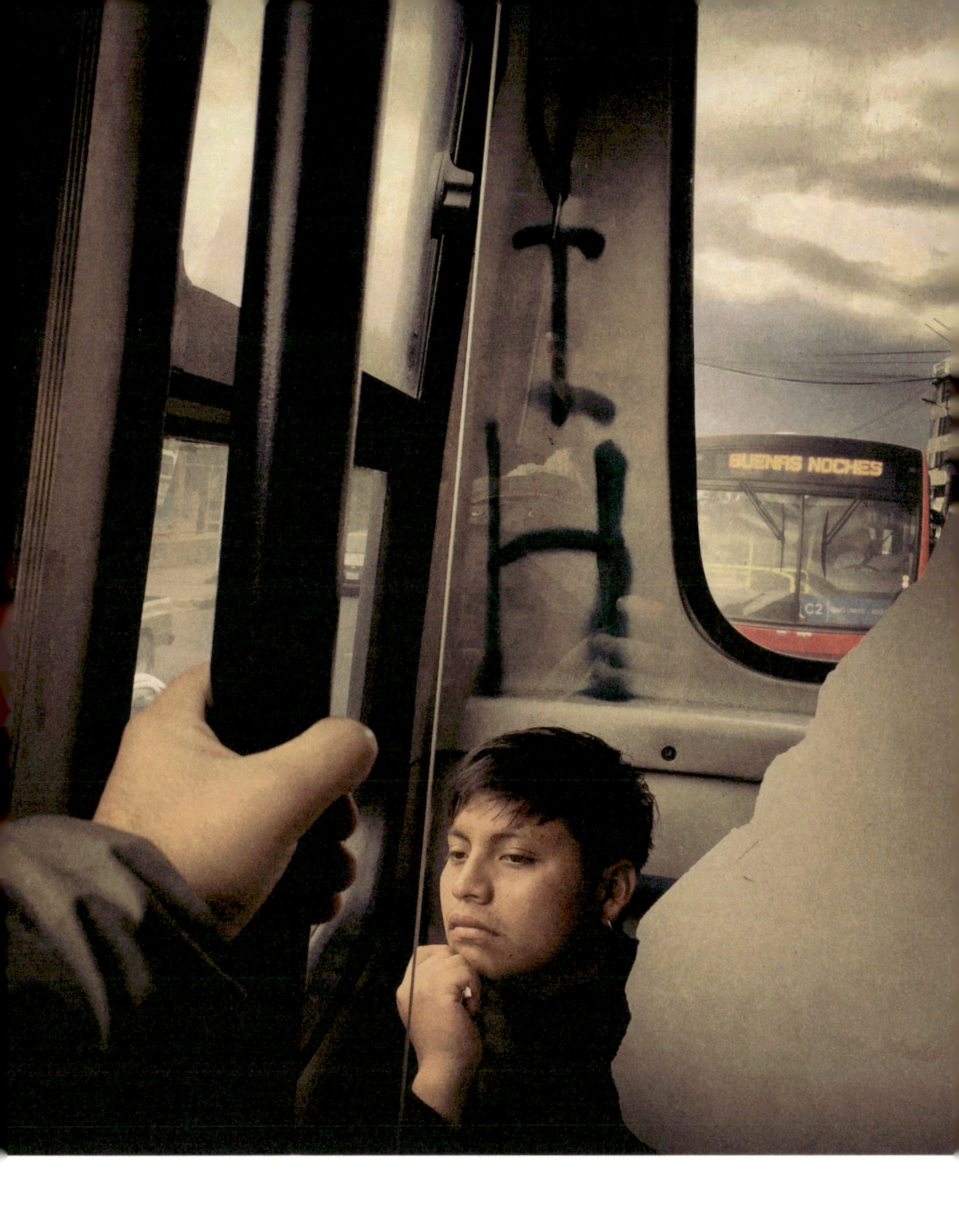
BUENAS NOCHES
C2

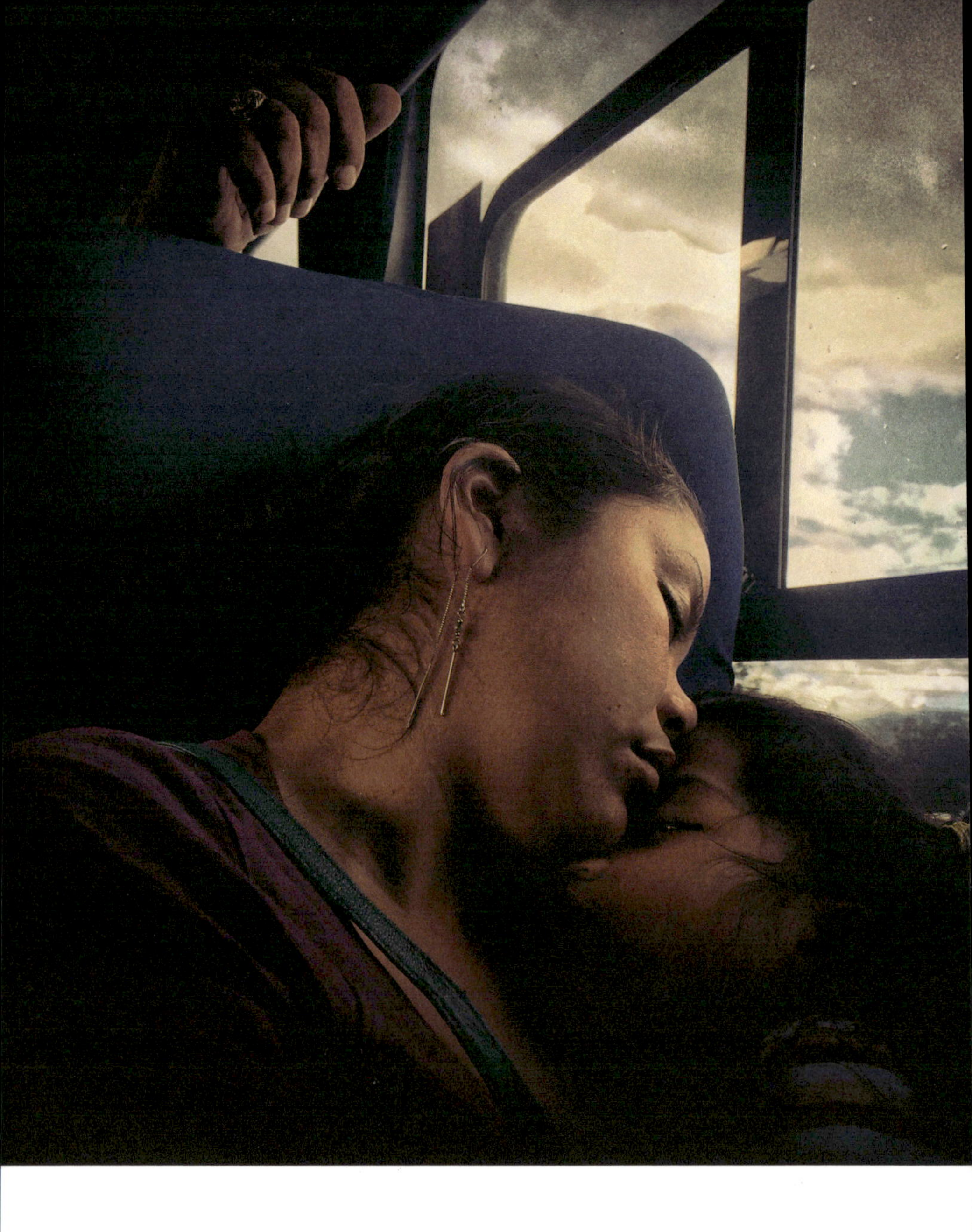

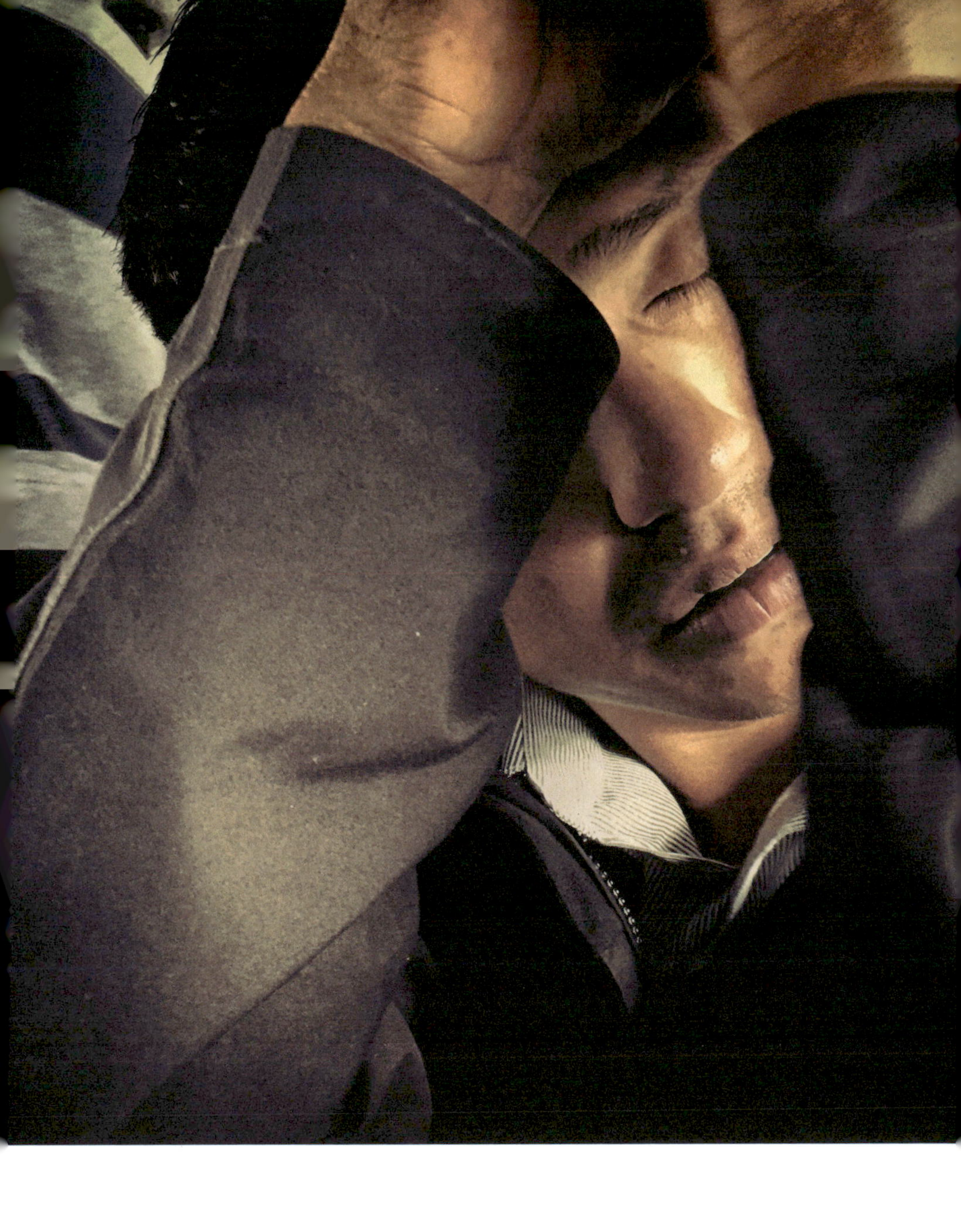

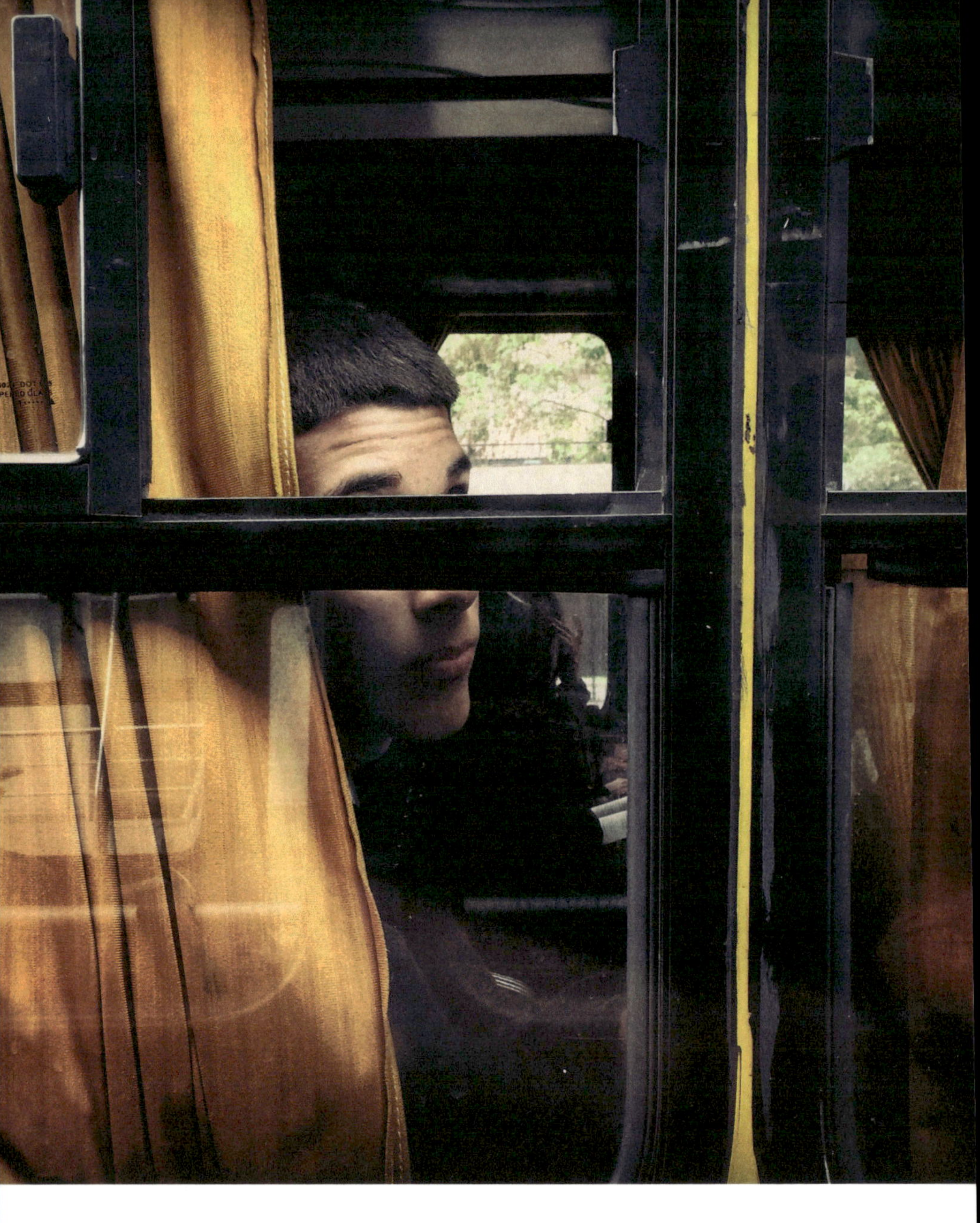

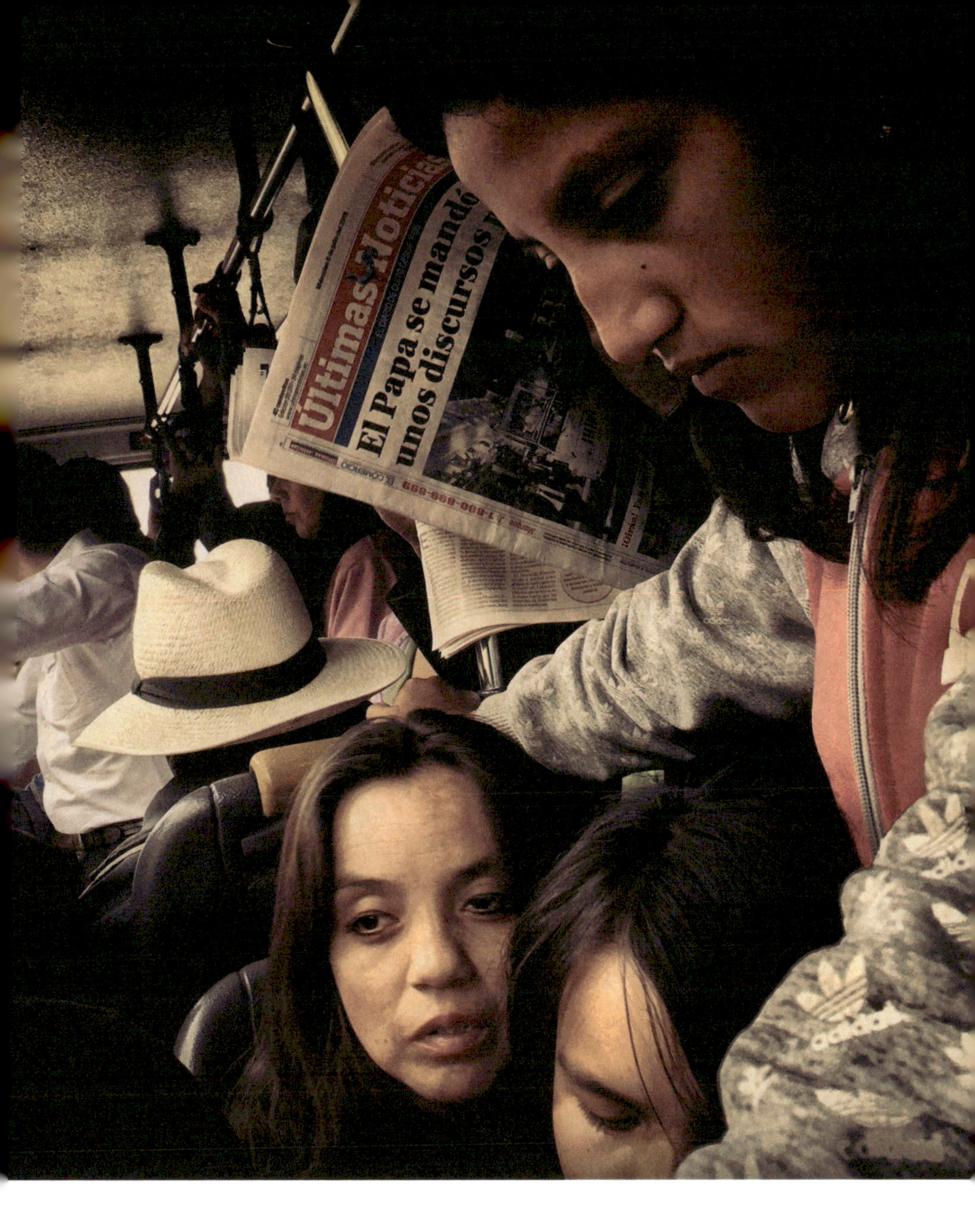
Últimas Noticias
El Papa se mandó
unos discursos

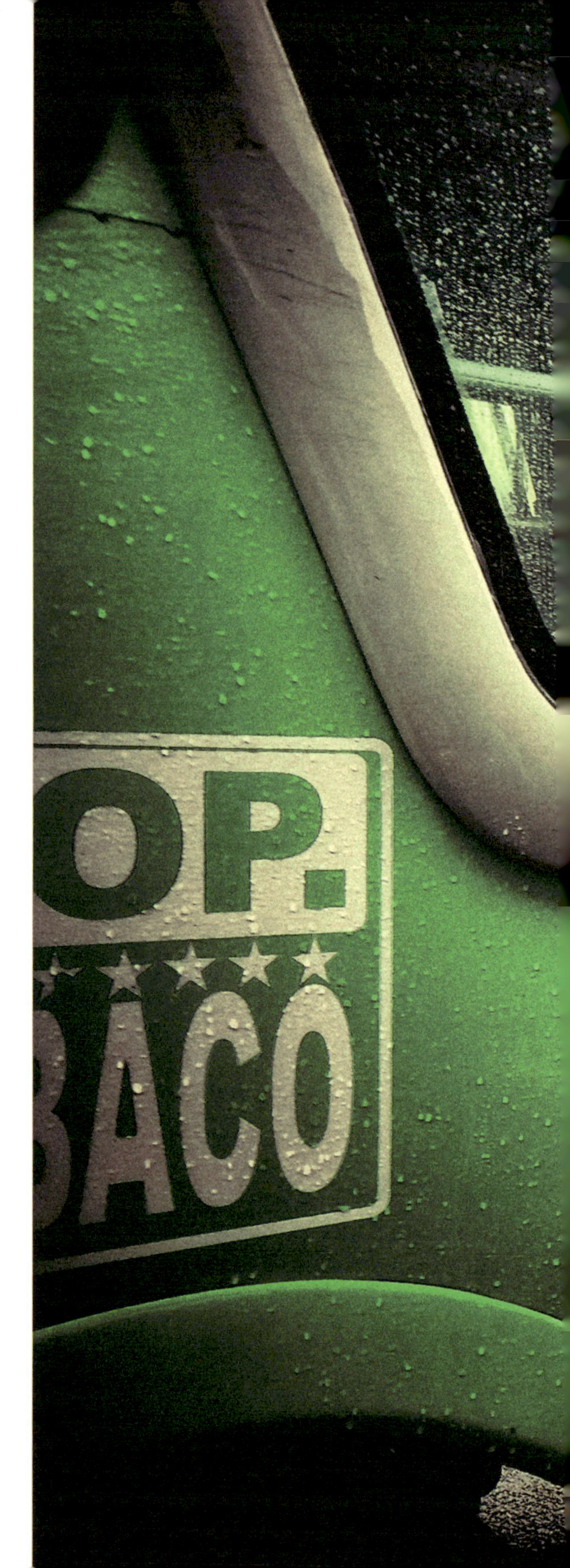
OP.
BACO

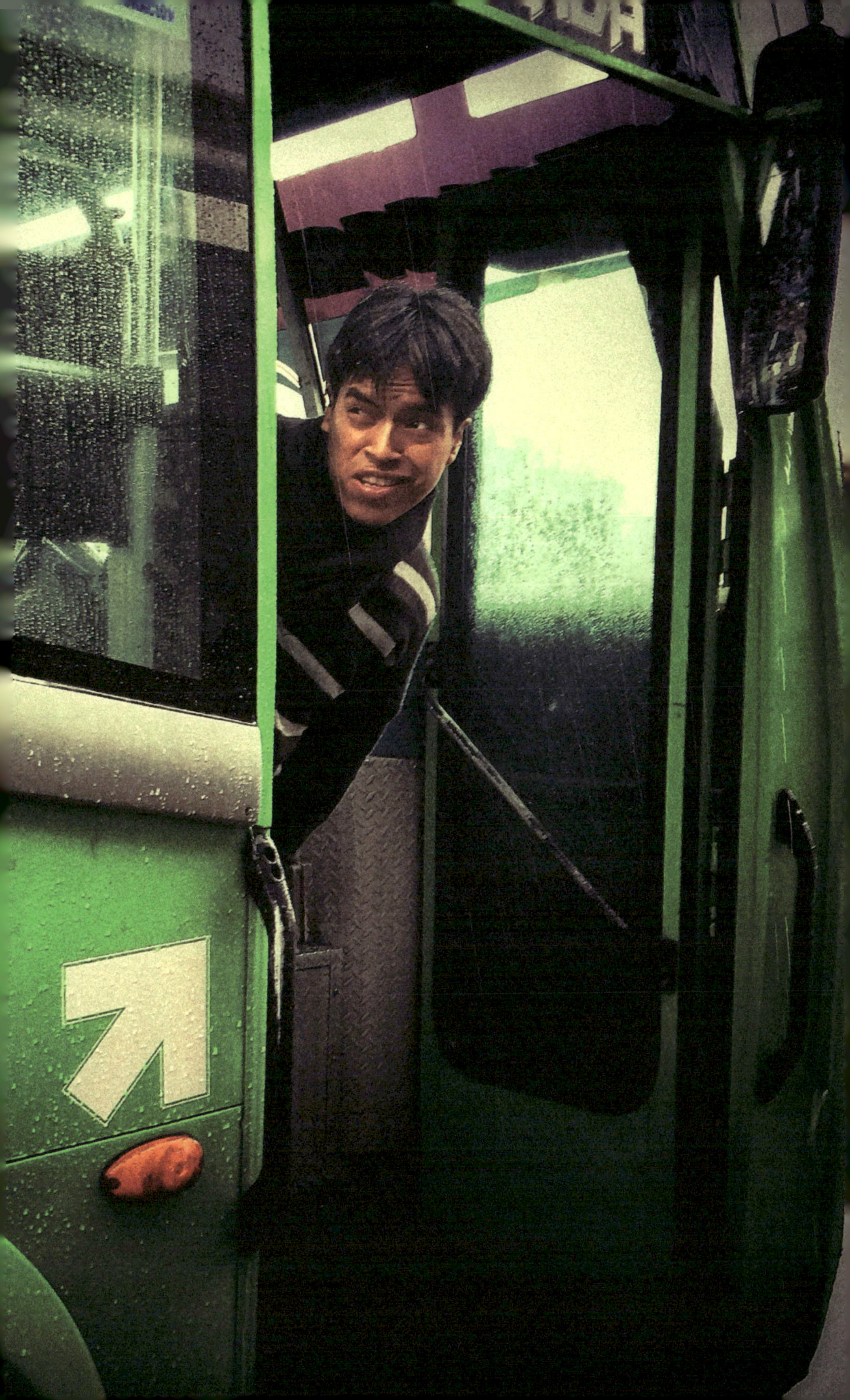

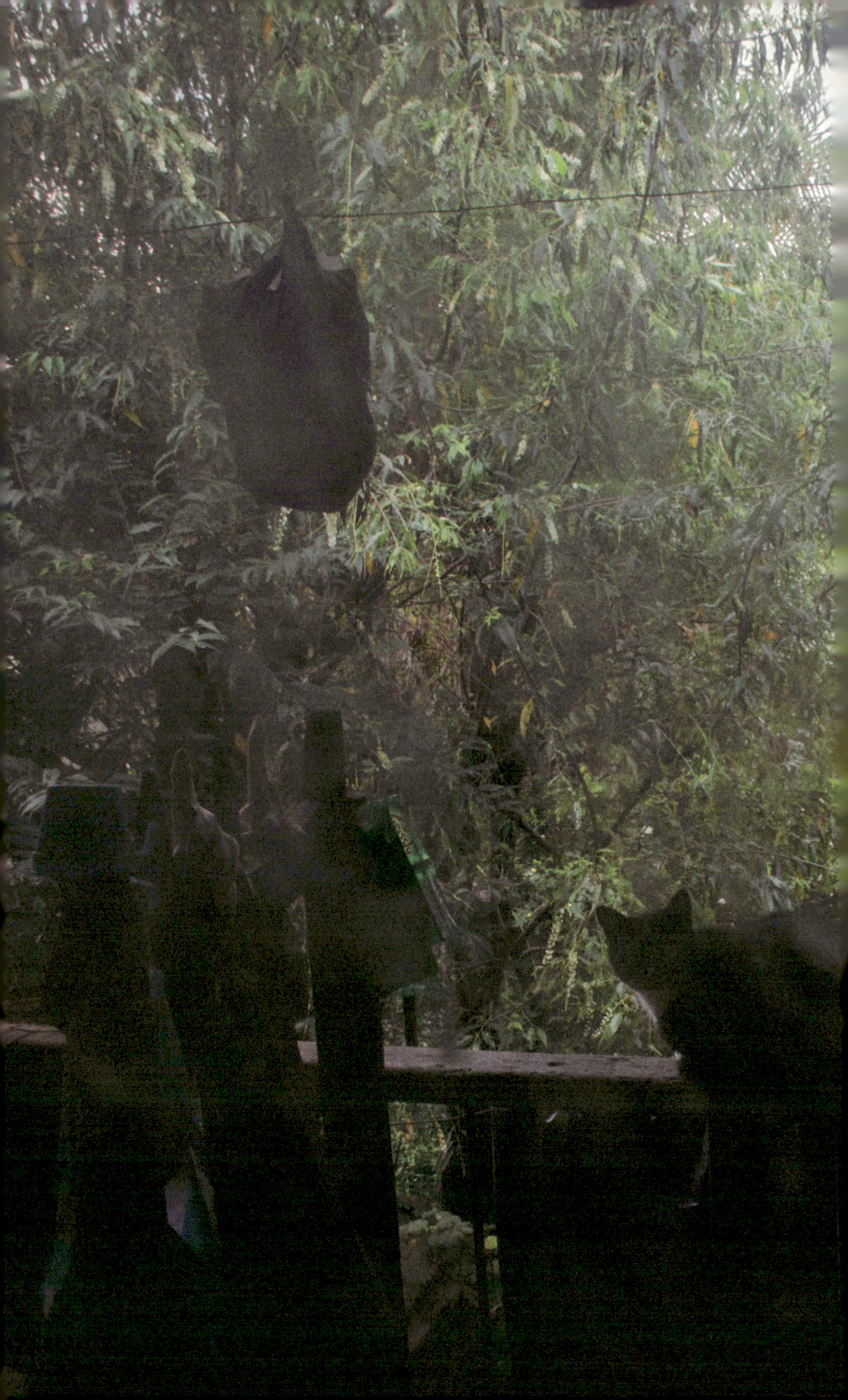

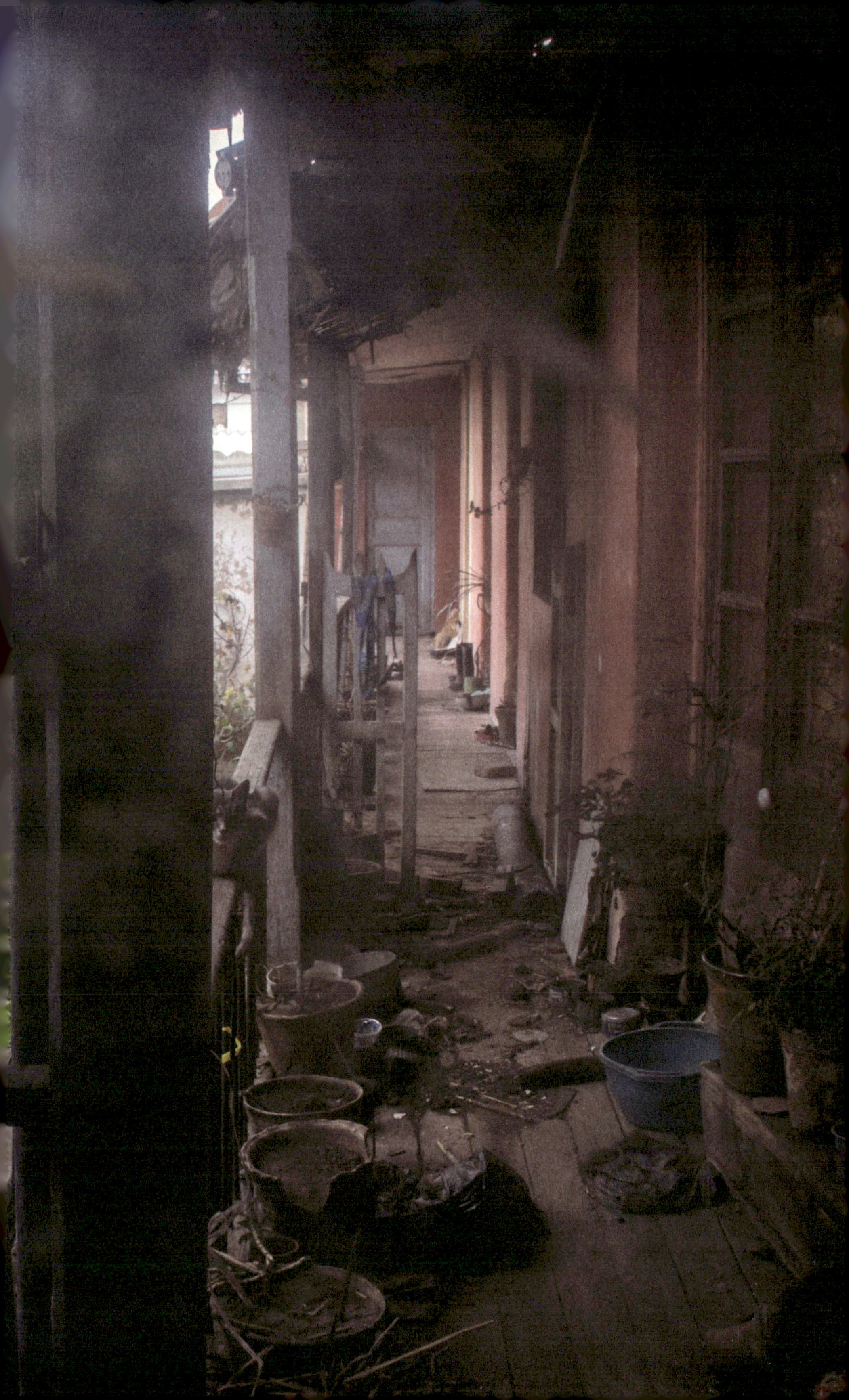

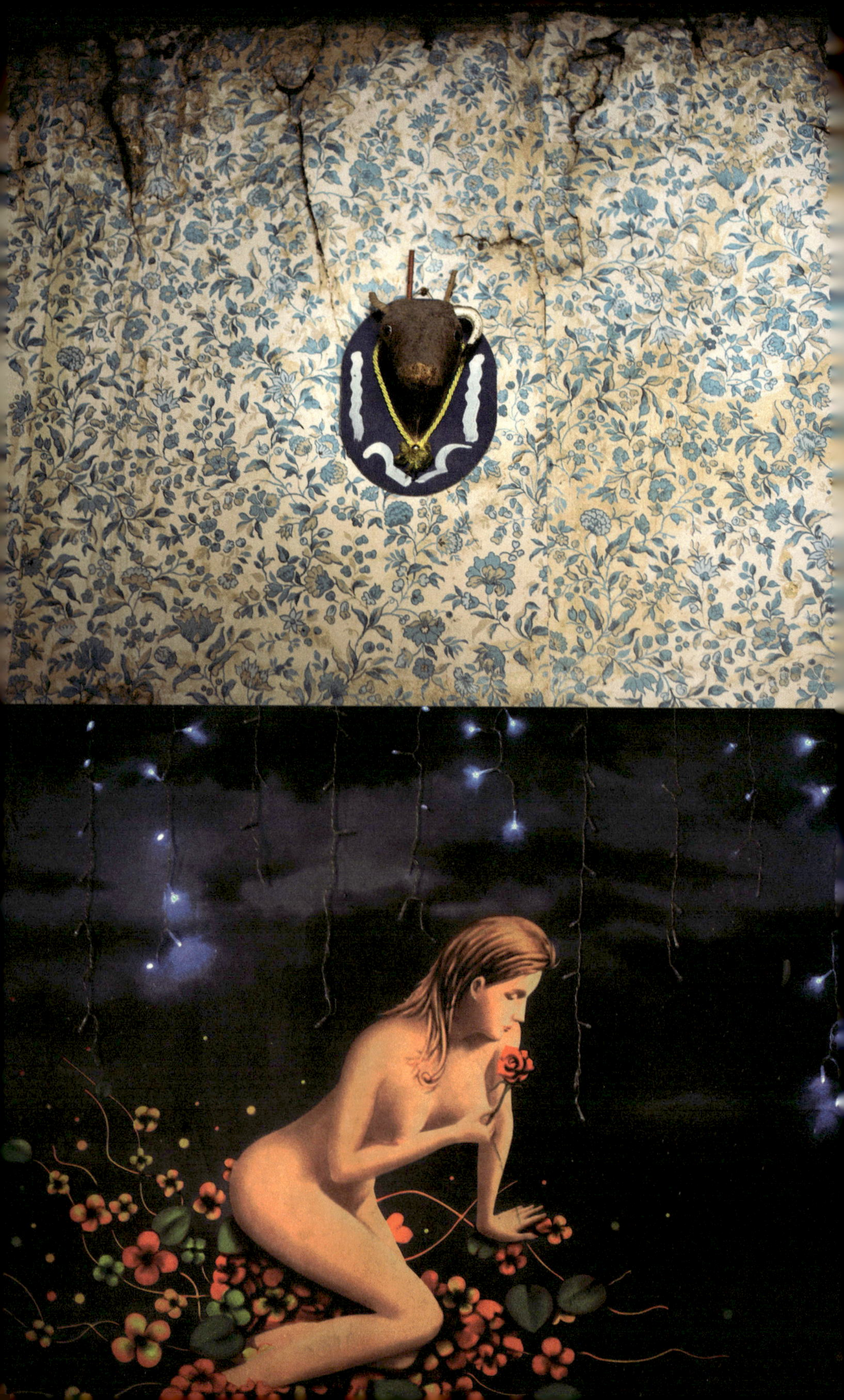

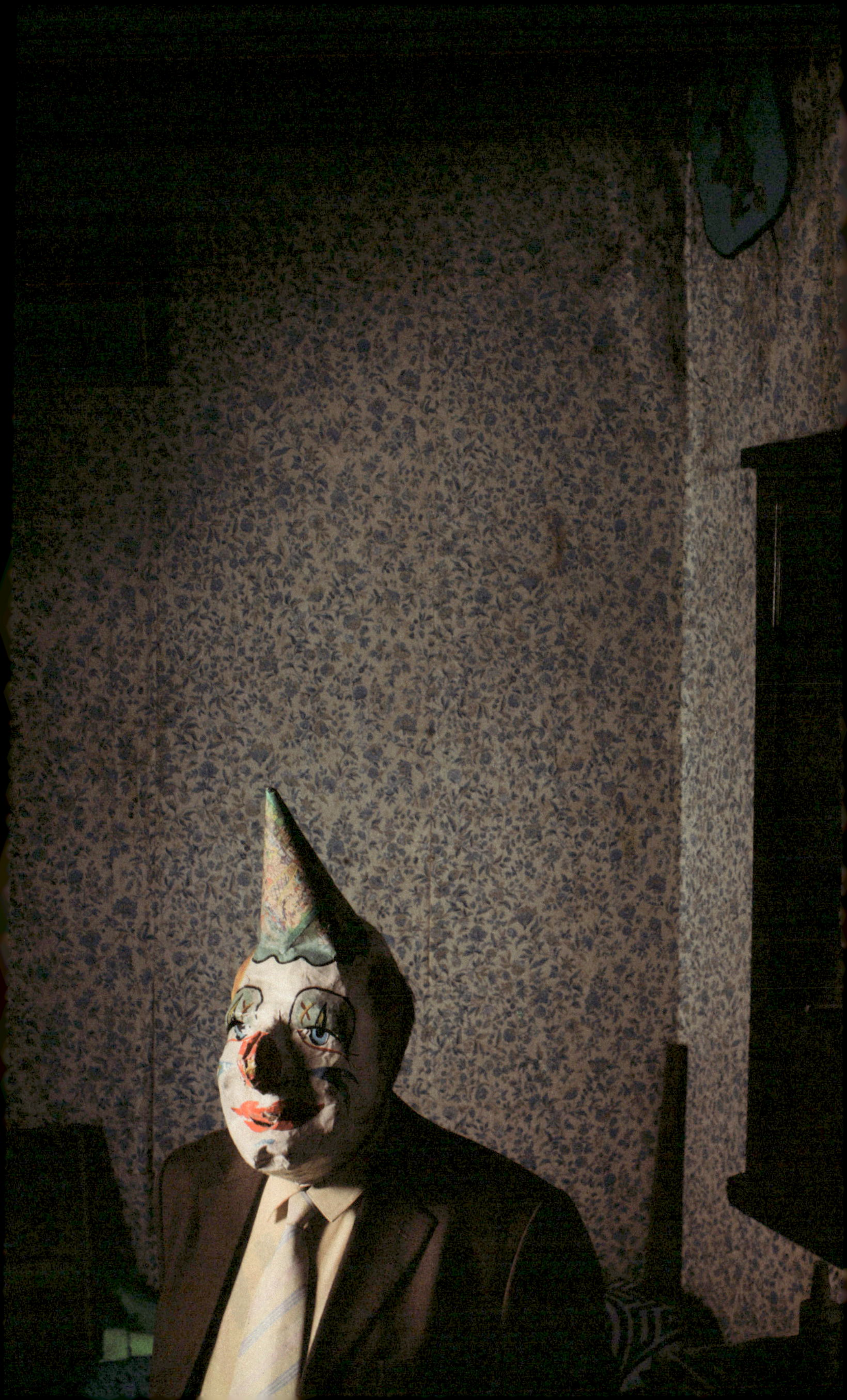

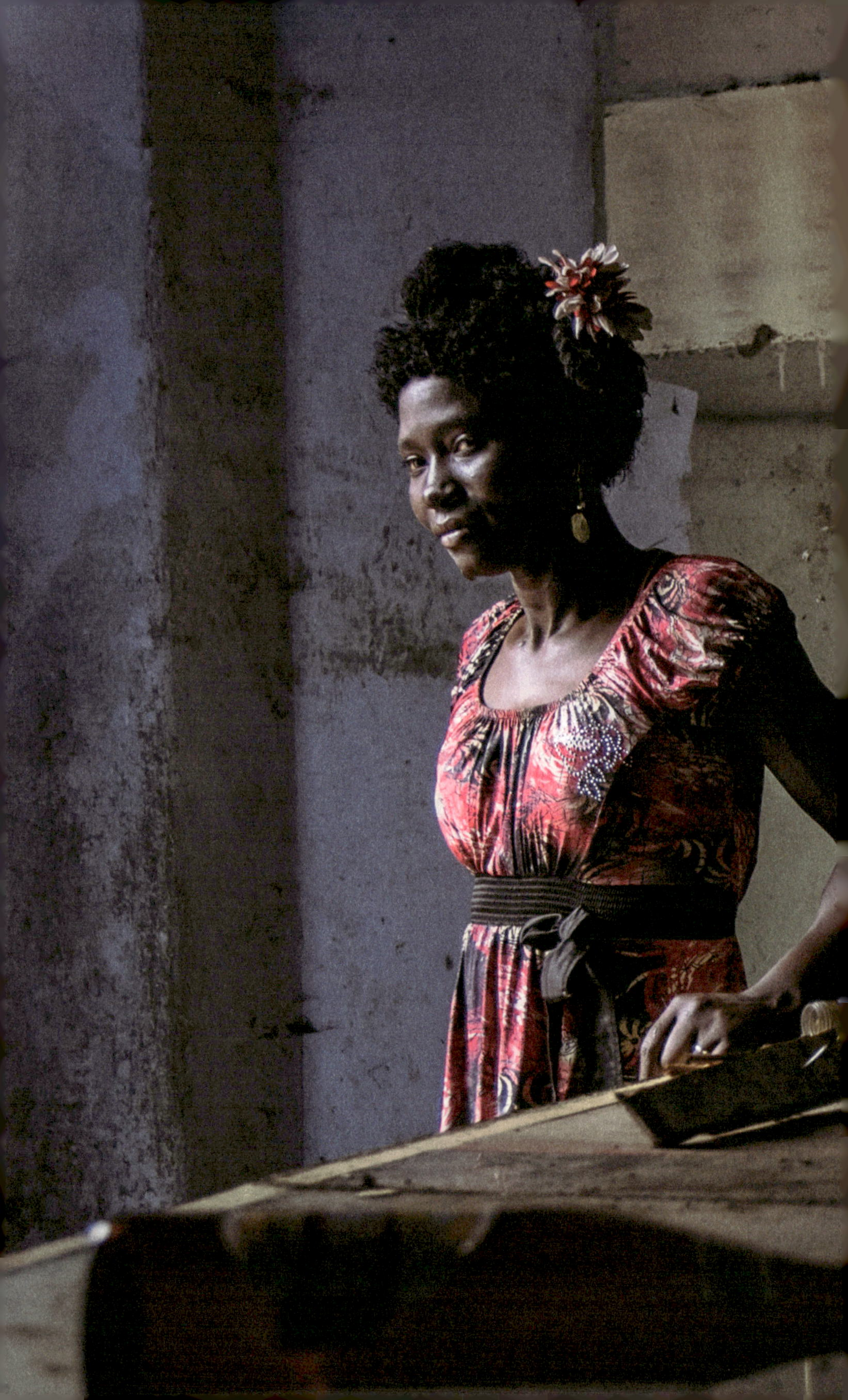

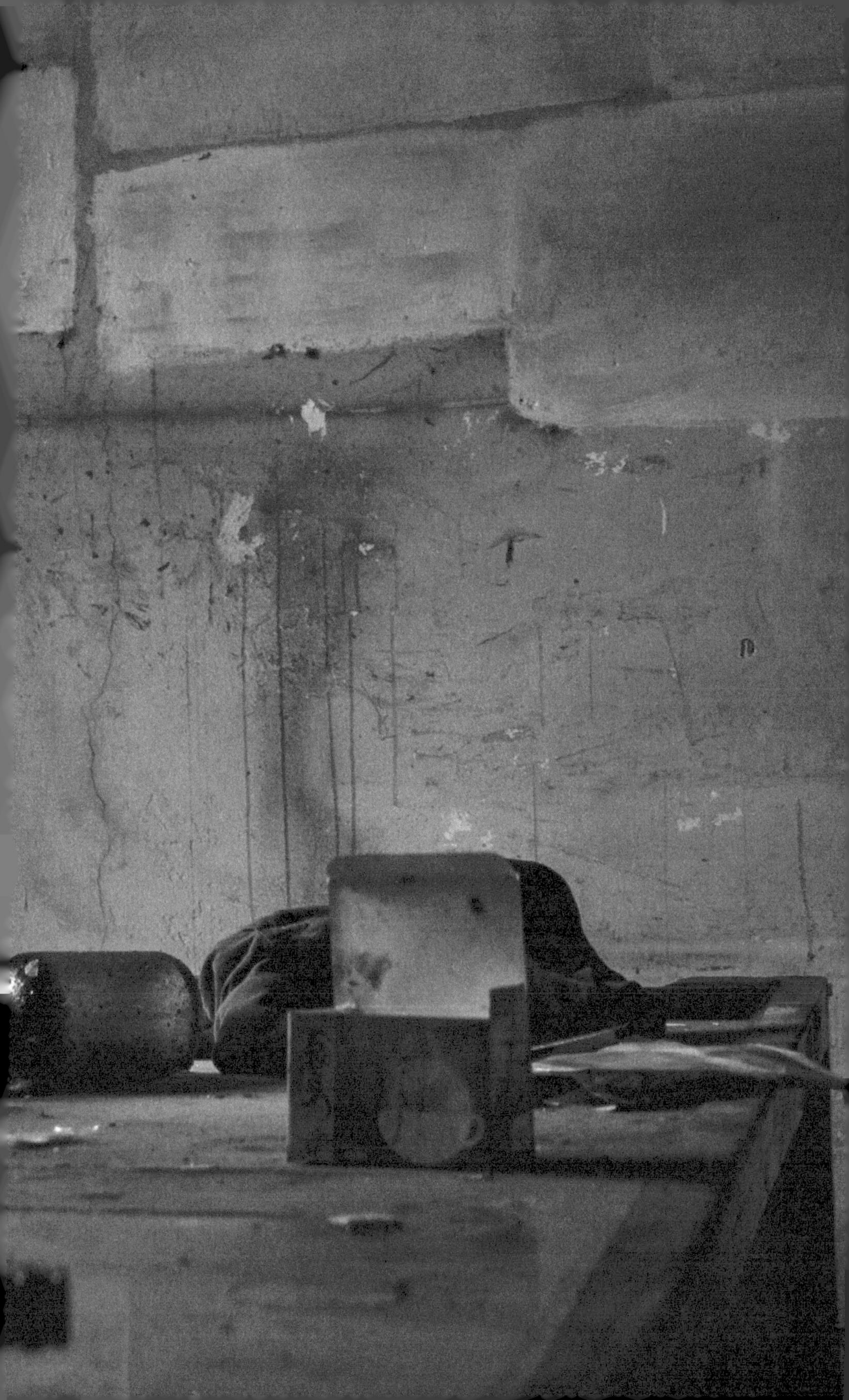

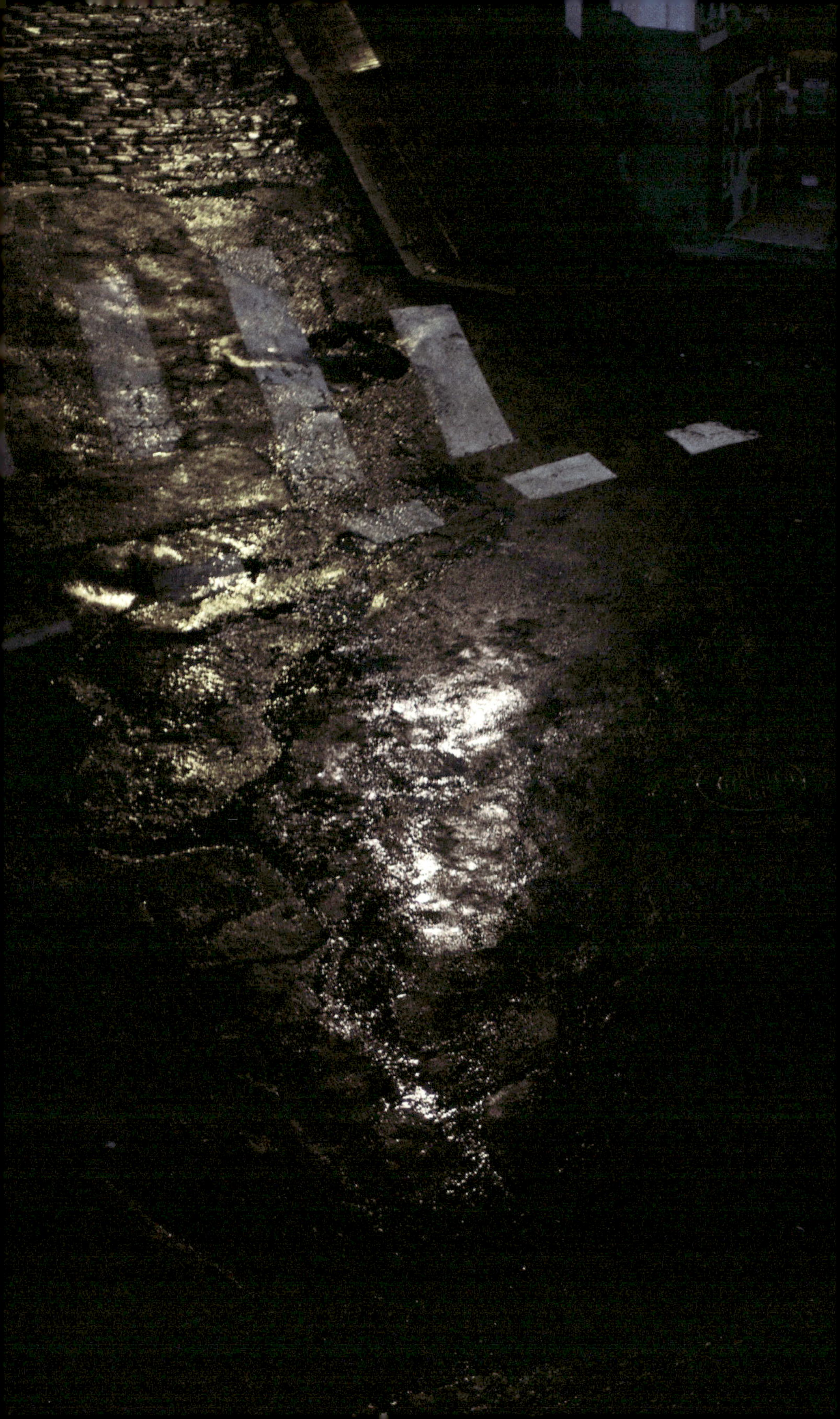

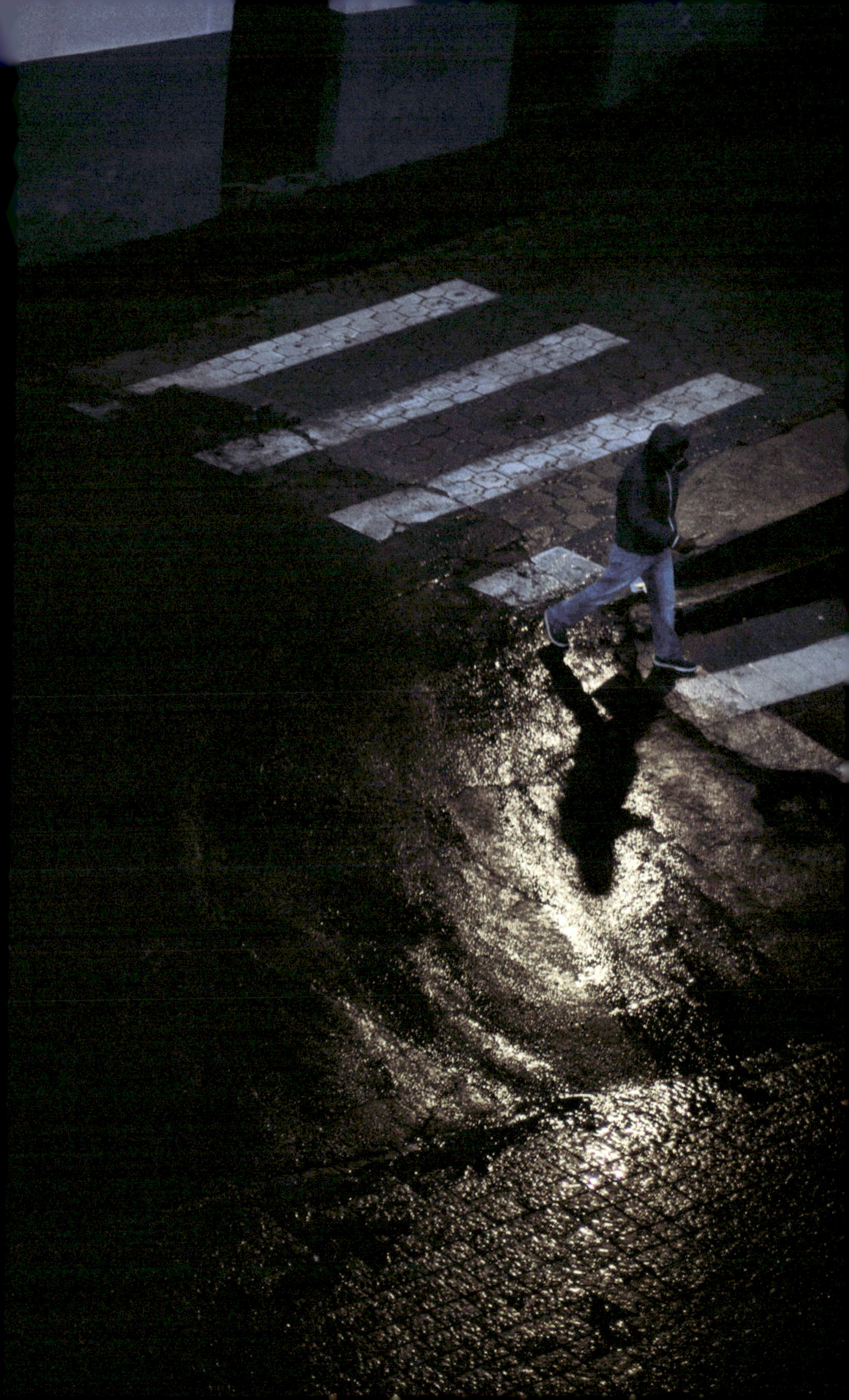

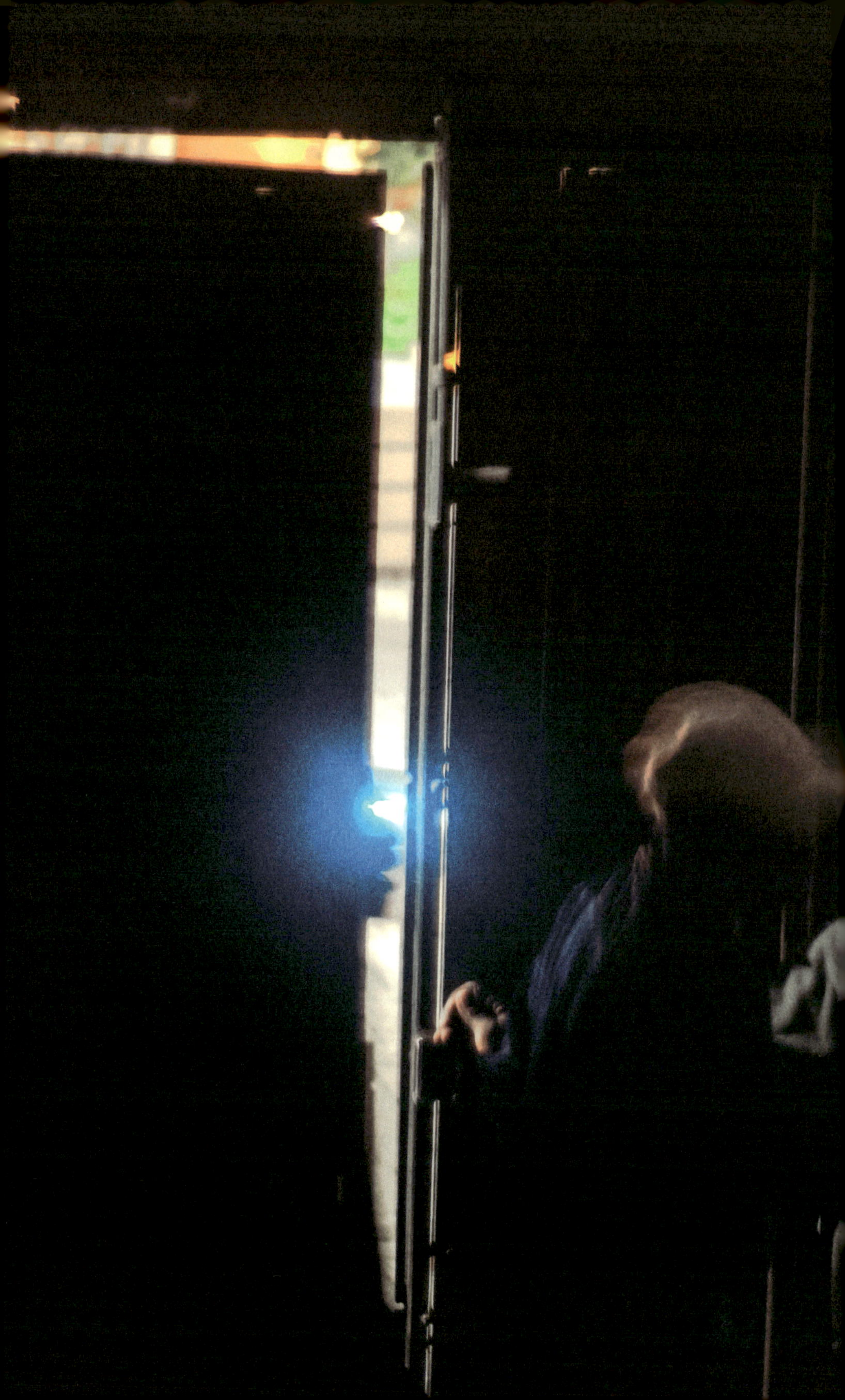

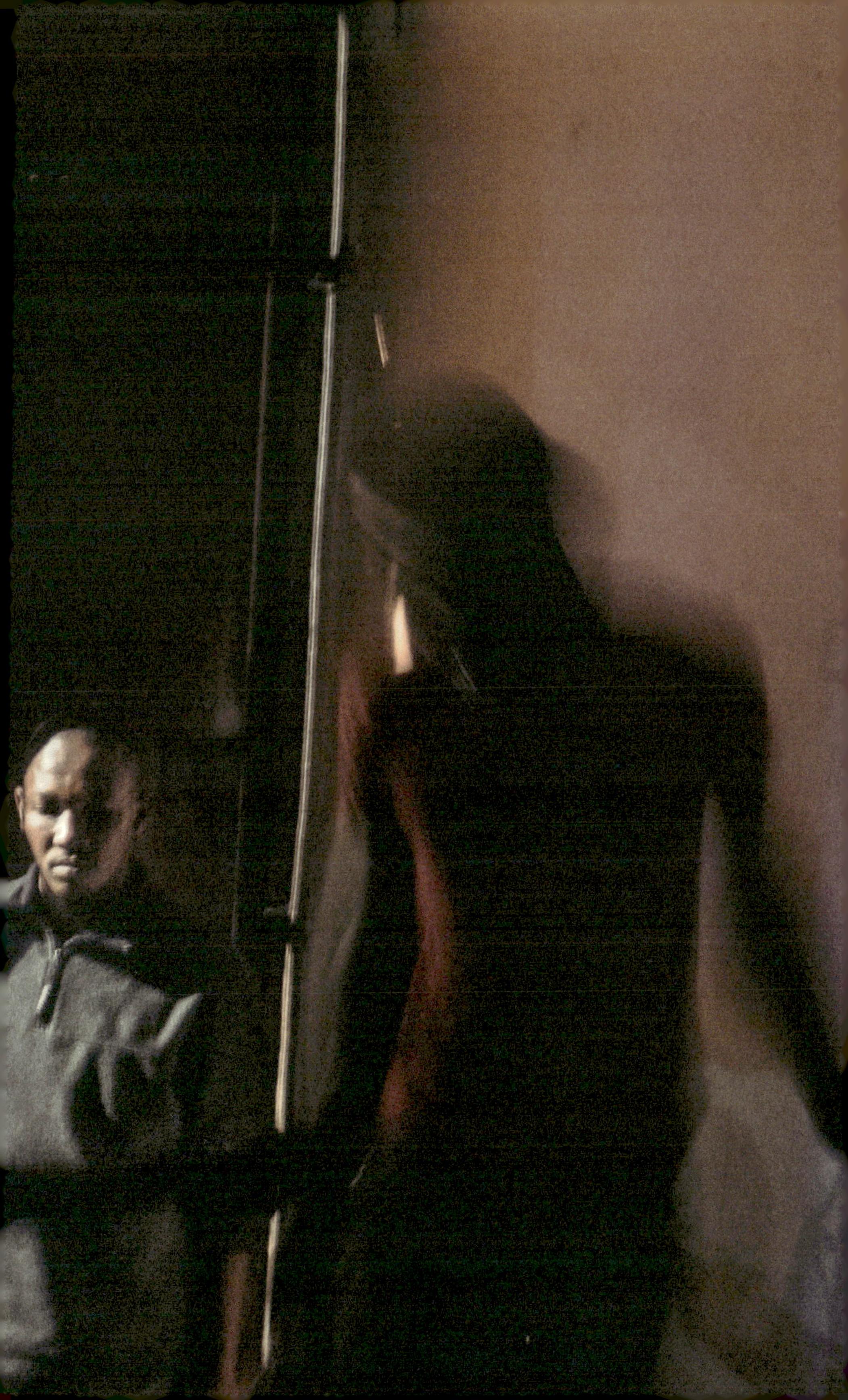

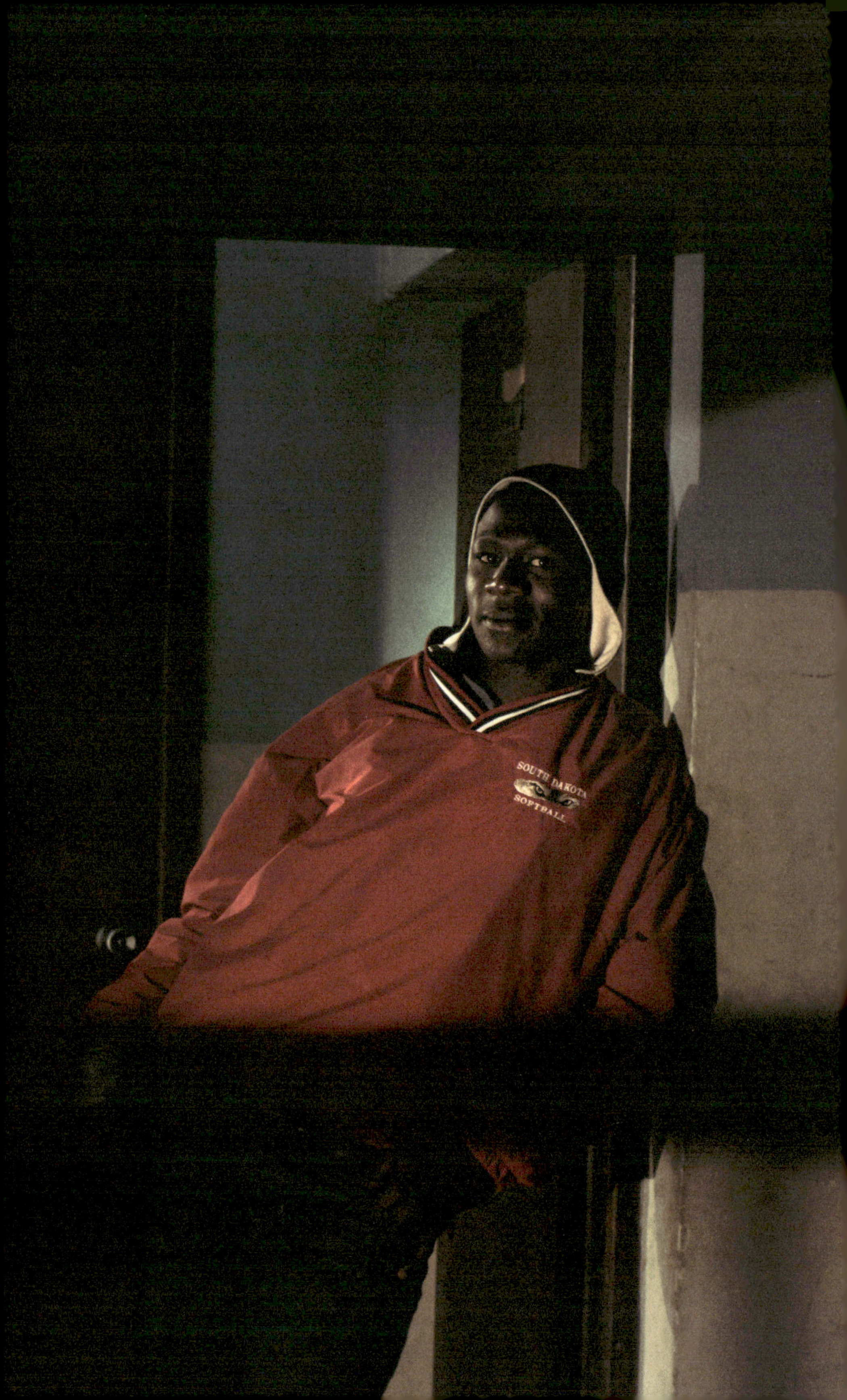
SOUTH DAKOTA
SOFTBALL

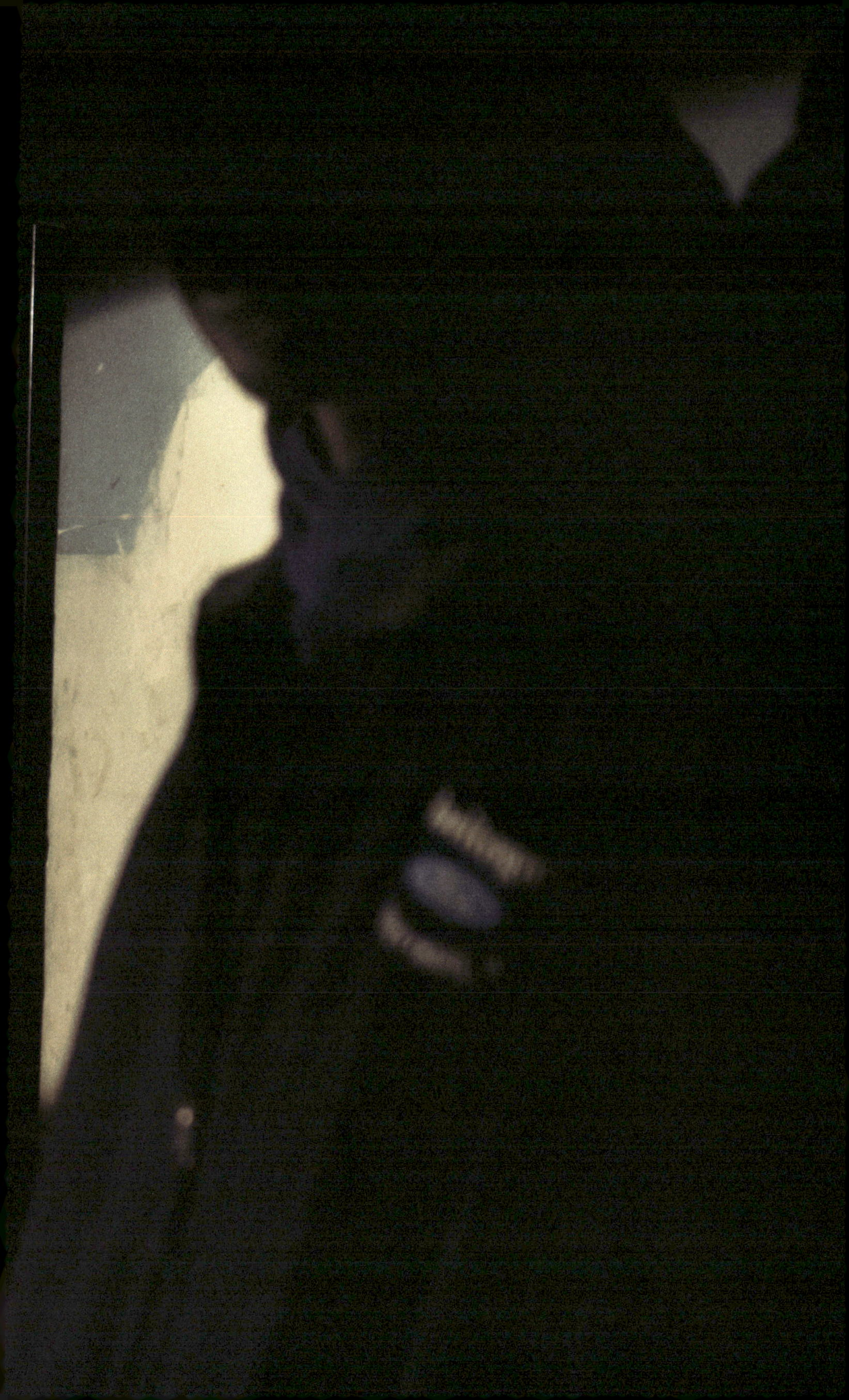

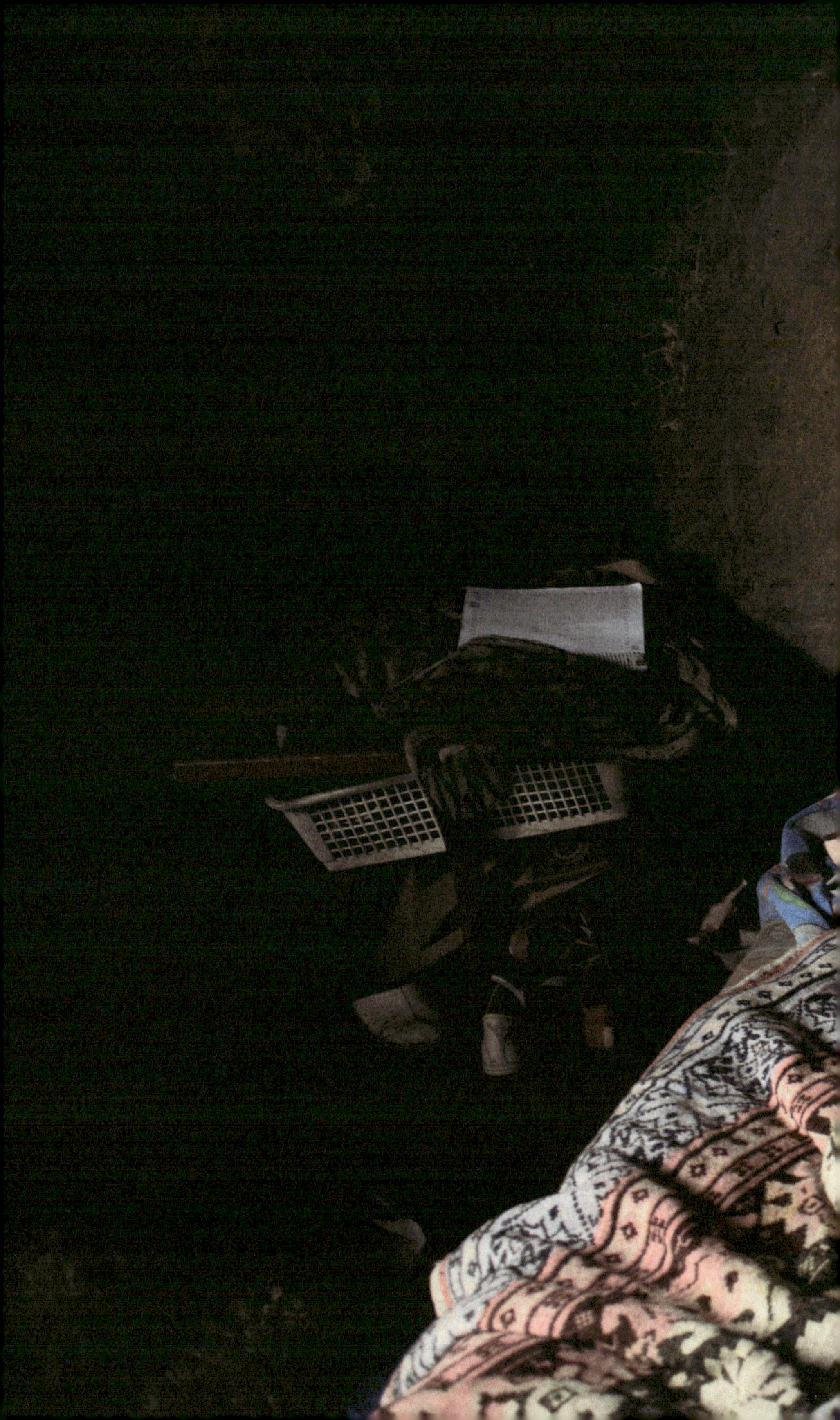

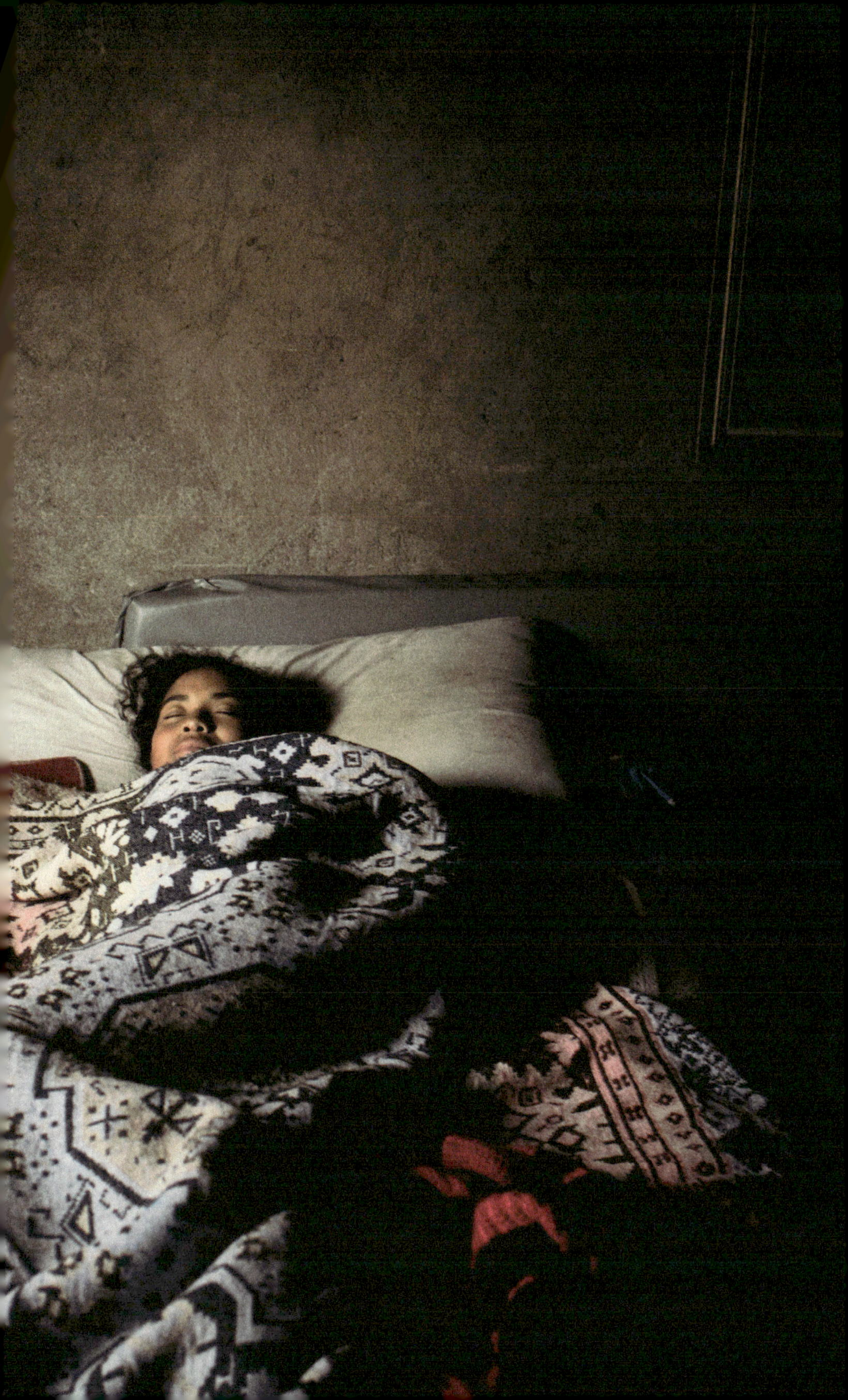

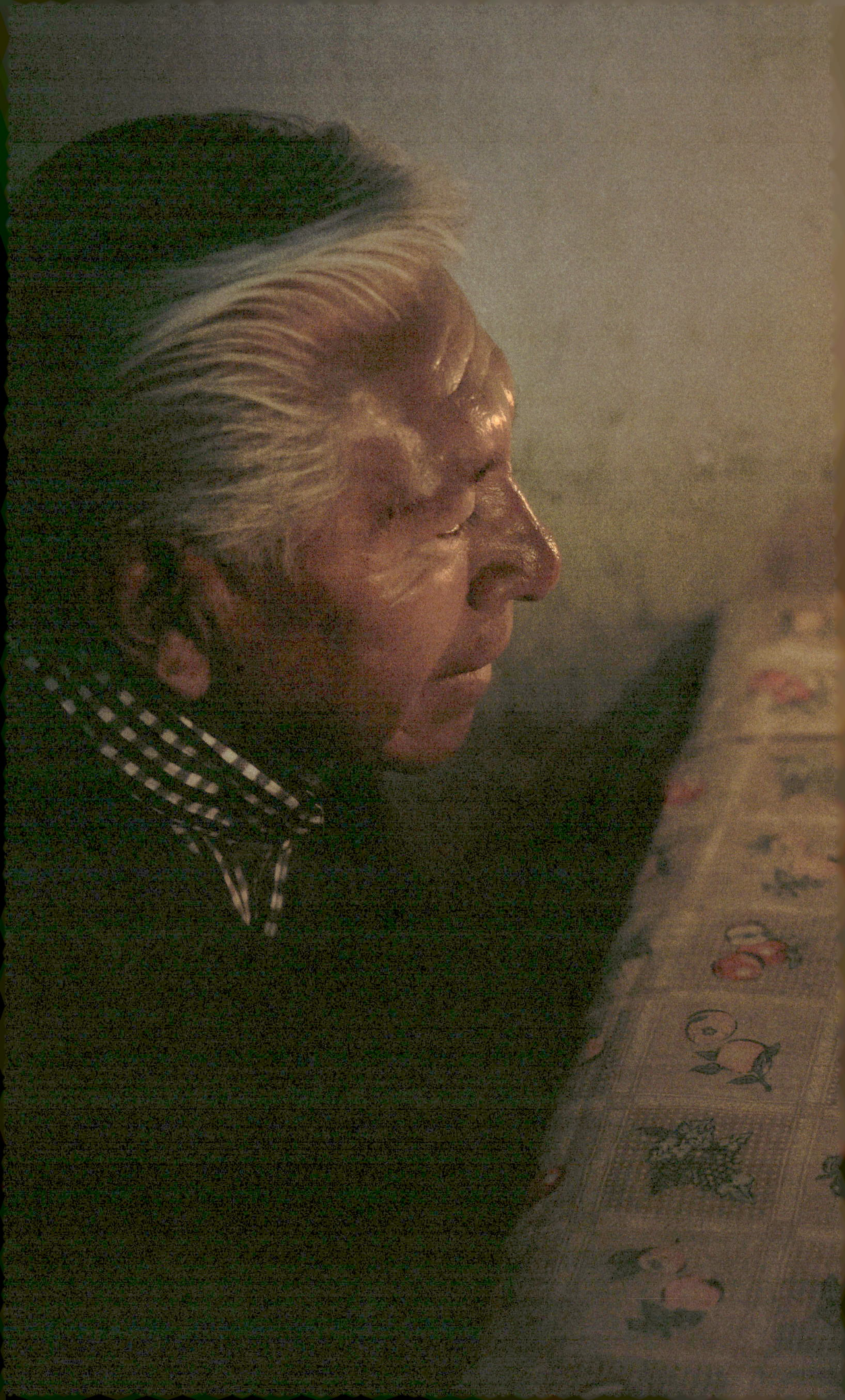

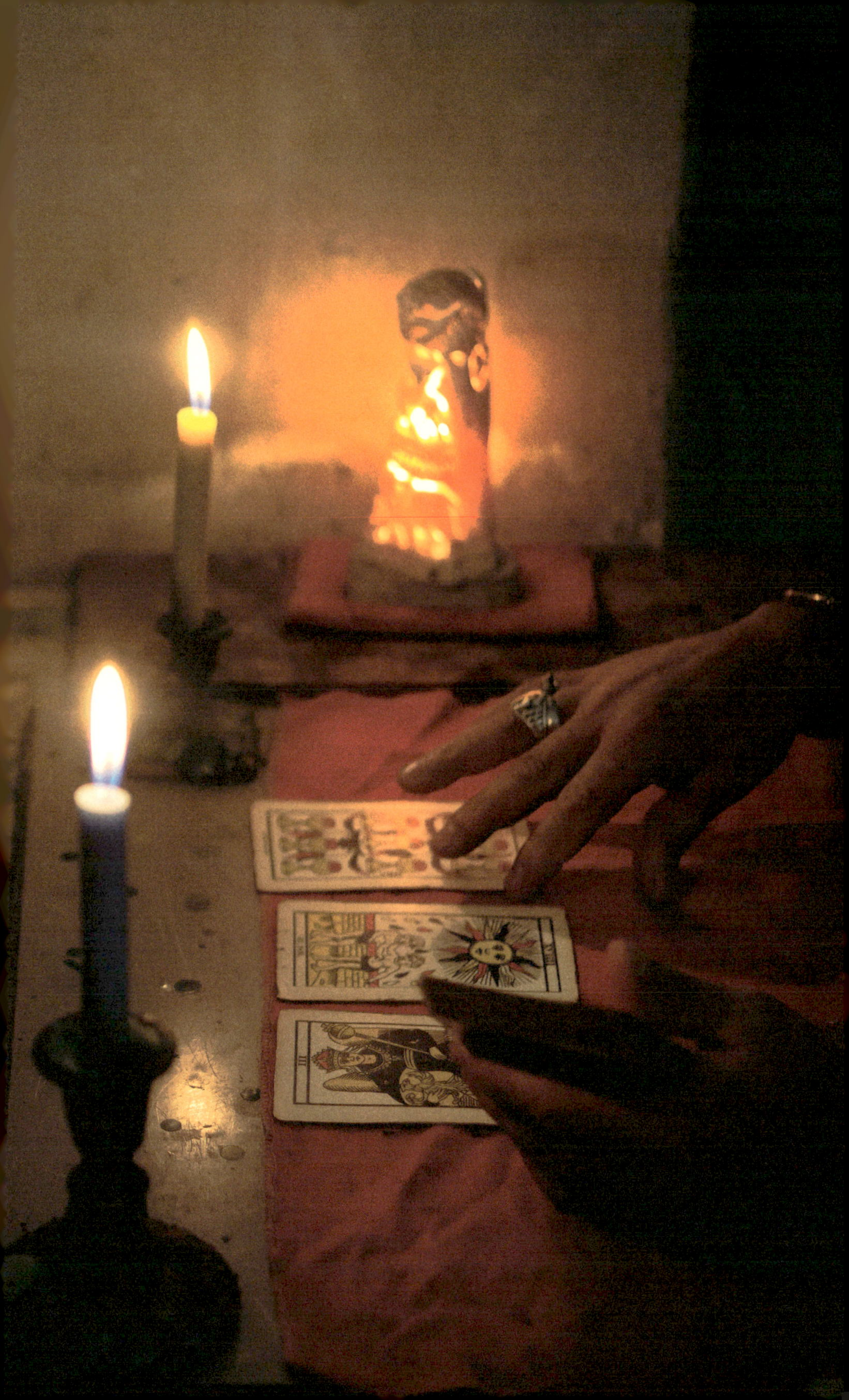

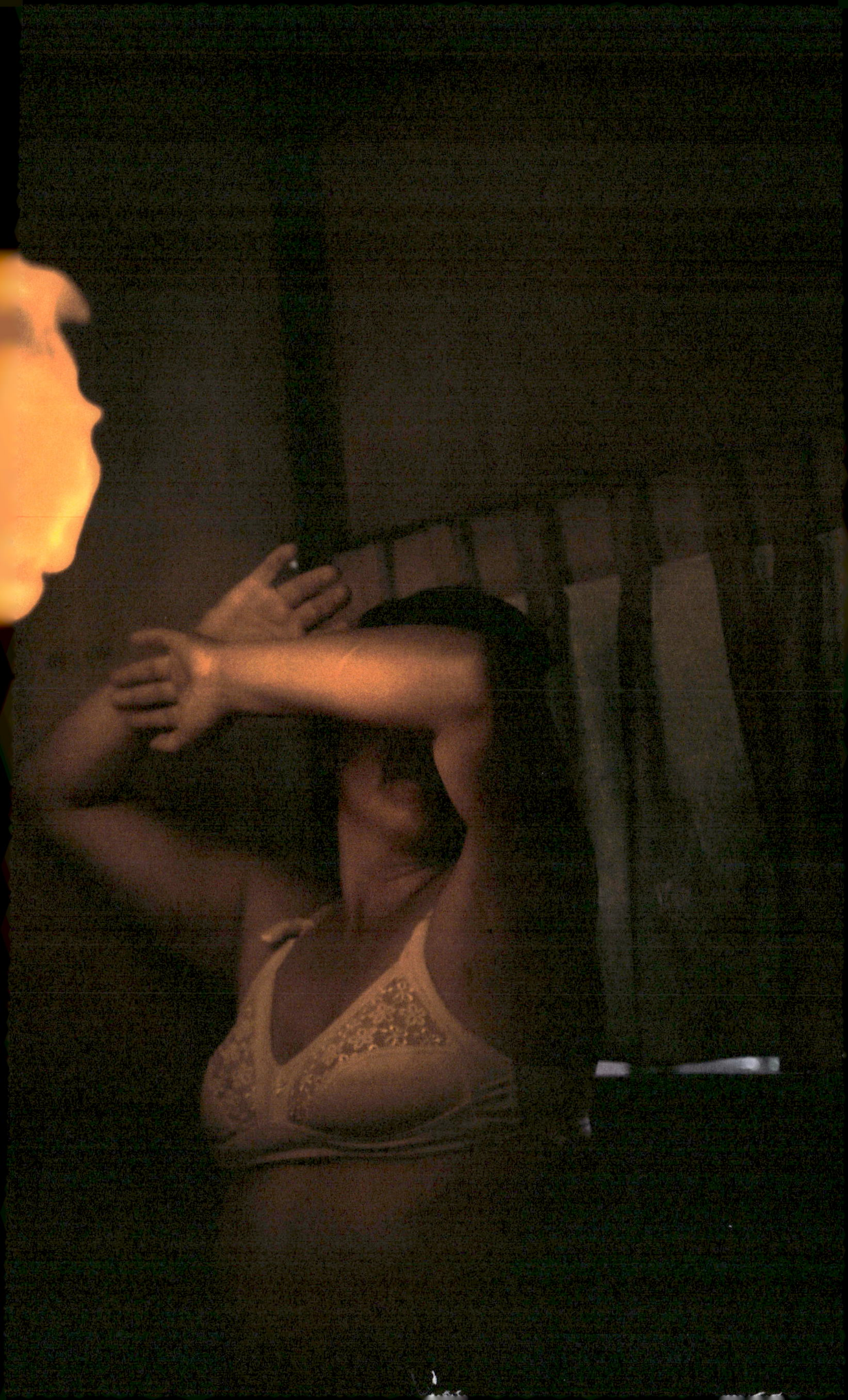

La problemática de la violencia de género en Quito, obliga a aprovechar los espacios públicos y de comunicación para que sean escenario de concientización de una realidad alarmante, de la que hombres y mujeres somos responsables en su erradicación. Busquemos en cada fotografía el precio por callar, de mostrarnos impávidos frente a

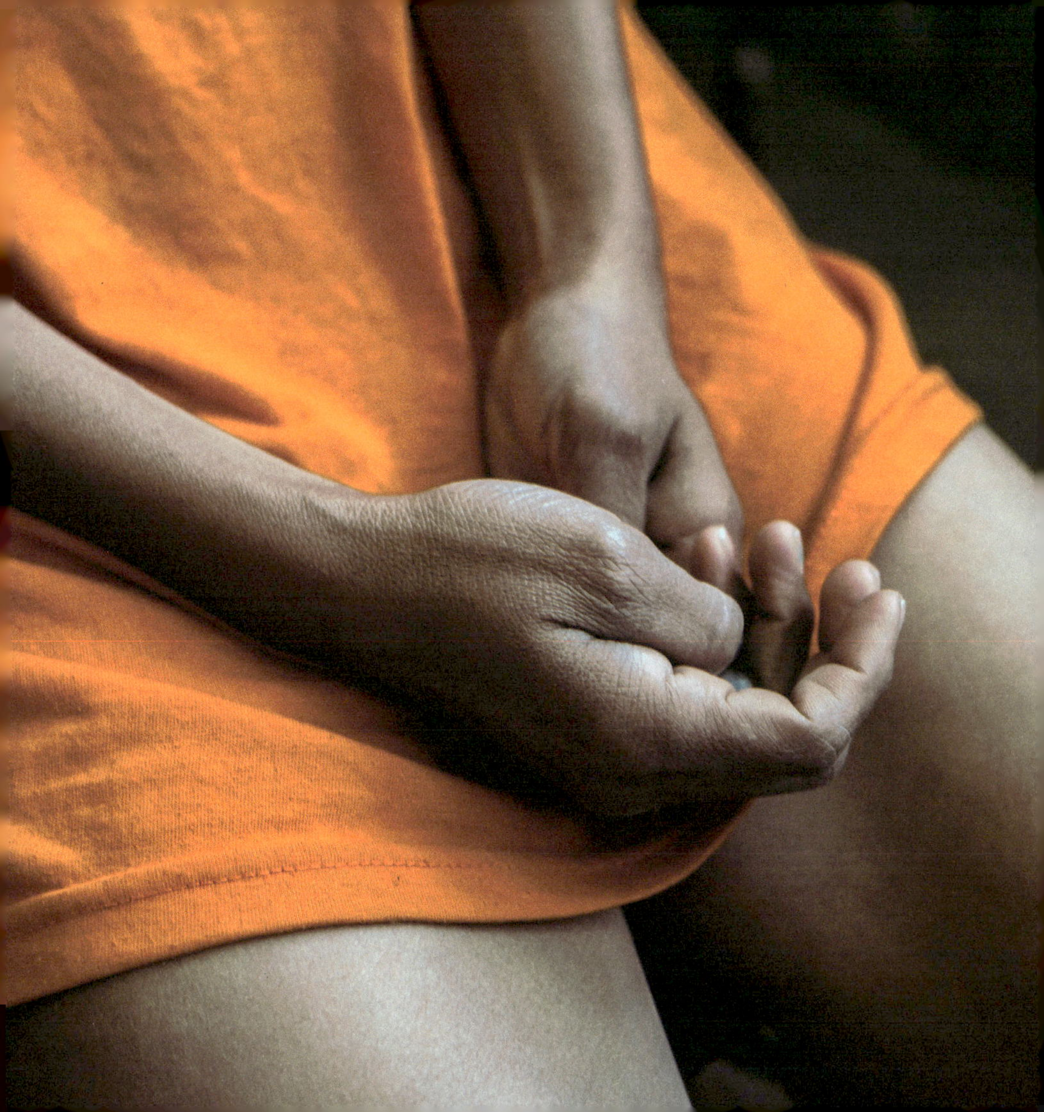

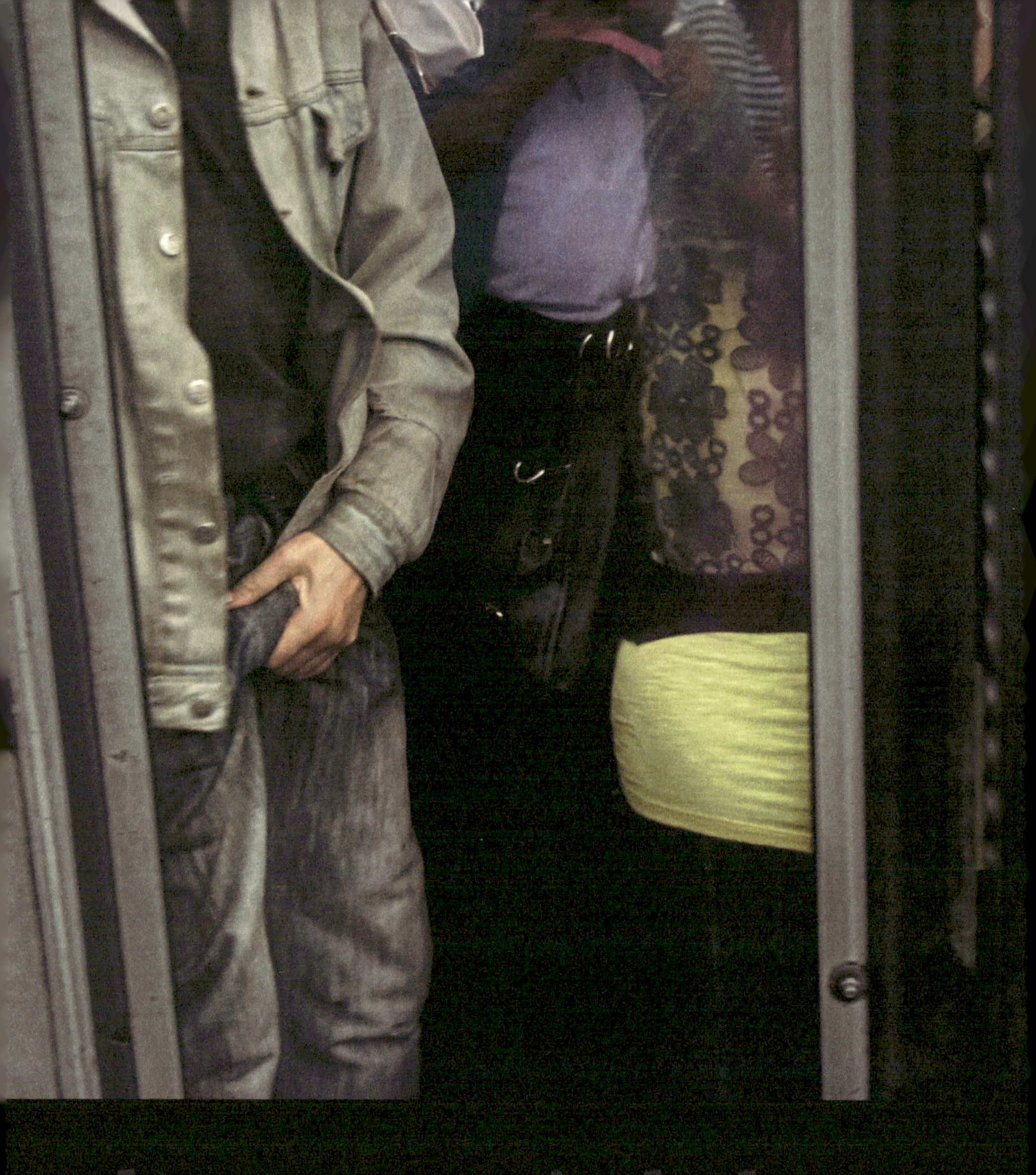

de nuestra ciudad.
Siete de cada 10 mu-
jeres en Pichincha son
víctimas de violencia.
El 54 por ciento es

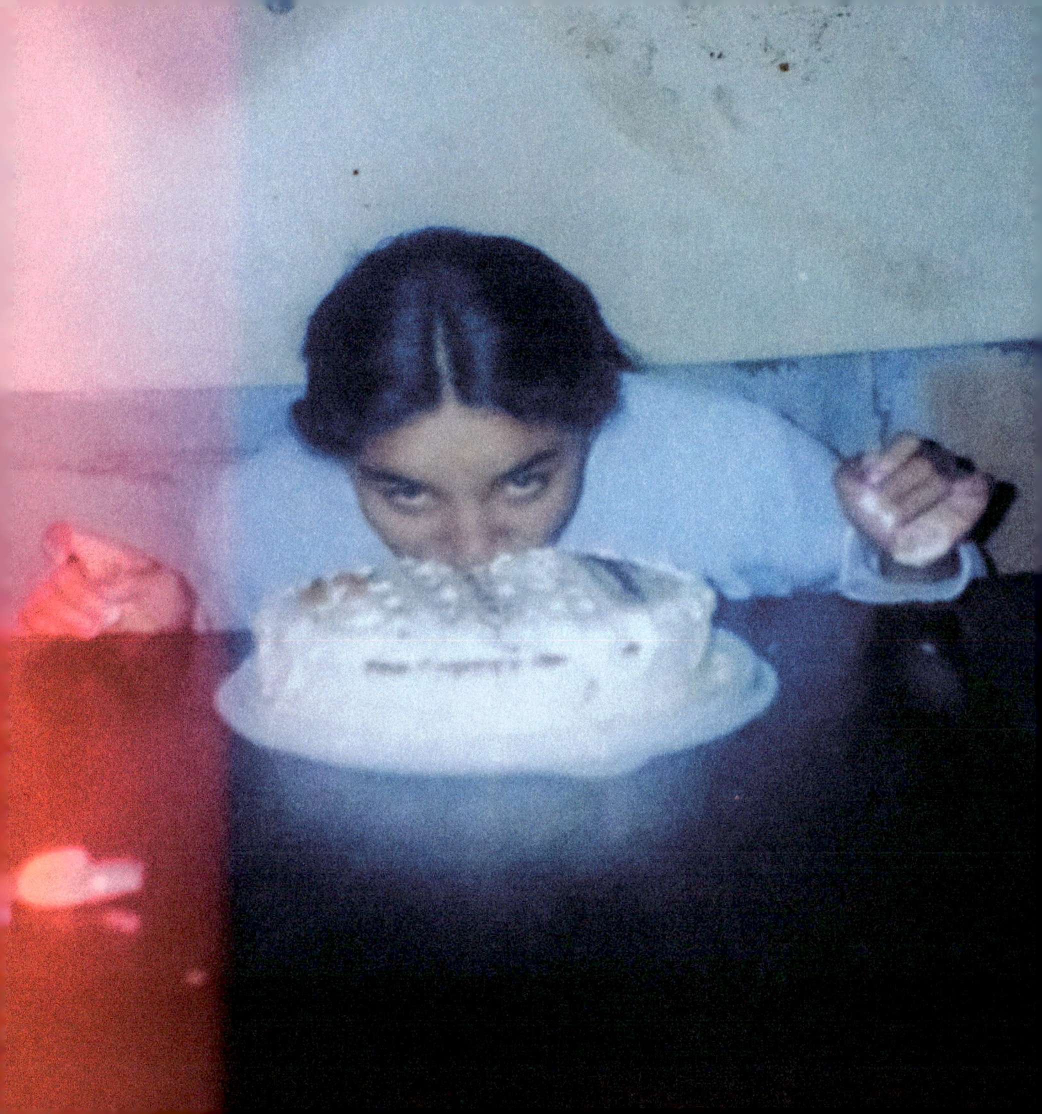

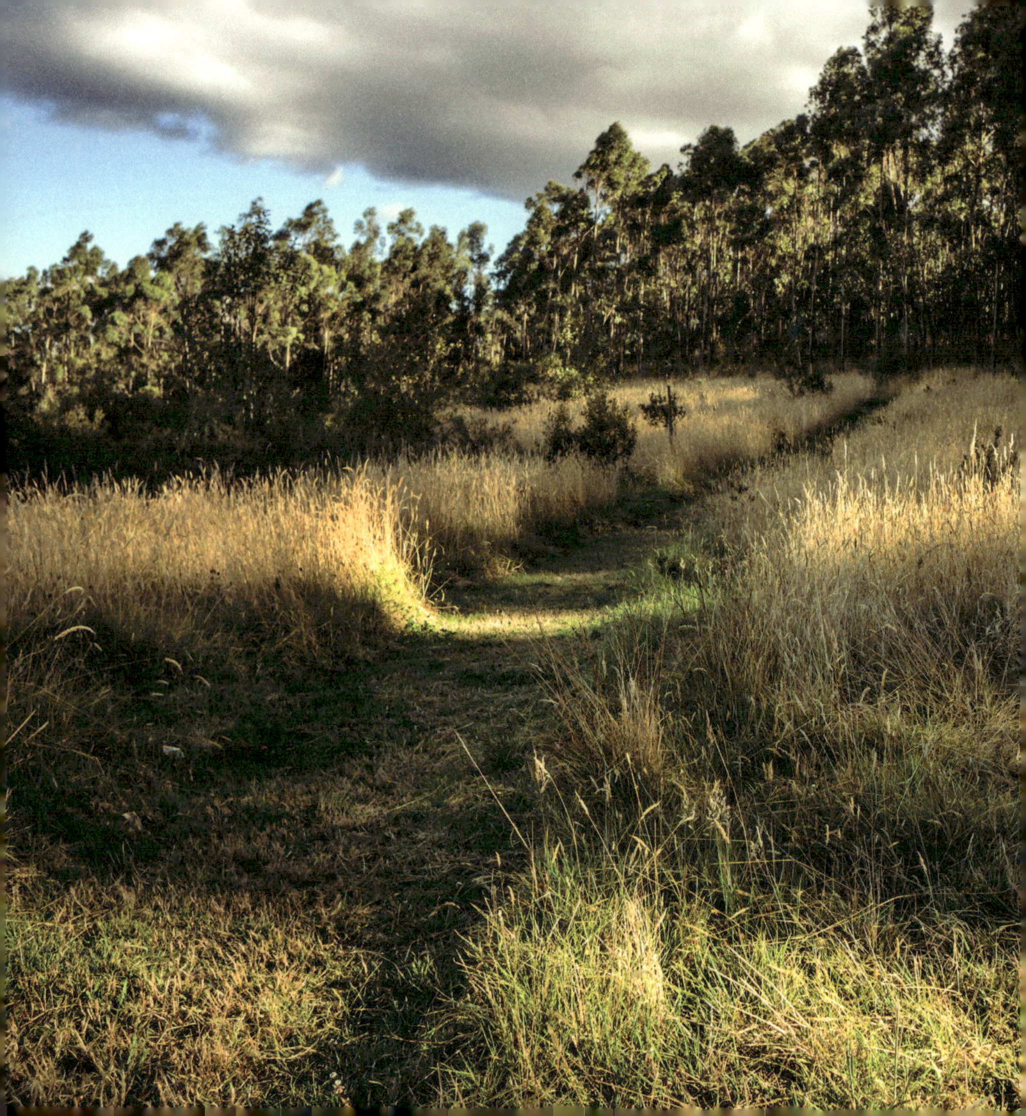

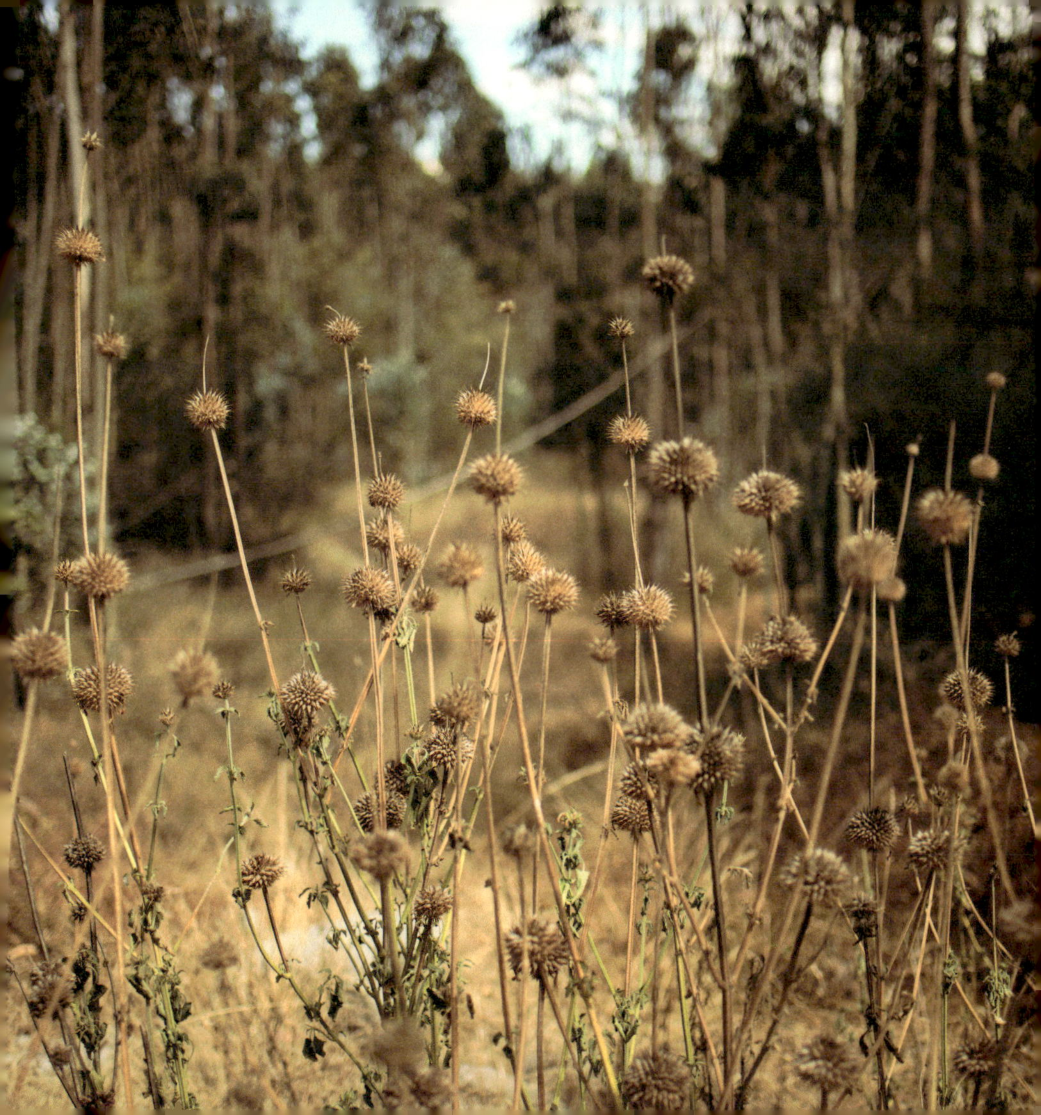

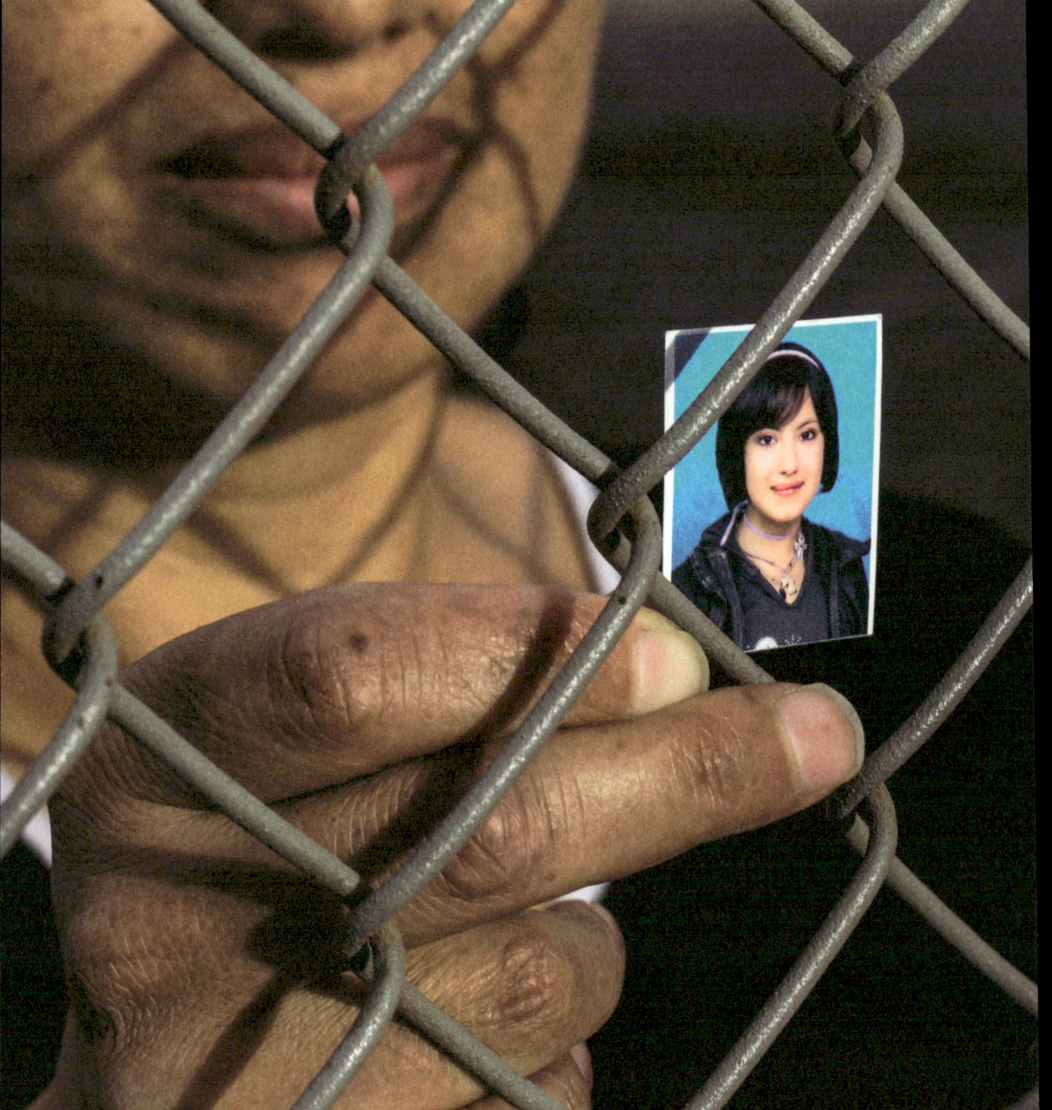

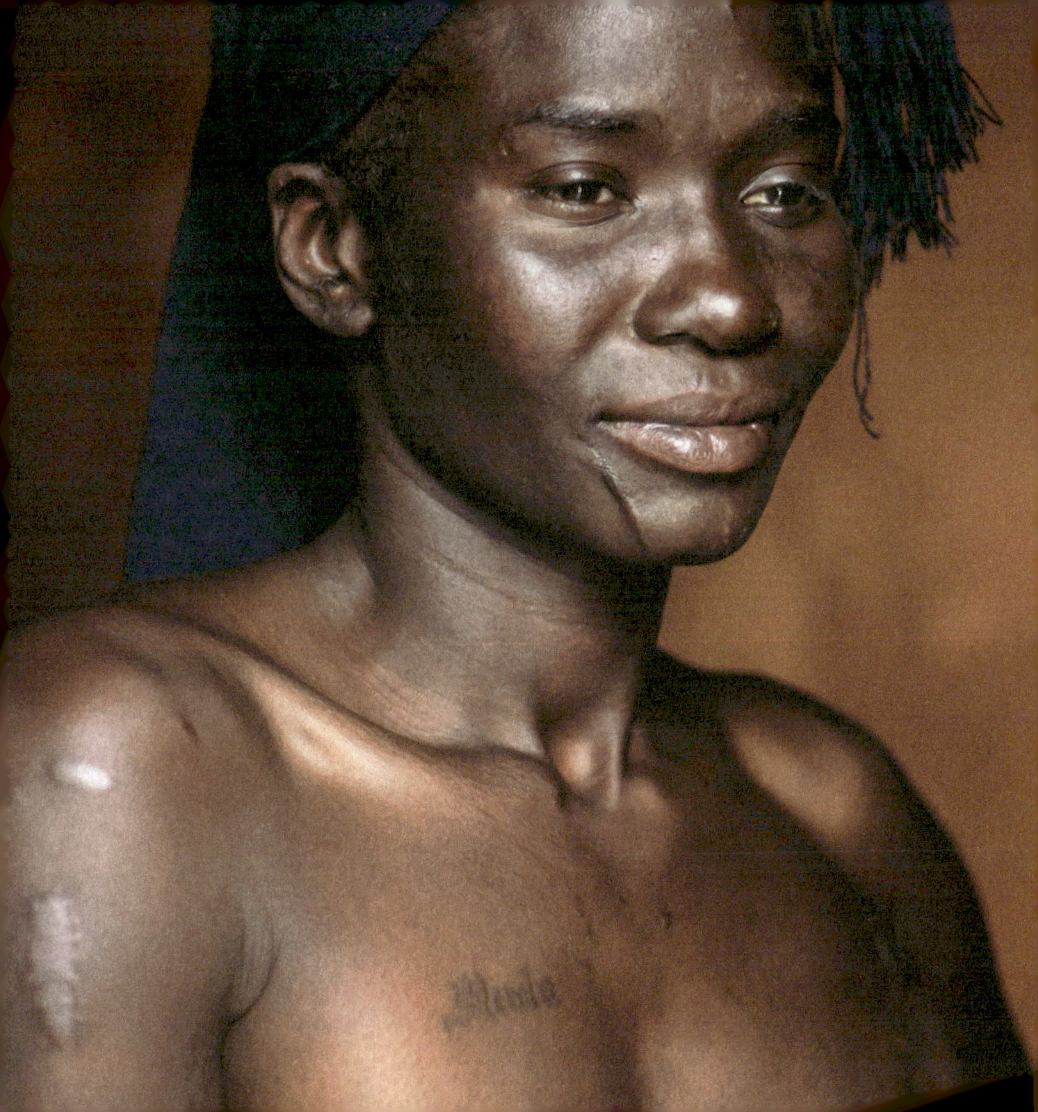

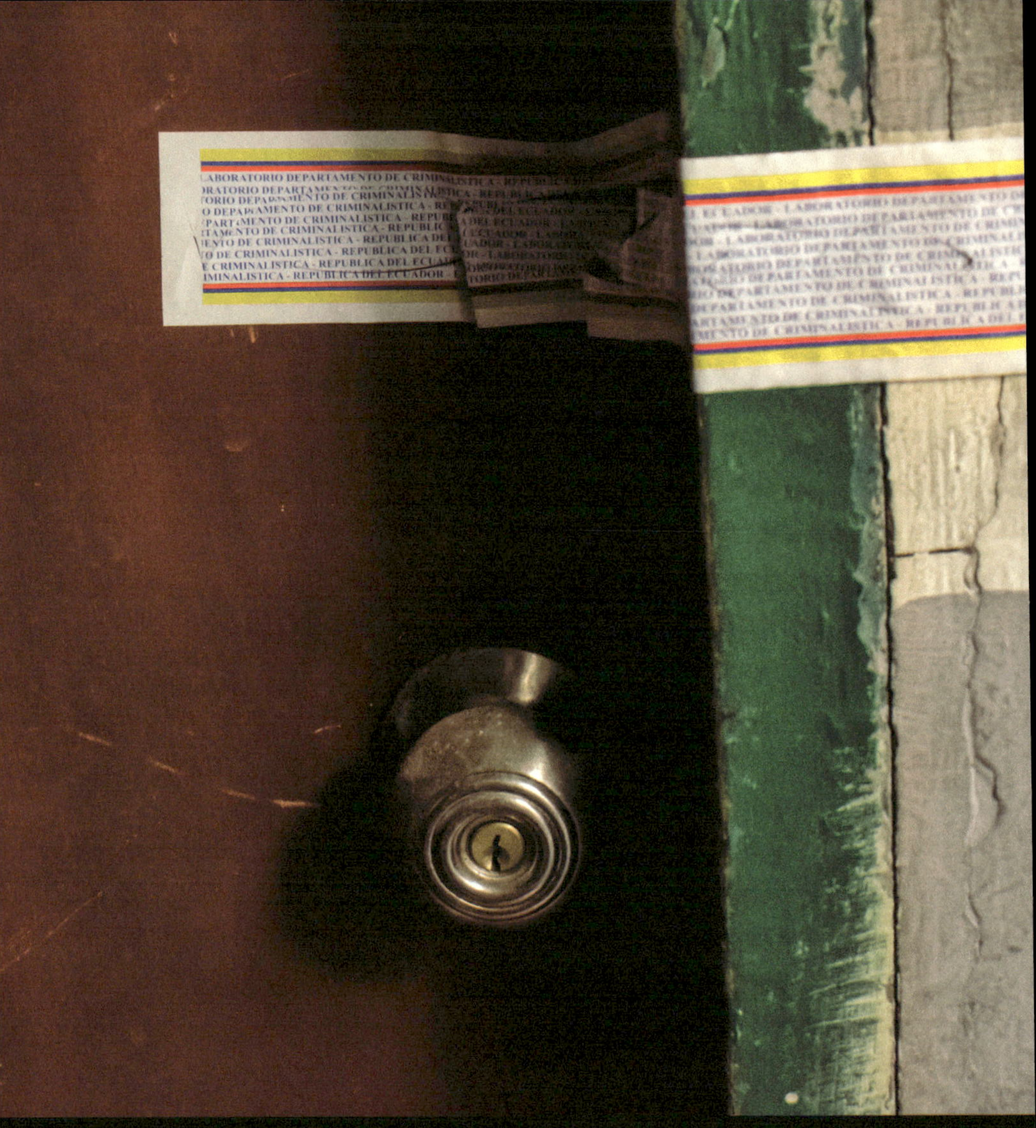

LABORATORIO DEPARTAMENTO DE CRIMINALISTICA - REPUBLICA
RATORIO DEPARTAMENTO DE CRIMINALISTICA - REPUBLICA
TORIO DEPARTAMENTO DE CRIMINALISTICA - REPUBLICA
O DEPARTAMENTO DE CRIMINALISTICA - REPUBLICA DEL ECUADOR
PARTAMENTO DE CRIMINALISTICA - REPUBLICA DEL ECUADOR
TAMENTO DE CRIMINALISTICA - REPUBLICA DEL ECUADOR
NTO DE CRIMINALISTICA - REPUBLICA DEL ECUADOR
O DE CRIMINALISTICA - REPUBLICA DEL ECUADOR
E CRIMINALISTICA - REPUBLICA DEL ECUADOR
CRIMINALISTICA - REPUBLICA DEL ECUADOR
EL ECUADOR - LABORATORIO DEPARTAMENTO DE
OR - LABORATORIO DEPARTAMENTO DE CRIMIN
LABORATORIO DEPARTAMENTO DE CRIMINALISTI
LABORATORIO DEPARTAMENTO DE CRIMINALISTICA
ORATORIO DEPARTAMENTO DE CRIMINALISTICA
RIO DEPARTAMENTO DE CRIMINALISTICA - REPU
O DEPARTAMENTO DE CRIMINALISTICA - REPUBLI
PARTAMENTO DE CRIMINALISTICA - REPUBLICA
AMENTO DE CRIMINALISTICA - REPUBLICA DE

ME GUSTAN LAS
NIÑAS MENORES
DE AÑOS

A primera vista los dos términos llevan implícita una pregunta: ¿Fueron mejores tiempos los anteriores que los actuales? Las respuestas pueden ser múltiples y subjetivas si no se concreta la pregunta. Si la aplicamos al fenómeno urbano, por ejemplo, podríamos llevar a cabo un análisis más objetivo. Así, podríamos preguntar: ¿Cuáles son las diferencias entre el modo de crear y vivir una ciudad, en el pasado, frente a lo que se hace en la actualidad? Para ello pensemos como sujeto a la ciudad «española» original, que se fundó en el suelo que hoy llamamos Quito y tratemos de dilucidar en qué medida se adecuó a las necesidades de sus habitantes y a los procesos sociales, económicos o políticos dominantes en esa época. En principio tomemos a la vivienda, como la unidad típica del componente construido de las urbes coloniales.

La casa tenía un elemento muy particular: el patio central, alrededor del cual estaban construidas todas las habitaciones y se articulaban todas las funciones de la vivienda. Se debe anotar que el patio era el vínculo cotidiano de la familia con los espacios abiertos, en especial para las mujeres de la familia, que no eran bien vistas si pasaban demasiado tiempo en los espacios públicos, las plazas, a excepción de los momentos destinados a sus devociones. «Una buena mujer, es mujer de su casa», se decía. Las viviendas eran, además y con frecuencia, pequeños centros de acopio de lo que producían las tierras cercanas de sus dueños. Por tanto contaban con bodegas y trojes y personas de servidumbre, que se hacían cargo de su manejo. Existía entonces, una tangible adecuación entre la filosofía vigente a la época y los hechos construidos. Las viviendas eran respuestas lógicas a los requerimientos funcionales y estéticos dominantes.

La estructura urbana de los siglos XVI y XVII respondía por su parte, a un modelo de ordenamiento territorial, con reglas funcionales y espaciales muy claras y concretas, que venían en *combo* con las actividades e instrucciones de fundación. En ese modelo las decisiones estaban tomadas de antemano y los urbanistas sólo debían adecuarlas a las realidades topográficas; y en verdad debían respetarse pues estaban pensadas para defender y consolidar el modo de producción y el modo de ejercer el poder.

Las ciudades se organizaban, como las viviendas, alrededor de un espacio público central: la plaza, en la cual se ubicaban los poderes político general (real), político local y religioso. No había en realidad, otros espacios públicos de encuentro. Los habitantes se situaban más cerca o más lejos de ese espacio símbolo del poder, posiblemente en proporción directa a su cercanía con el poder. De igual manera que a mayor limosna o donación, los féretros se situaban más cerca o más lejos del altar y de la dicha eterna.

En el entorno actual encontramos algunos aspectos que permanecen constantes y otros que presentan cambios importantes respecto del entorno precedente. Las concentraciones de población son actual y comparativamente enormes, las formas de actividad se inscriben más en la línea de los servicios terciarios y mucho menos en la explotación de la tierra, la mayoría de la riqueza se concentra en grupos proporcionalmente menos numerosos y más poderosos. Las autoridades del poder nacional y local son elegidas en votación popular. La forma de tenencia del suelo privilegia a los grupos que ejercen el poder económico.

Las ciudades más grandes crecen y se conforman con dos modelos: el derivado de la invasión u ocupación informal del suelo y el ejecutado por acción de empresas inmobiliarias públicas y privadas, éstas más influyentes. La población a la que se debe servir y que conforma su gran mayoría, aún no es debidamente consultada cuando se toman decisiones que le van a afectar directamente.

Sobre la base antes descrita, vale la pena preguntarse: ¿Existe, en las viviendas de hoy, esa lógica anterior, entre su morfología y los requerimientos de las familias que las ocupan? ¿Hay una adecuación funcional a las actividades de esas personas? ¿El acceso ilegal e informal al suelo más allá de su connotación ética, es un modelo perverso factible de superar? ¿La generación de viviendas en serie, sublima el interés individual frente al beneficio inmobiliario?

Y en relación con las ciudades: ¿Su creación responde a un modelo preciso o más bien a coyunturas? ¿La participación de los planificadores urbanos ha sido capaz de generar ciudades que se adecúen a la realidad de los pobladores? ¿Poseen las ciudades la capacidad de precautelar el bien de la mayoría antes que el de la minoría? ¿Los nuevos conceptos de equidad, transparencia y gobernanza han marcado diferencias sustanciales en el proceso de creación de las nuevas ciudades? ¿Hay perspectivas sólidas de generar ciudades más justas en el corto plazo?

A luz de estos referentes podría decirse que ahora, también existe una cierta concordancia entre el tipo de poder, el tipo de modelo económico y social dominantes y la calidad de los productos que el sistema genera: vivienda y ciudad. Es decir, son concomitantes con el grado de equidad, de legitimidad y de transparencia del entorno, siempre hablando en términos generales y en tal sentido son igualmente lógicas.

¿Cuál es entonces la diferencia con las épocas pasadas? Al parecer existen muchas de carácter formal pero ninguna de fondo, si tomamos en cuenta la relación que guardan los productos generados con la situación y características de los entornos respectivos. Una forma de evaluar objetivamente la valía del sistema y productos de cada época, es tomar en cuenta parámetros indiscutibles y válidos para las dos épocas. Hay varios, sin duda, pero ninguno tan claro como el que marca la calidad de vida de las personas, cuyo logro debe ser el objetivo central de pobladores y autoridades en esta y en las próximas épocas.

Con esa premisa y guía es posible que seamos capaces de generar mejores productos urbanos y arquitectónicos, aprendiendo y aprovechando enseñanzas del pasado o superando situaciones de déficit. Pero antes de emprender esa tarea, debemos saber primero, qué es lo que la población llana y diversa considera como calidad de vida. Eso nos llevará a trabajar con ella, consultar su opinión y construir soluciones de modo conjunto. Por tanto, hay que meditar sobre cuáles deben ser la misión y técnicas que deben aplicar los planificadores para aportar a ese fin. Así, la comparación entre lo pasado y lo actual puede ser objetiva pero sobre todo, útil.

— Alberto Rosero

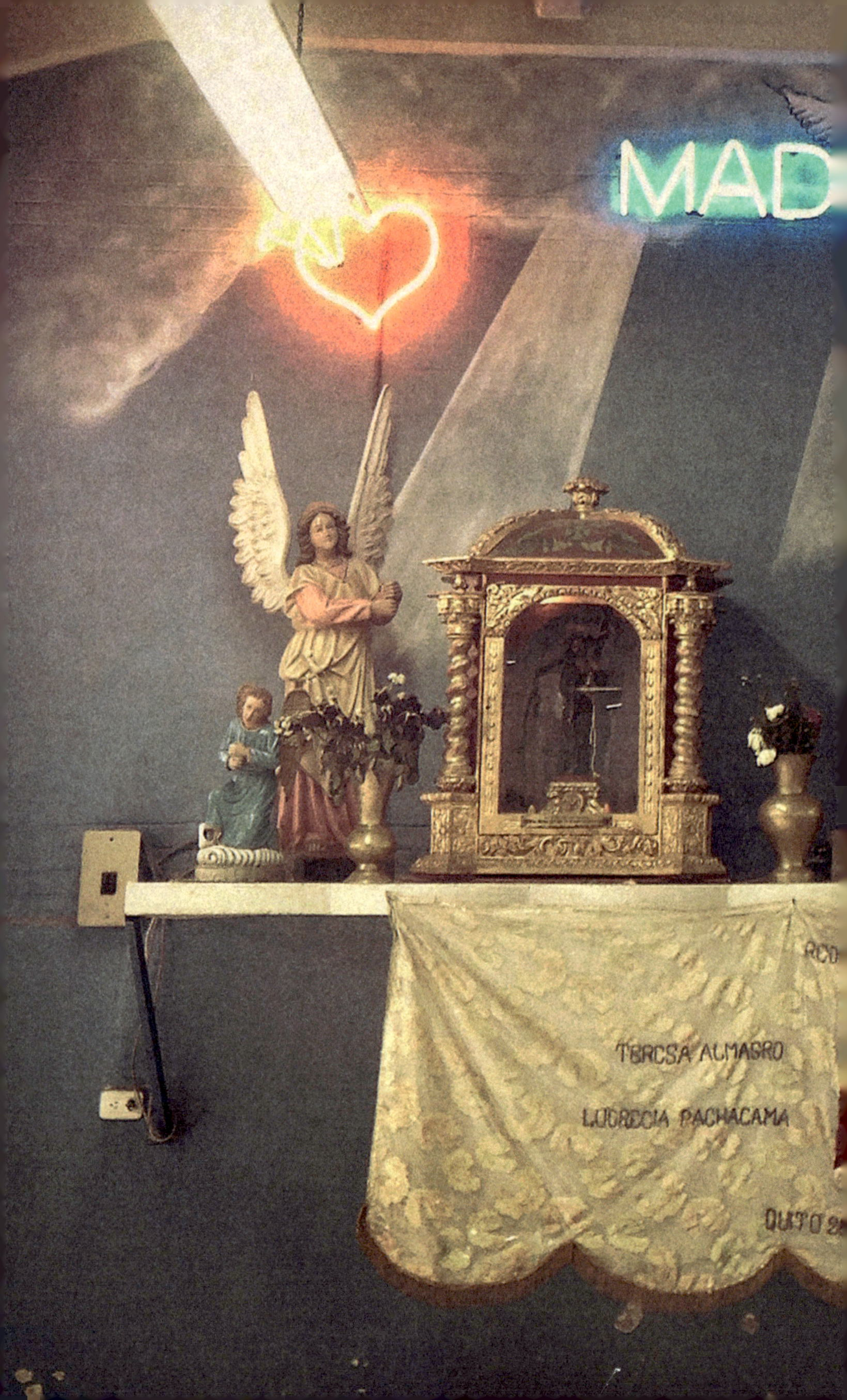

MAD
RCO
TERESA ALMAGRO
LUCRECIA PACHACAMA
QUITO 2

E MIA

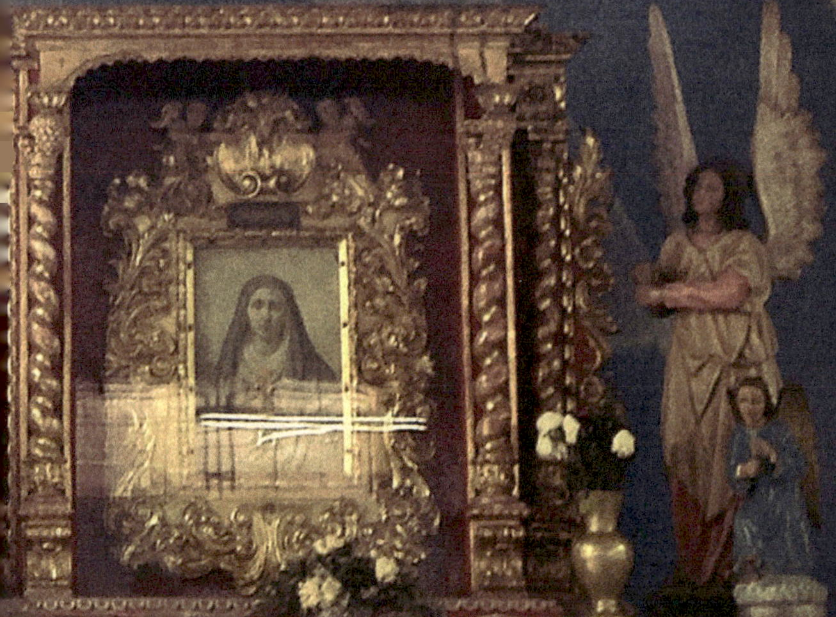

SINDICAS
LAURA RONDAL DE ESTUARDO PAEZ
Y MARIA CARDALUISA
ENERO DE 1979

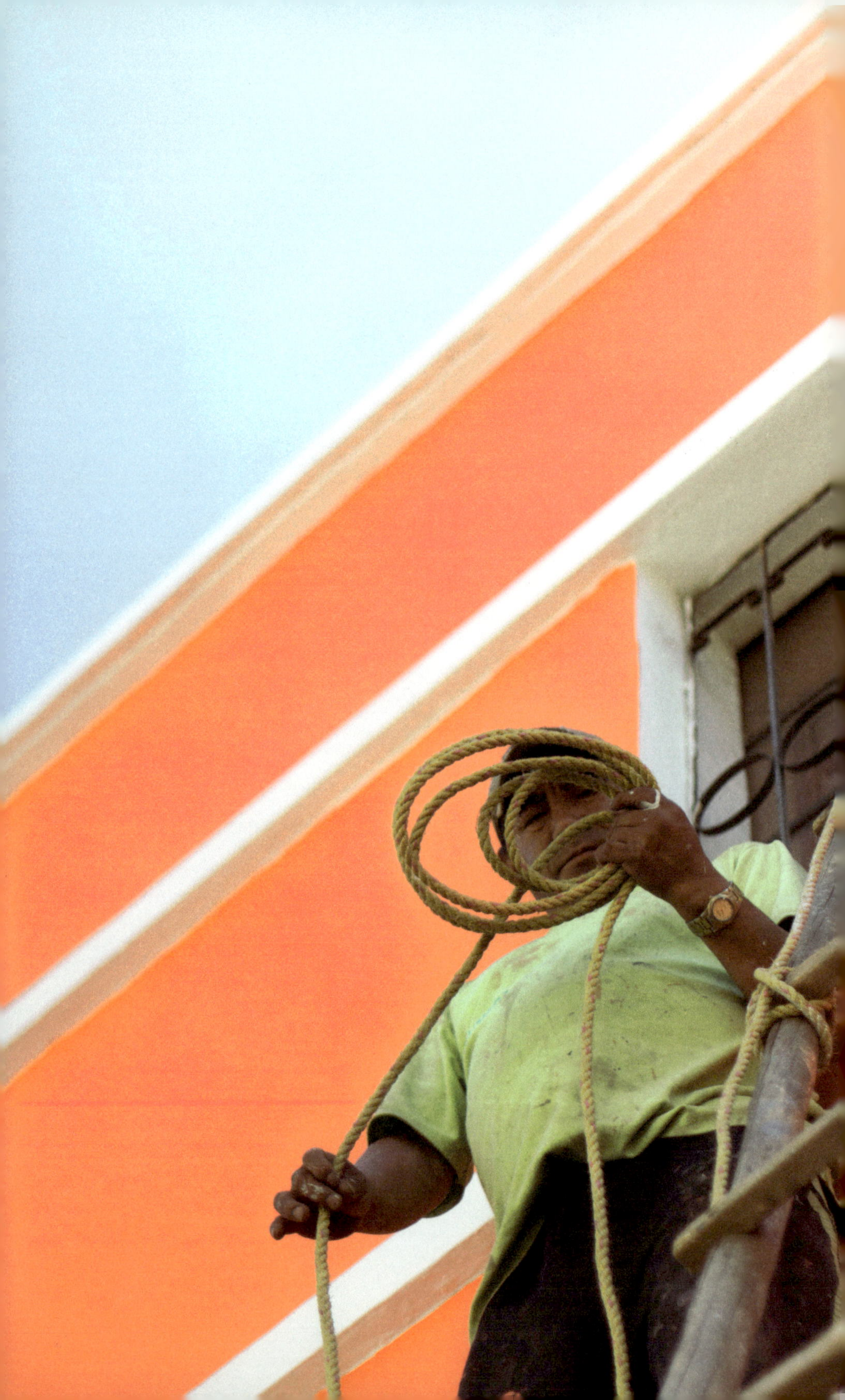

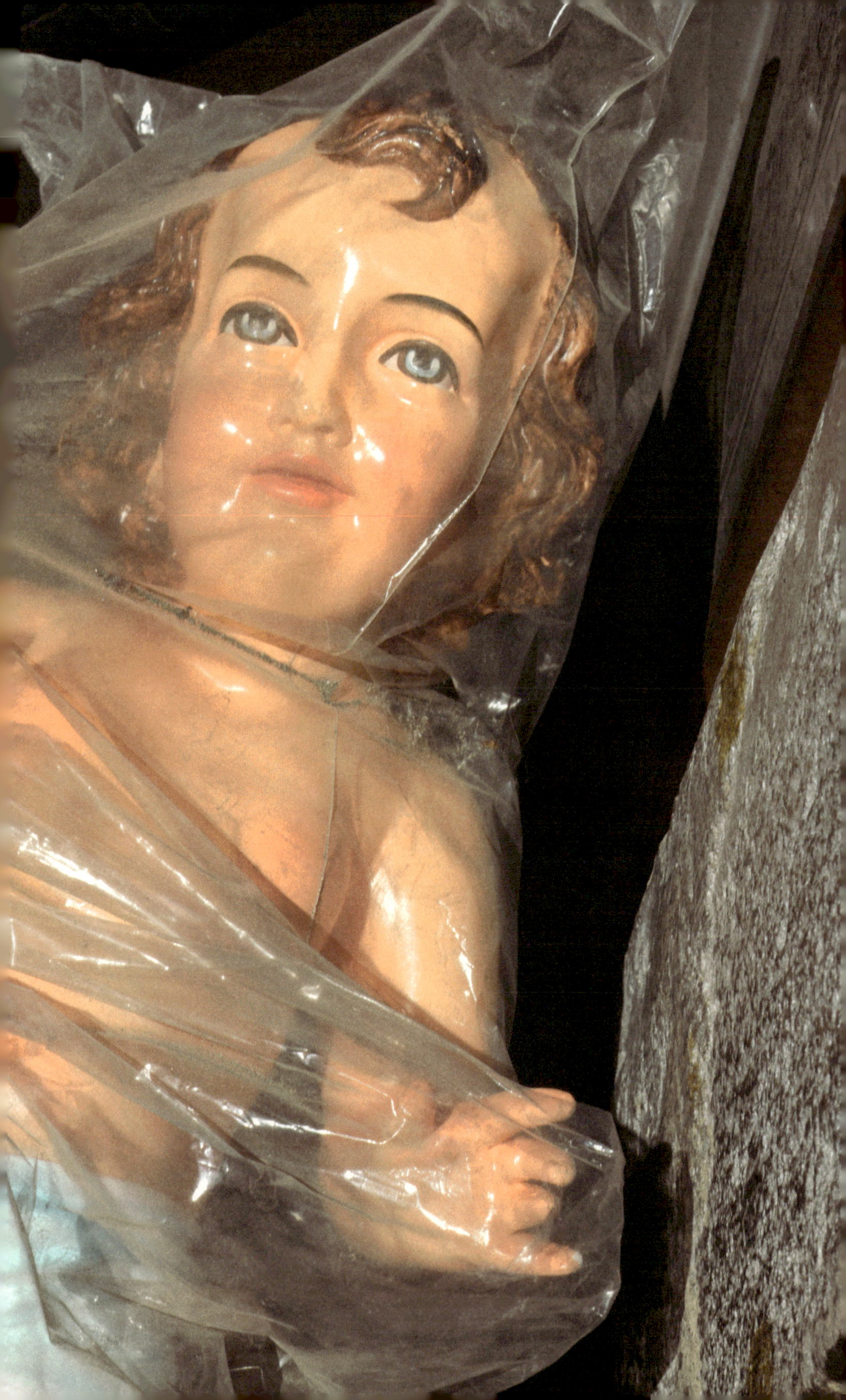

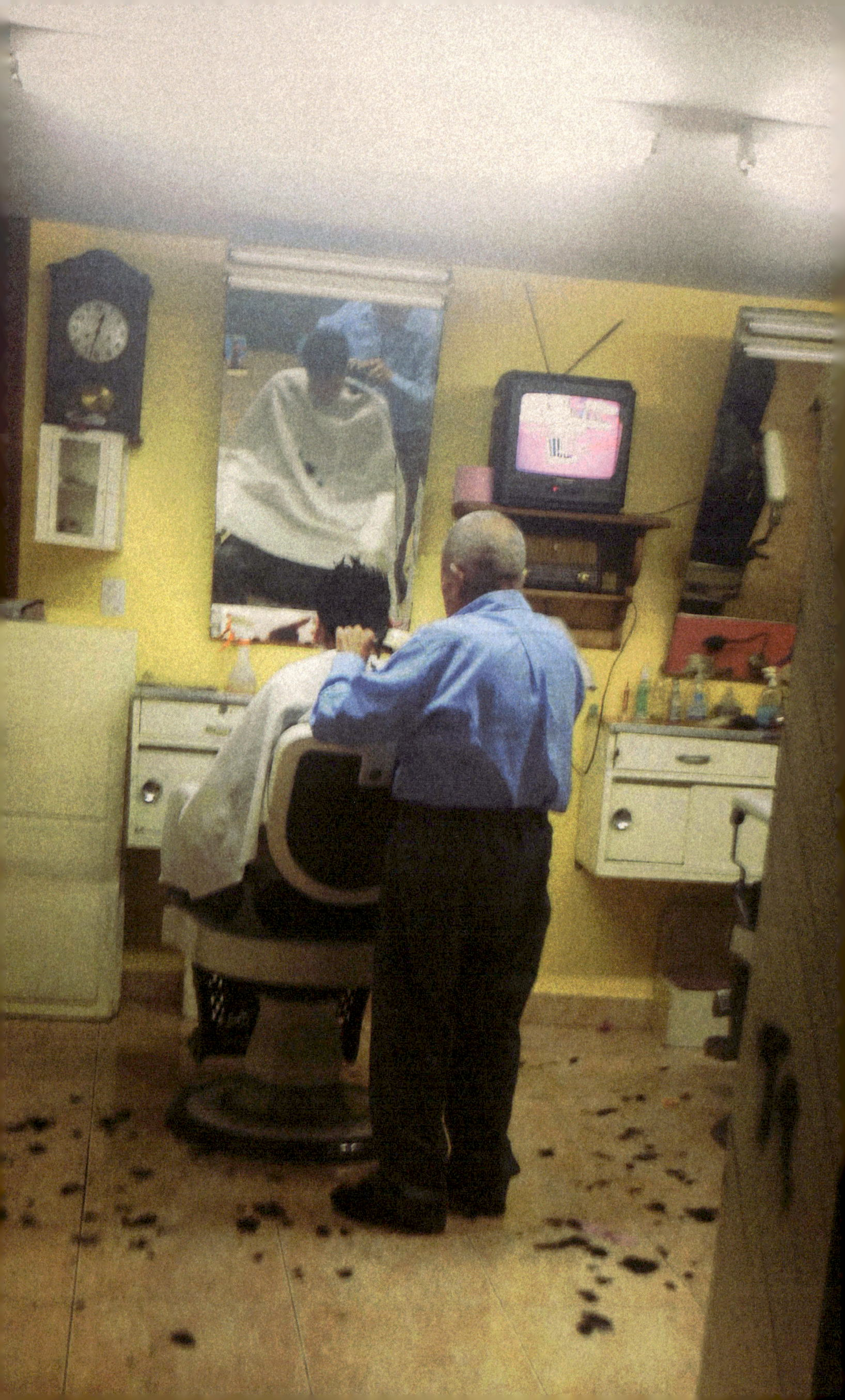

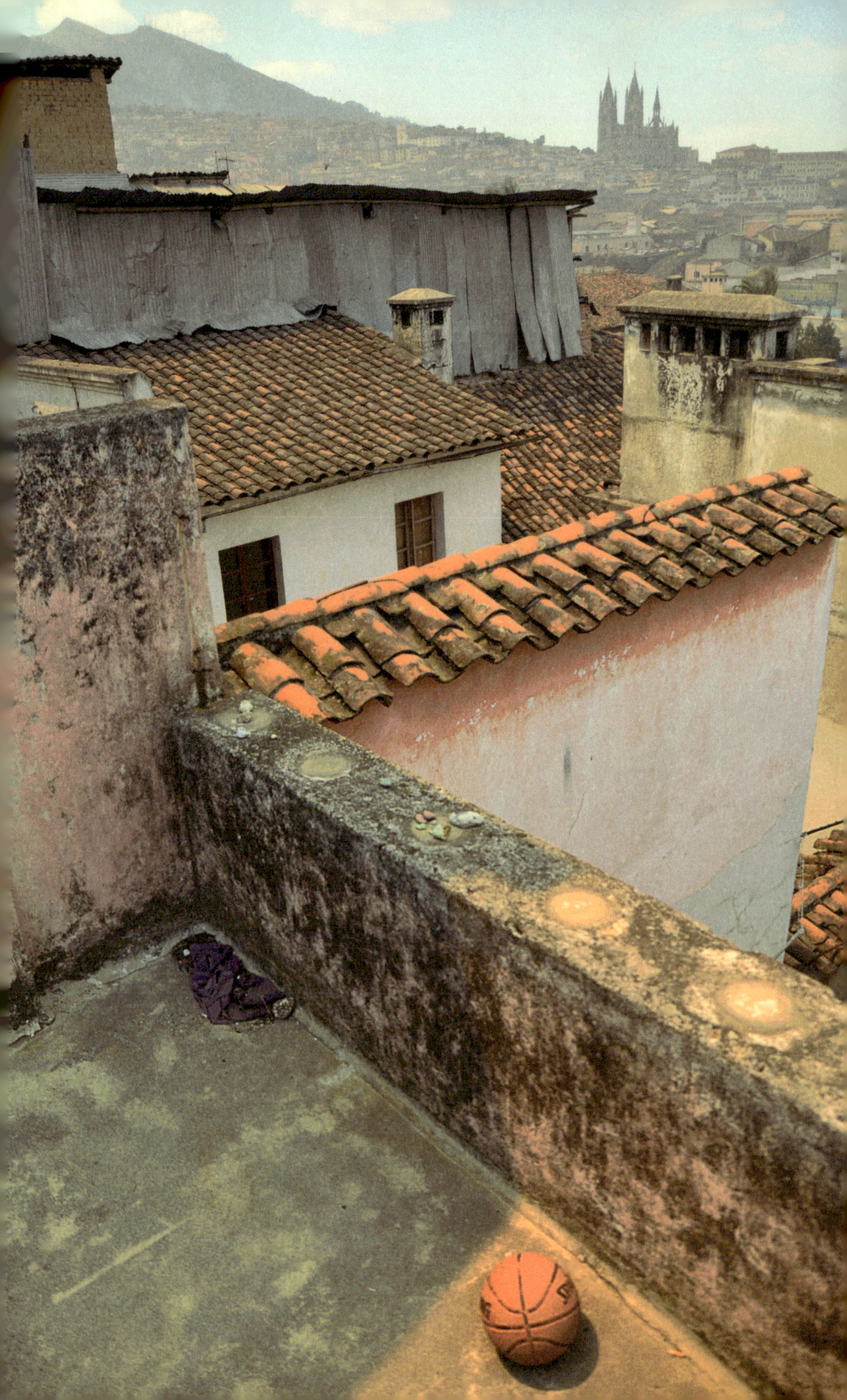

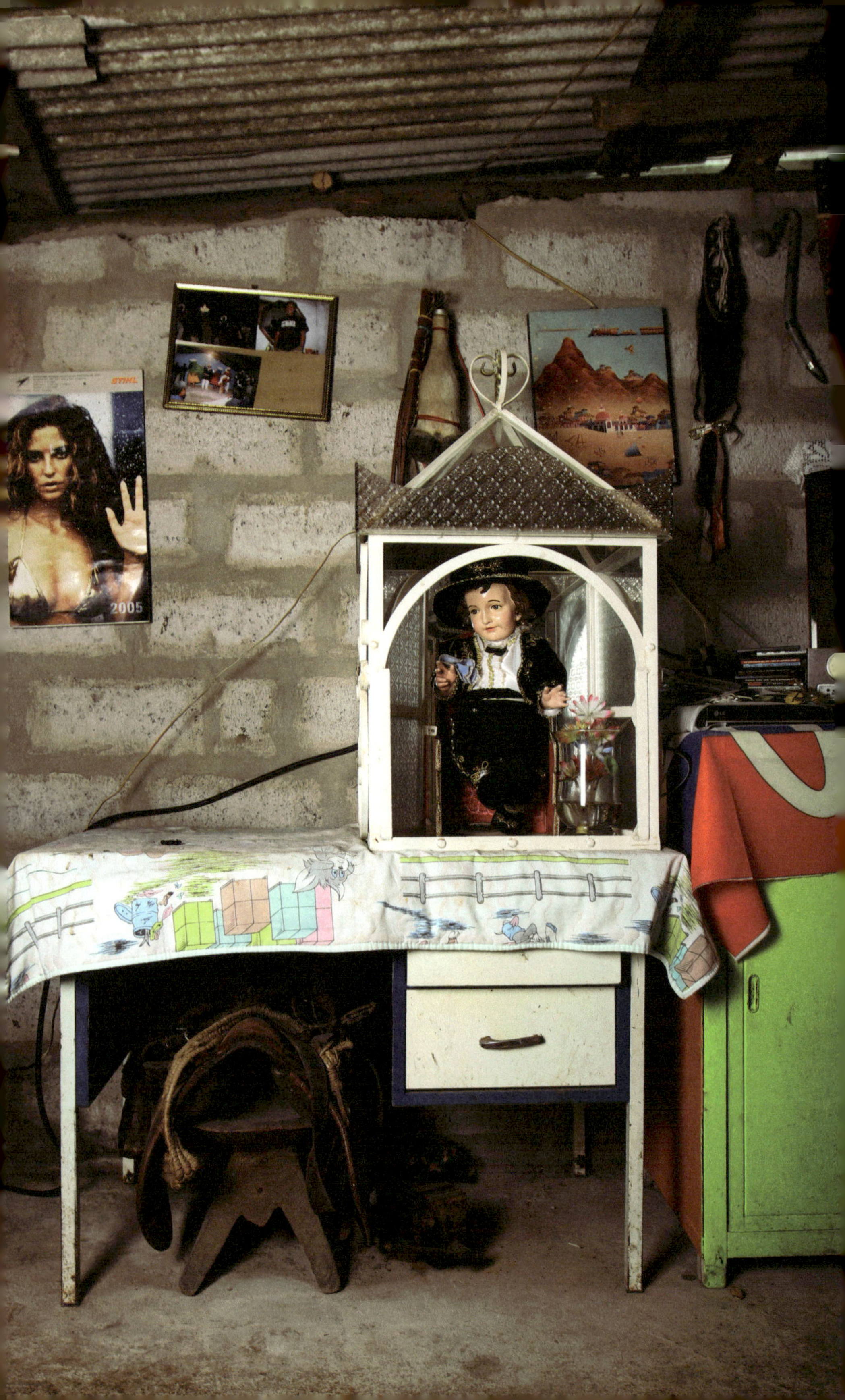

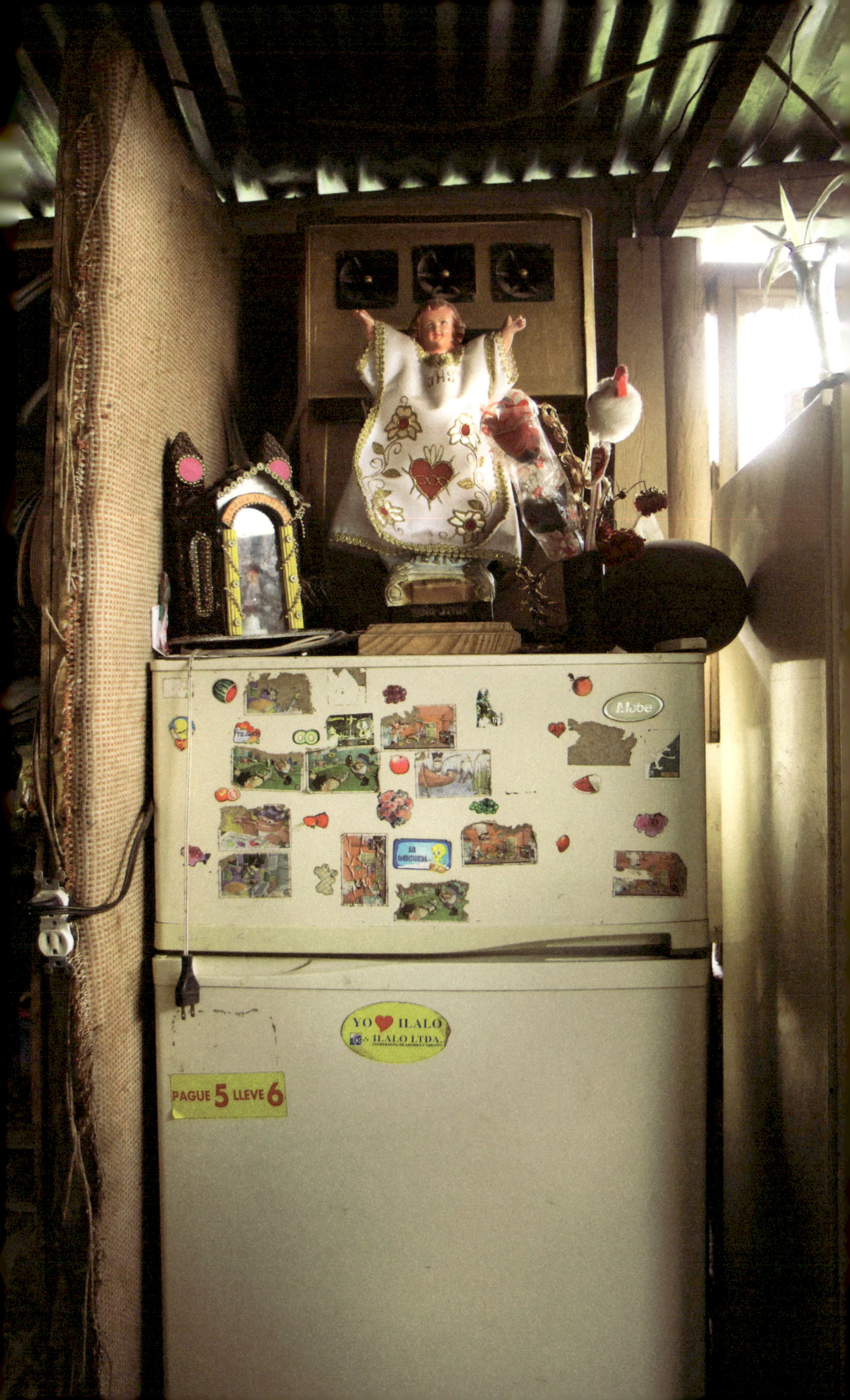

JHS
Mabe
YO ♥ ILALO
ILALO LTDA.
PAGUE 5 LLEVE 6

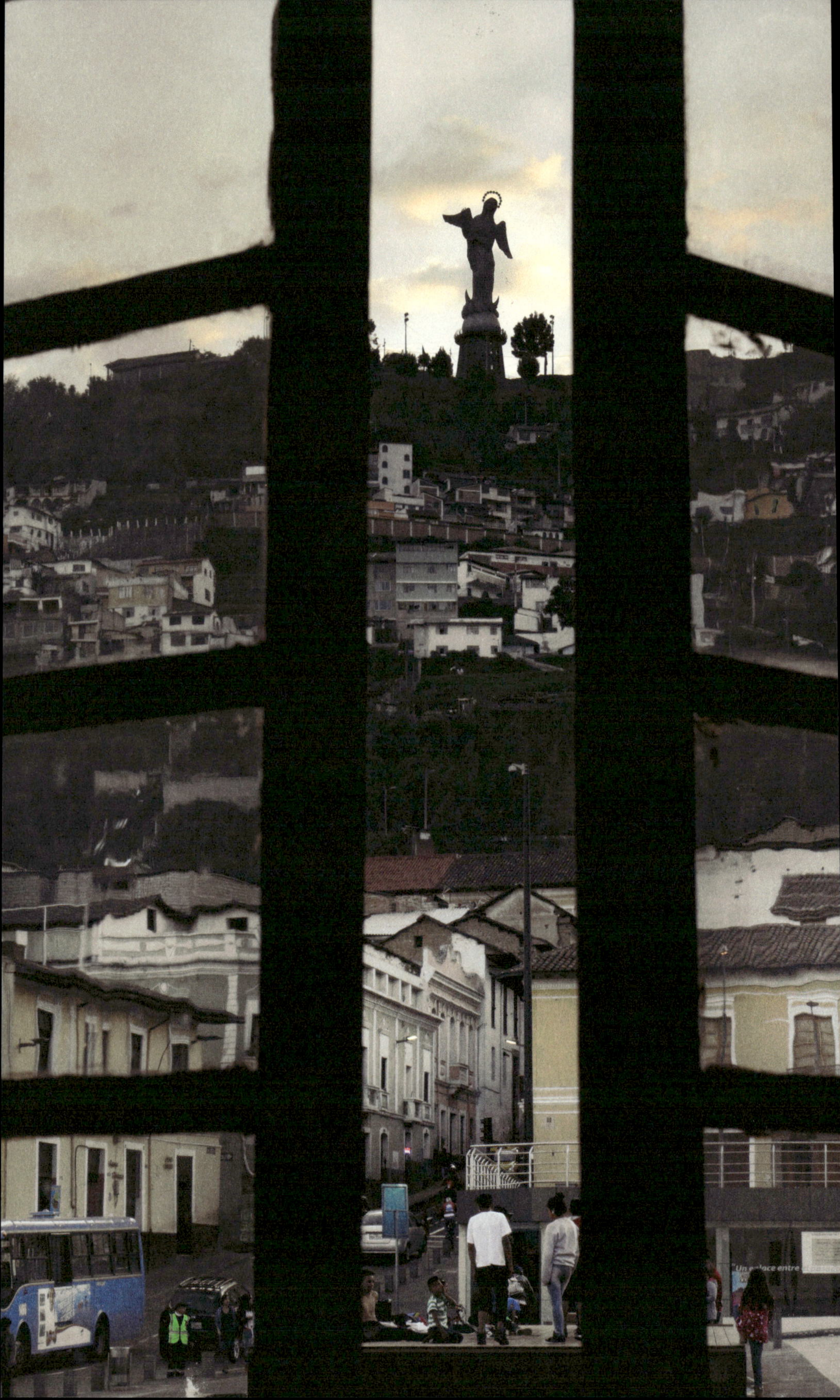

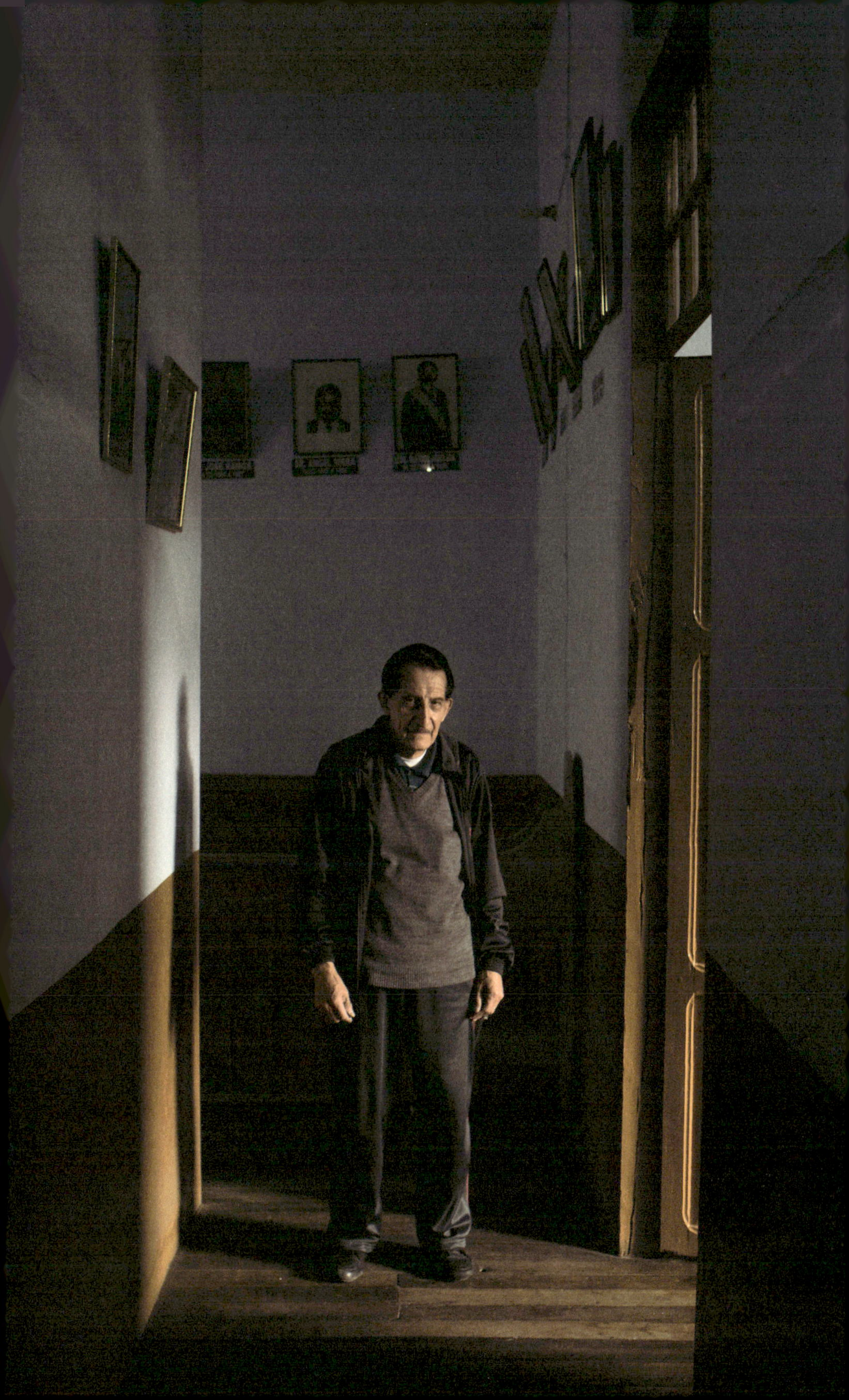

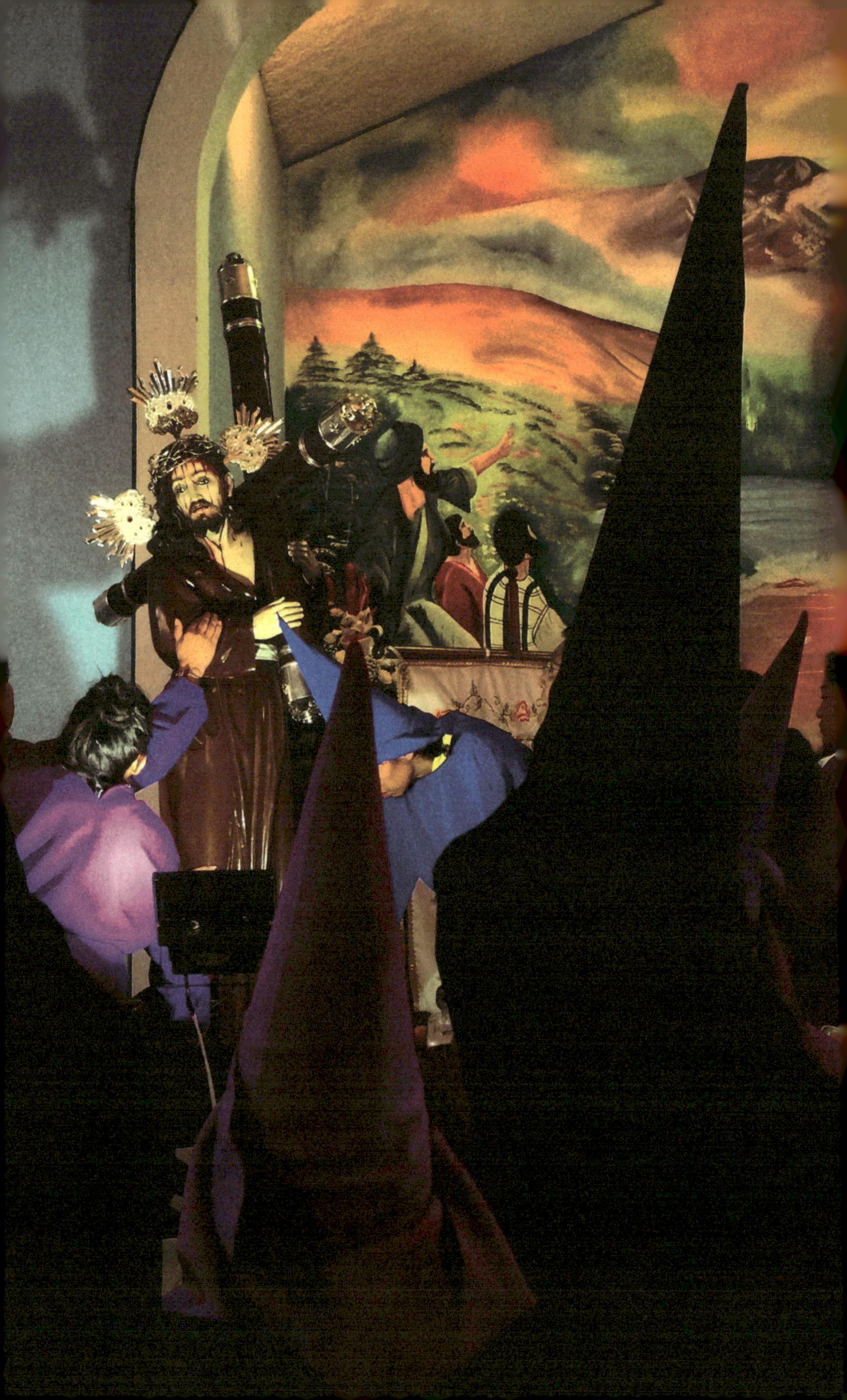

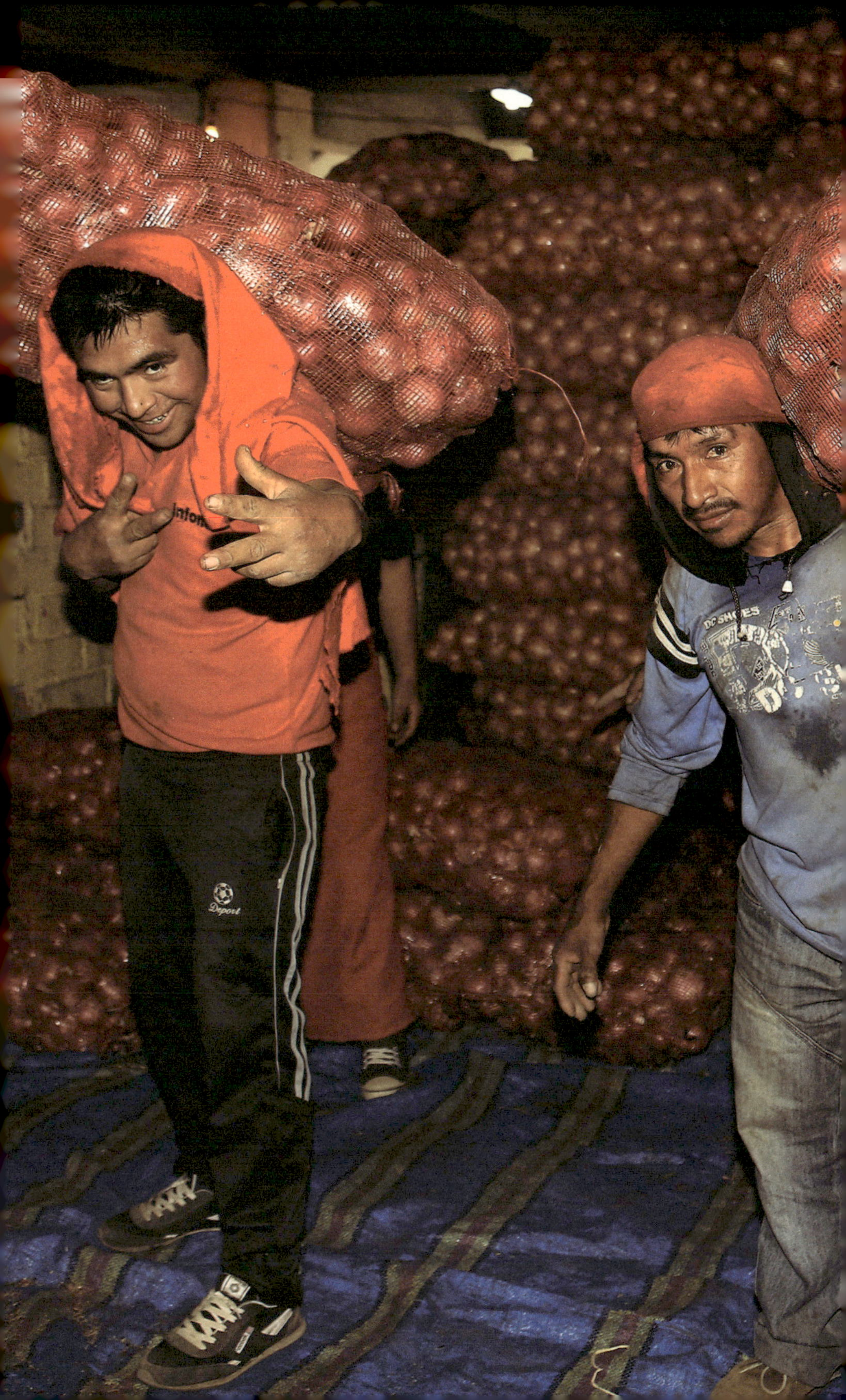

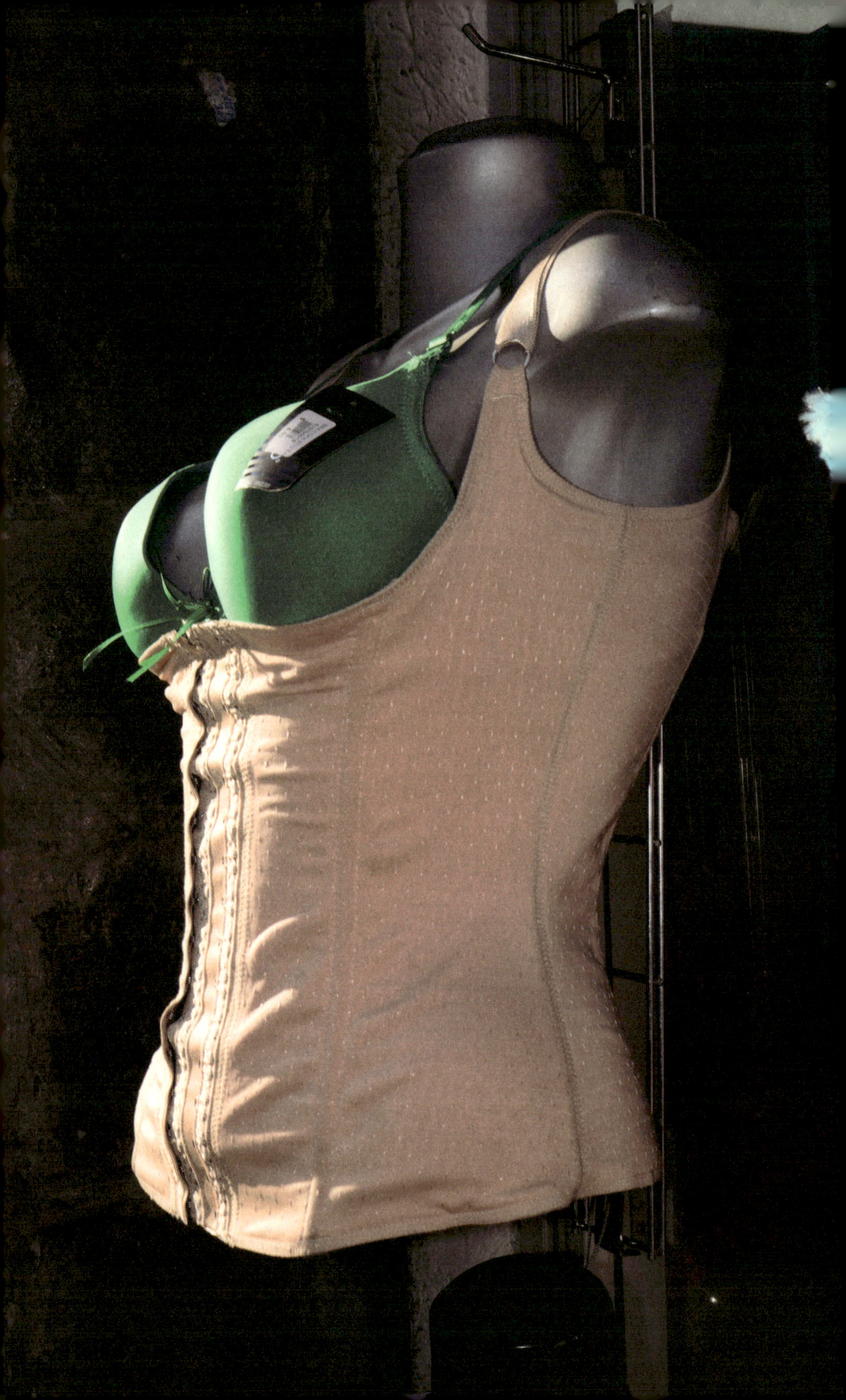

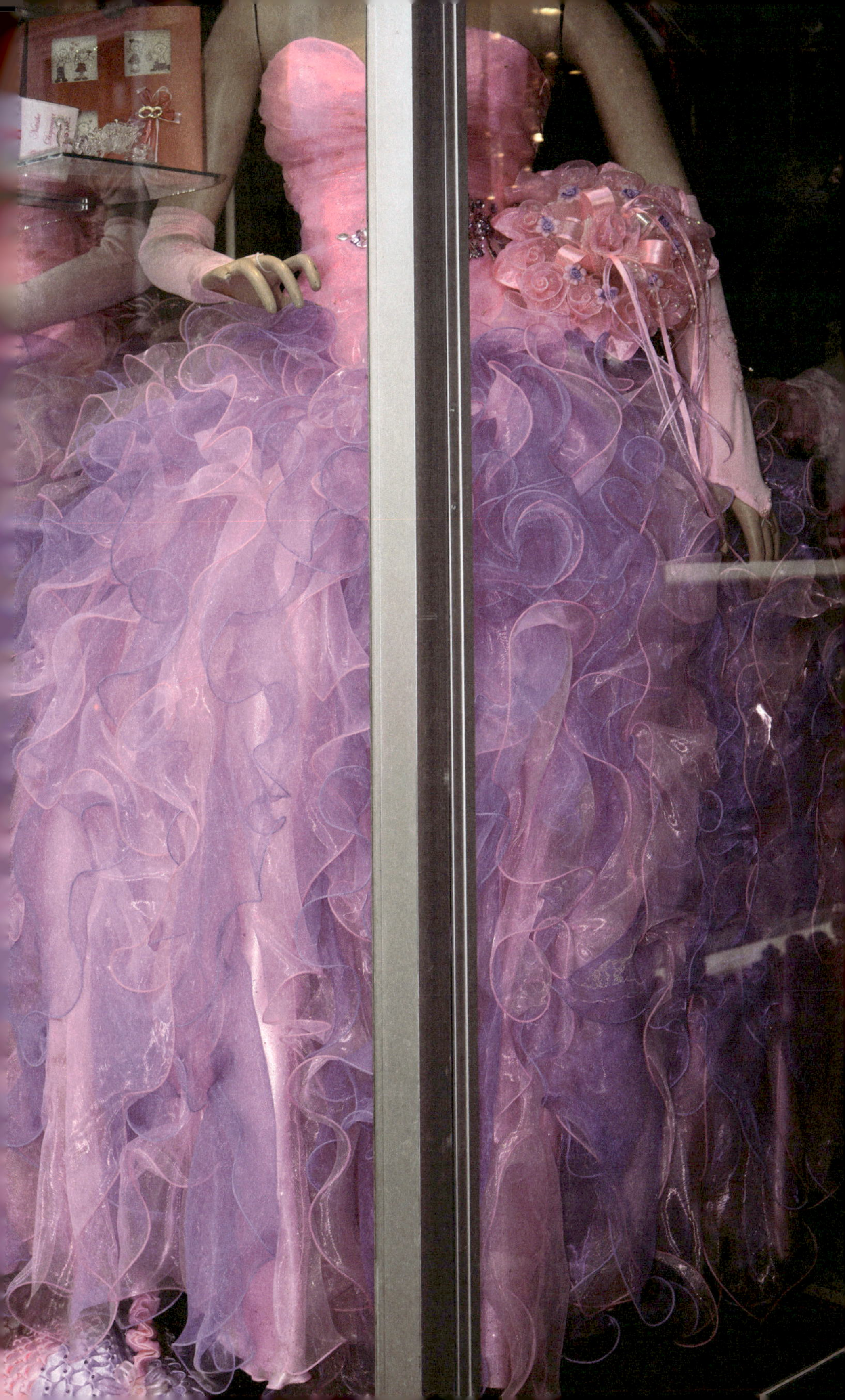

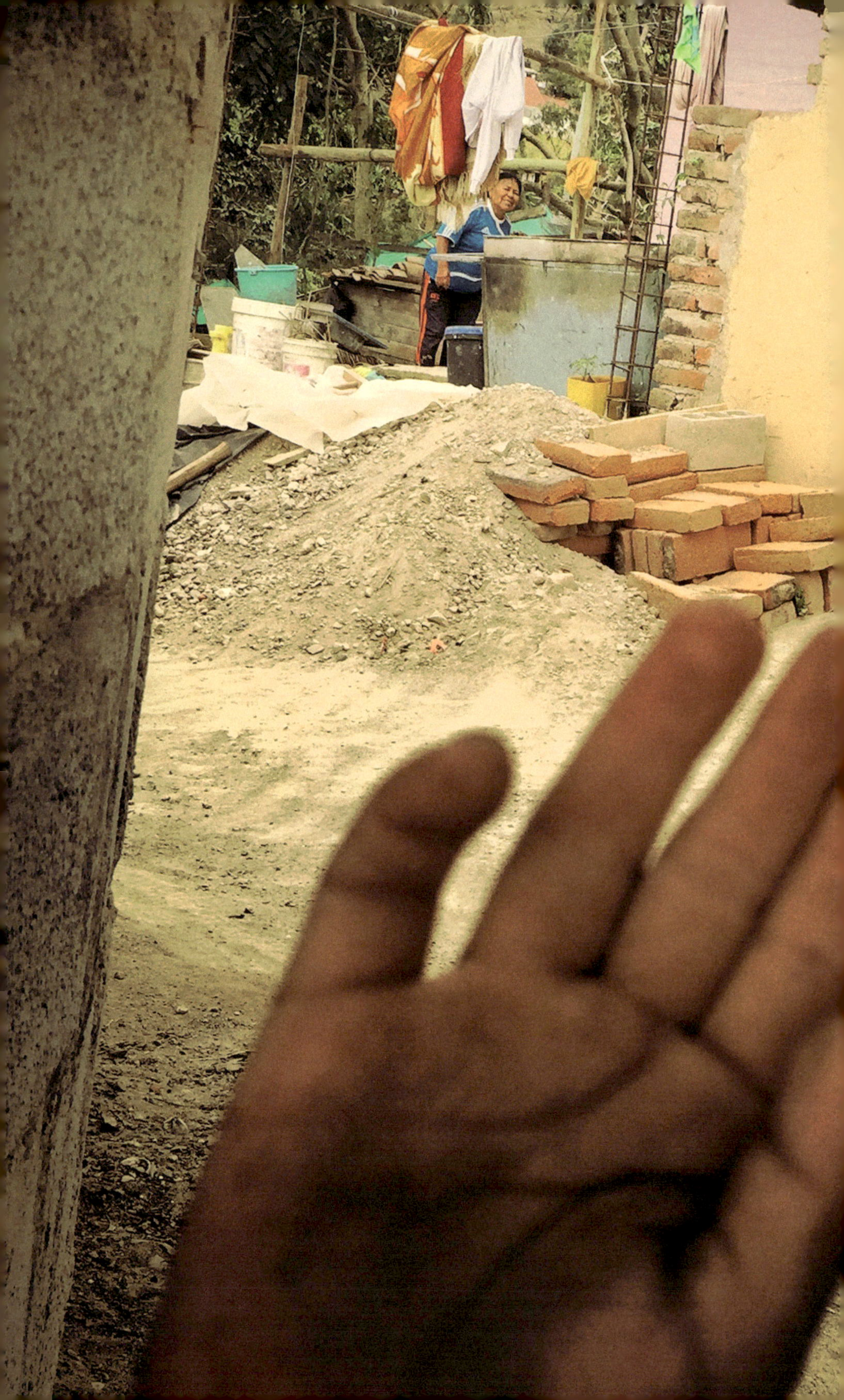

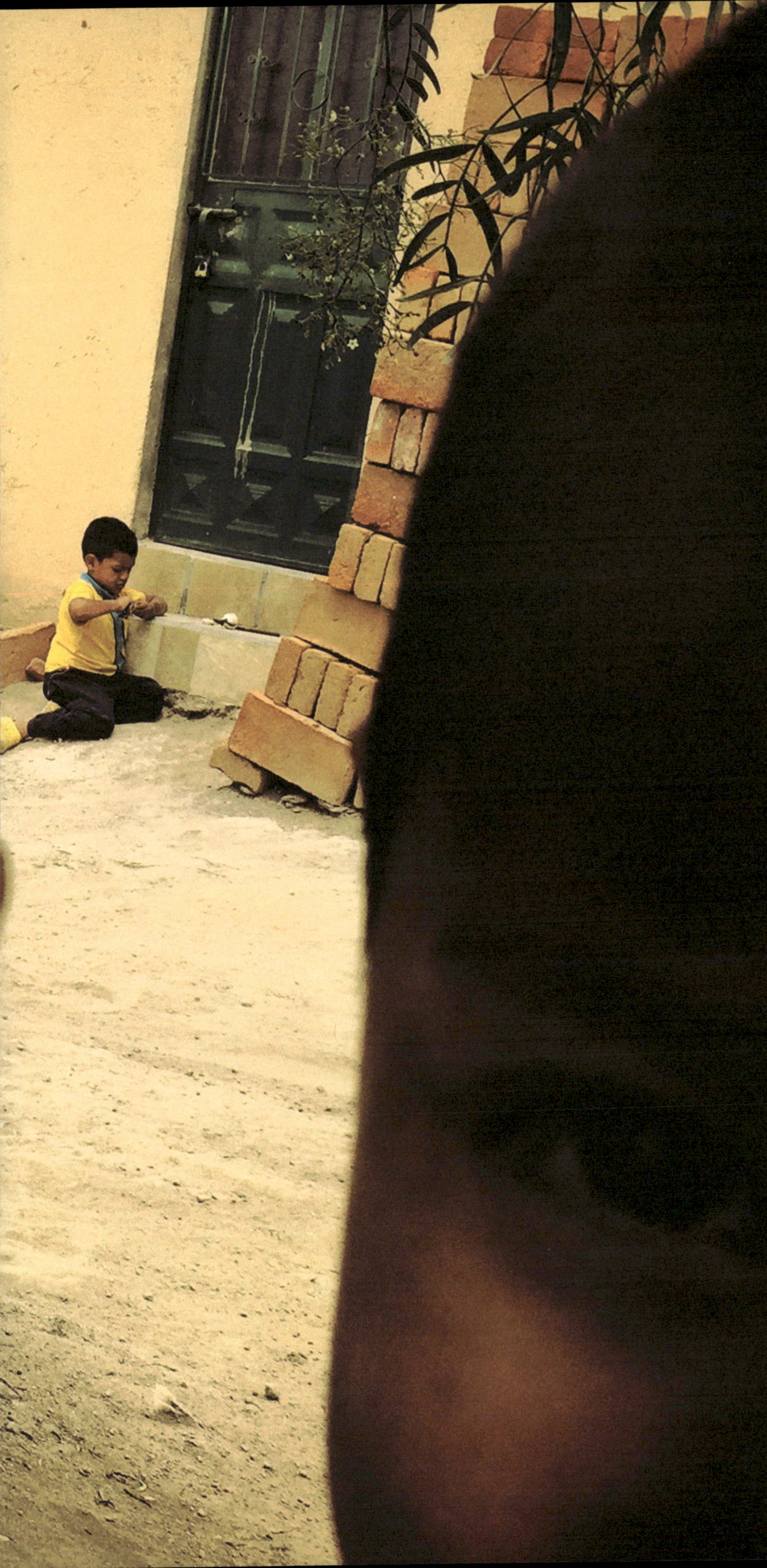

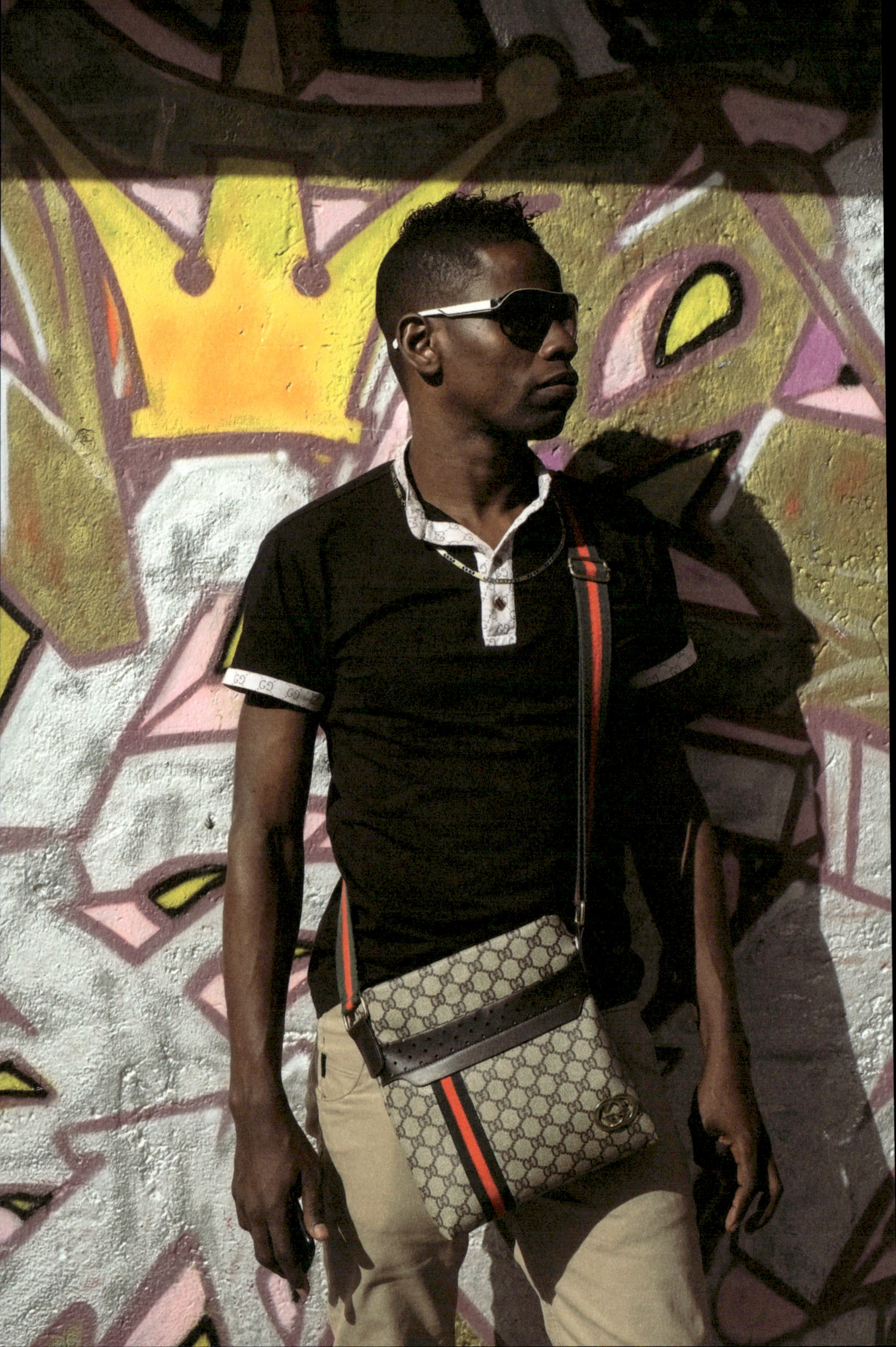

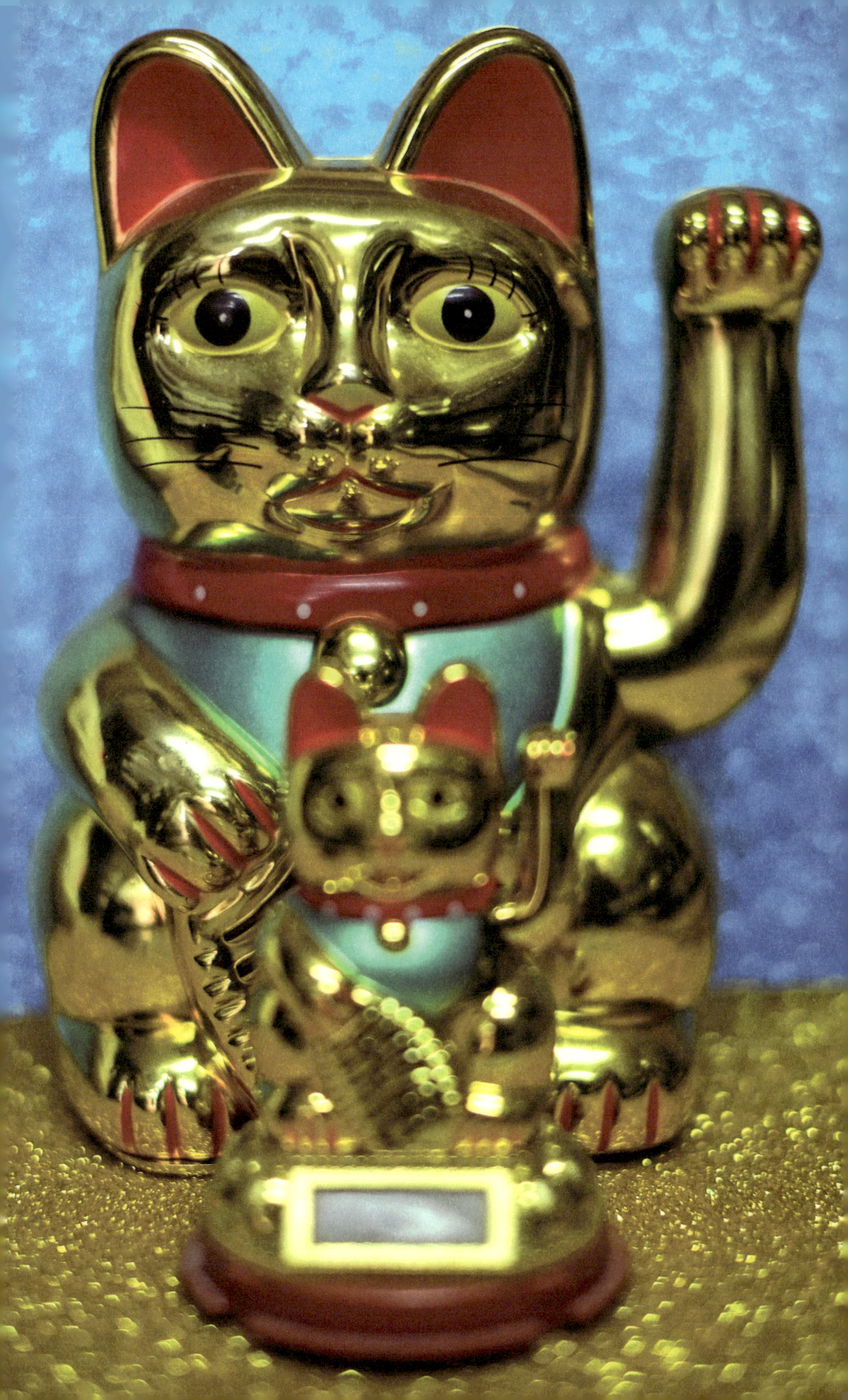

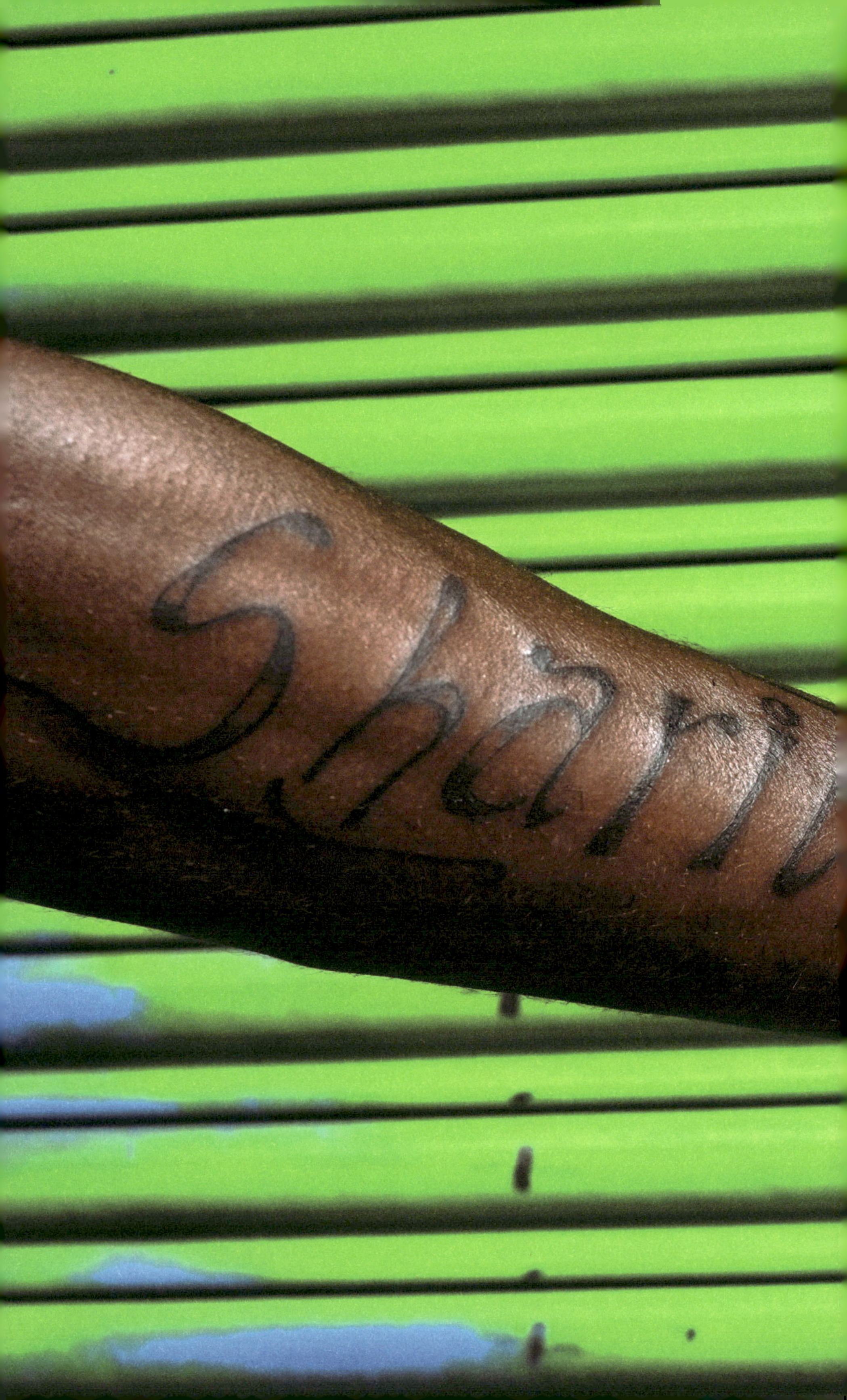

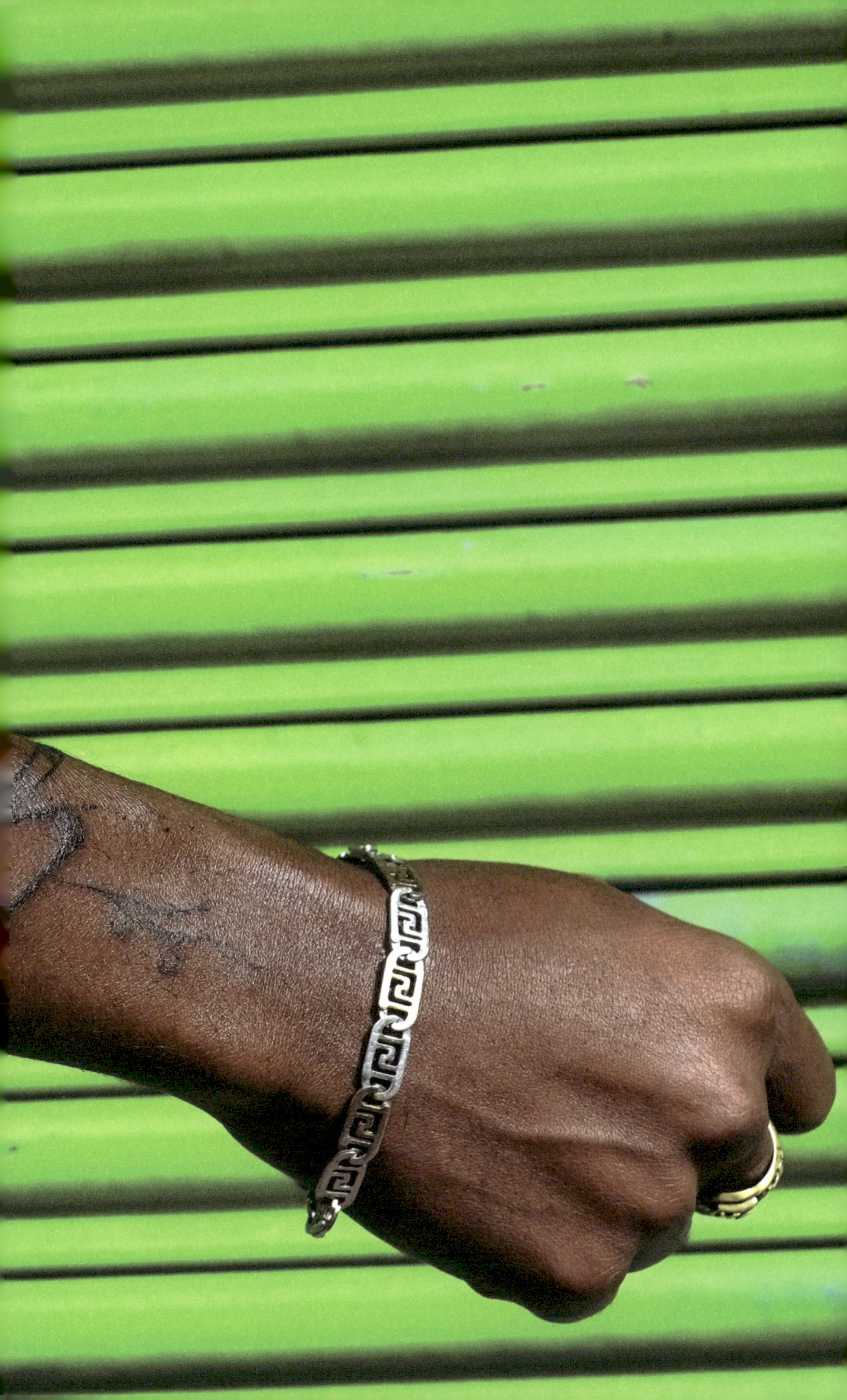

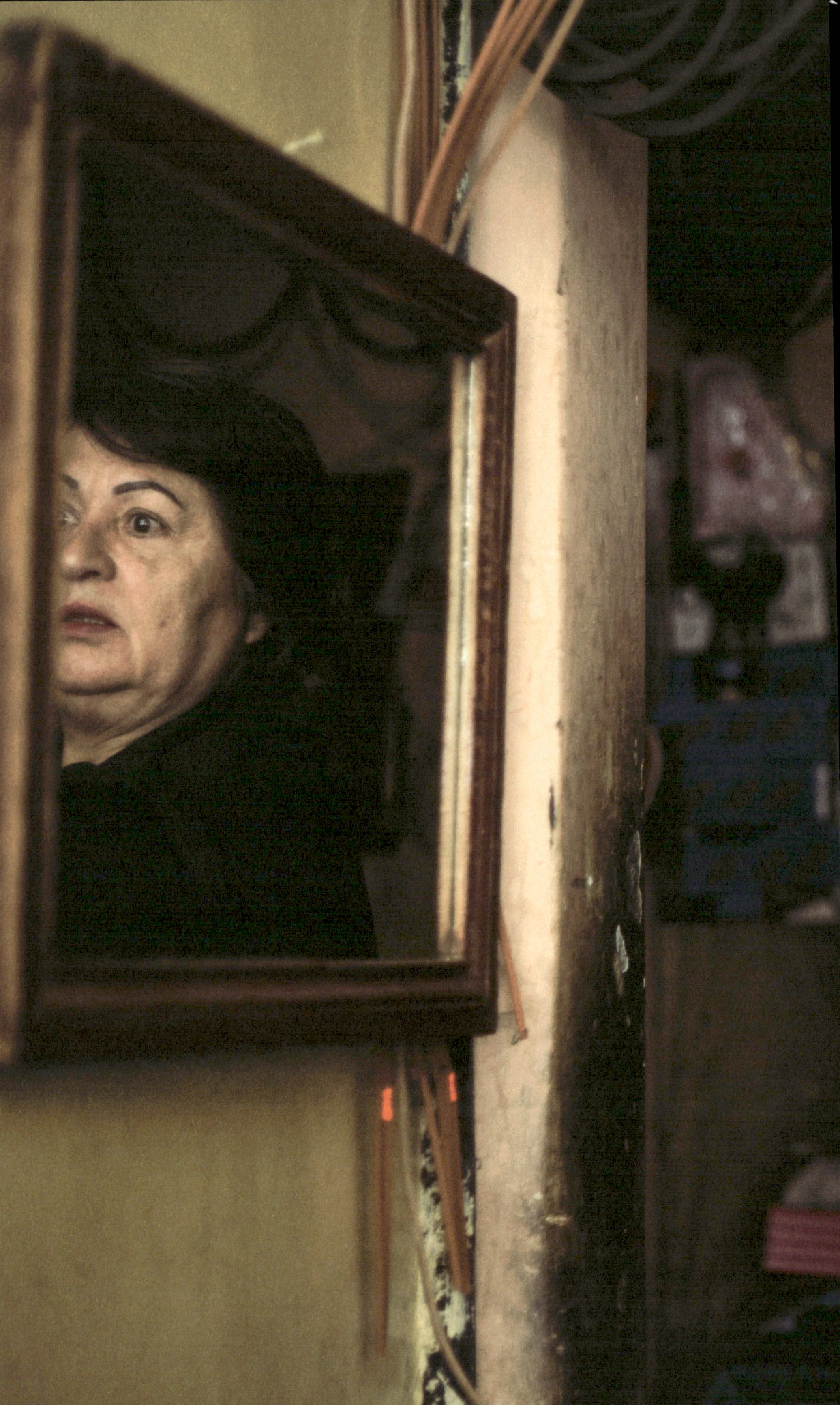

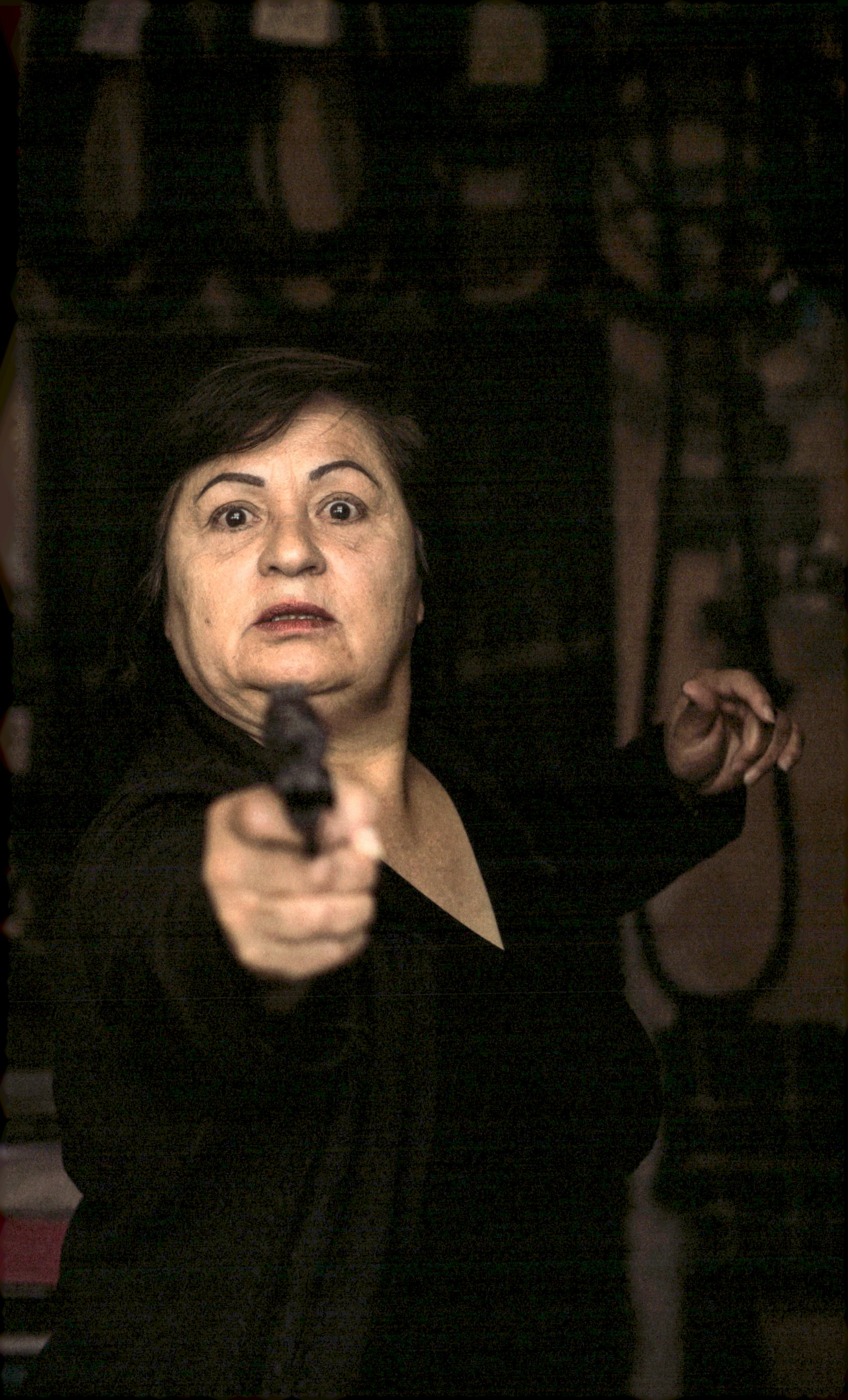

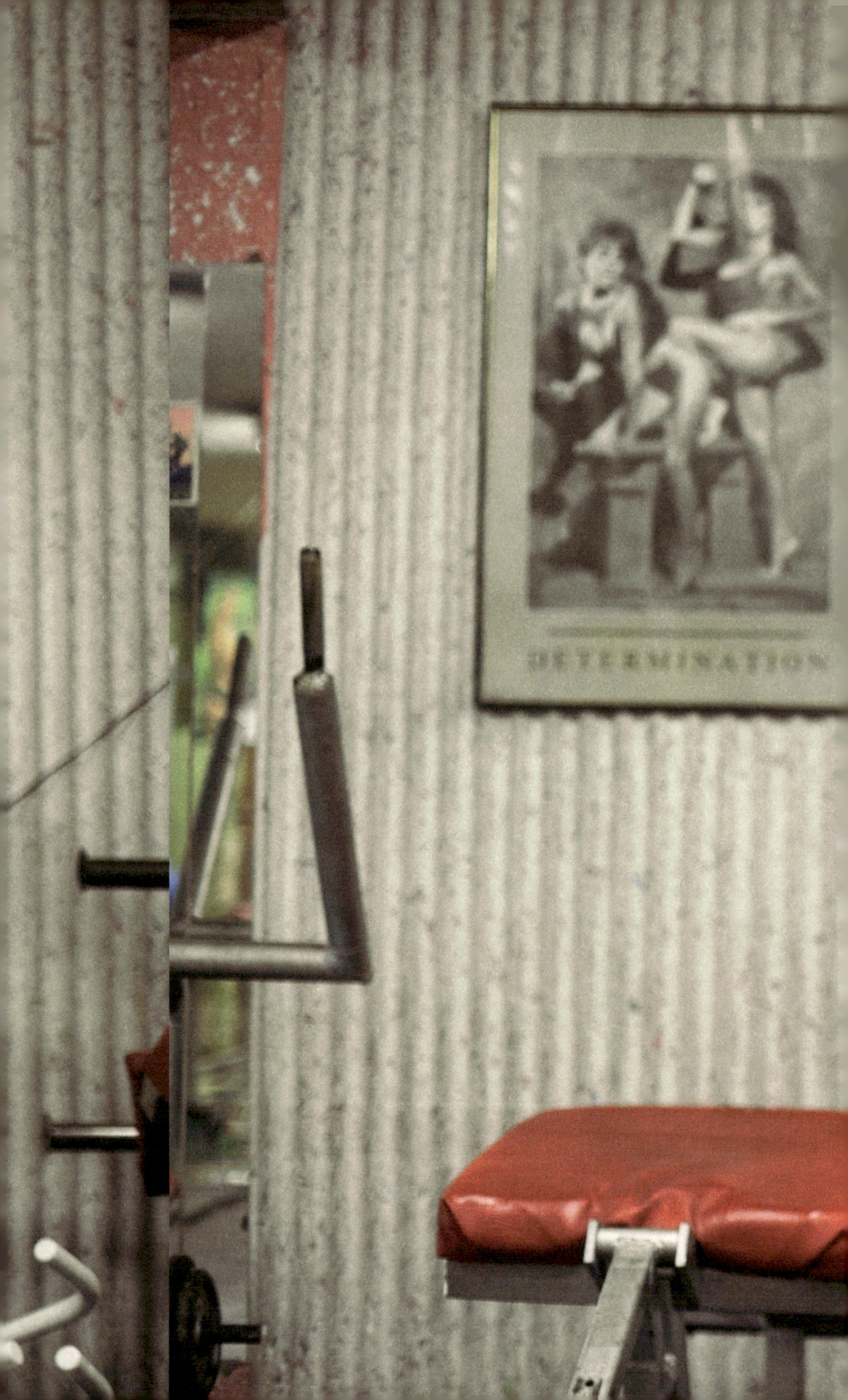
DETERMINATION

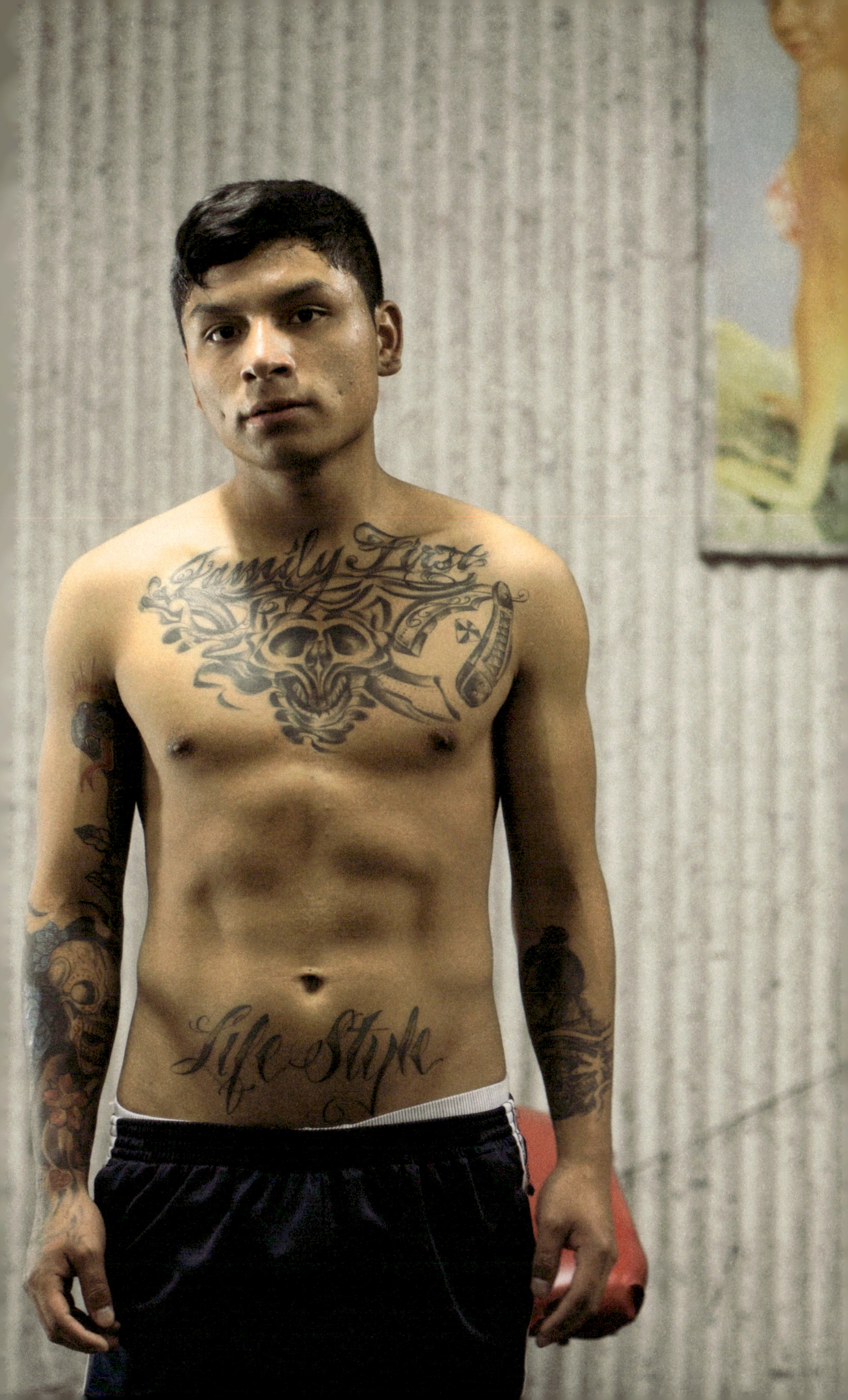

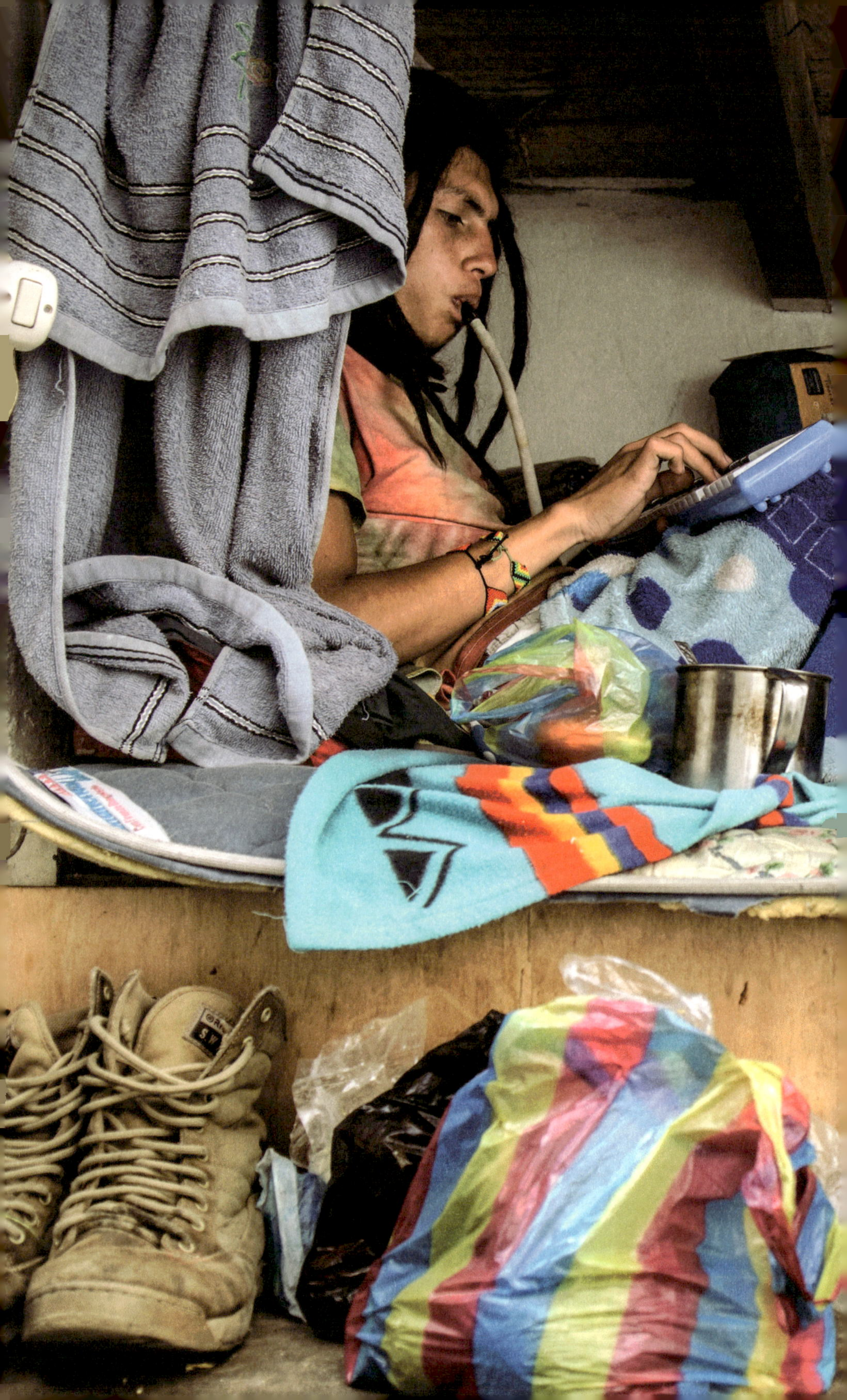

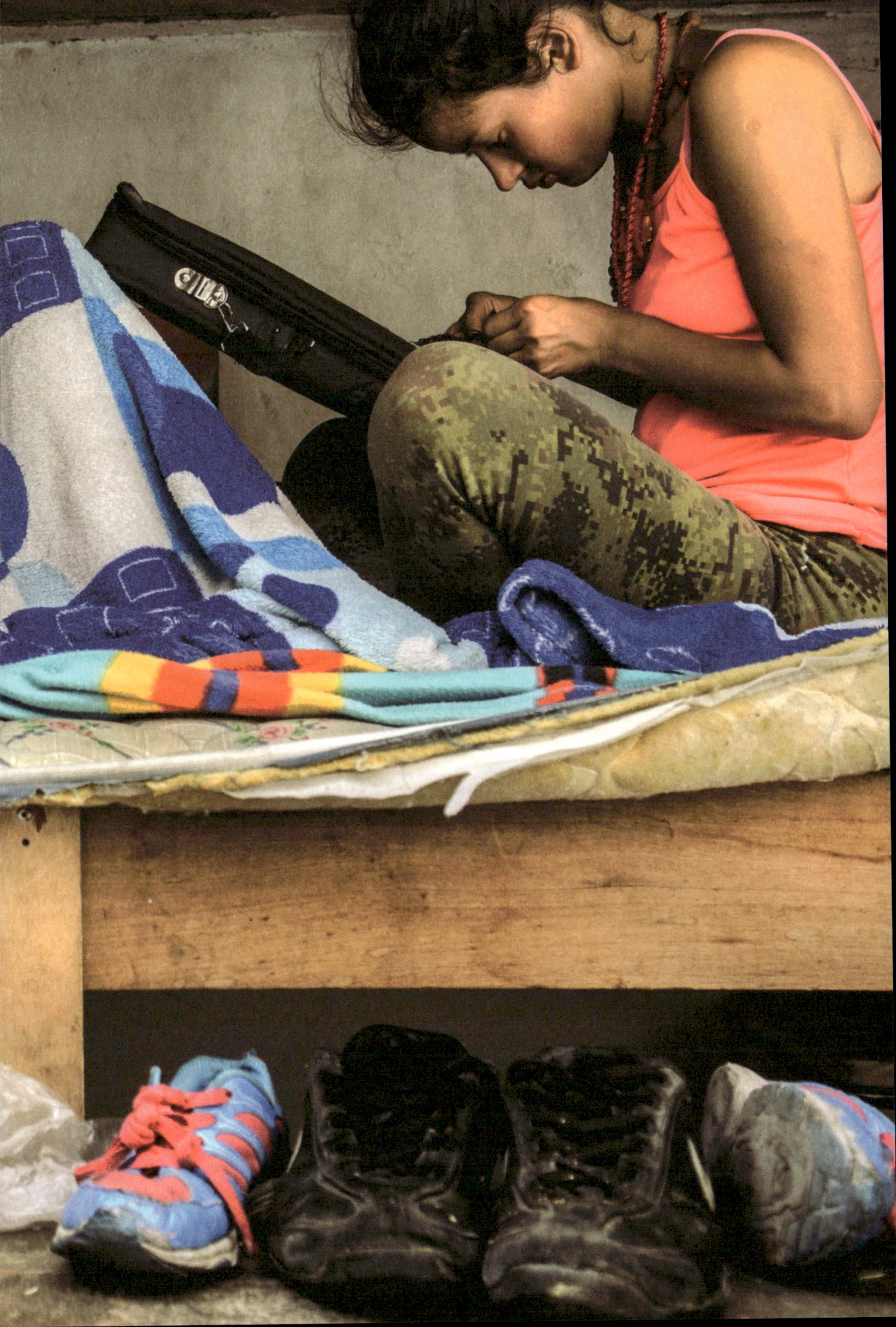

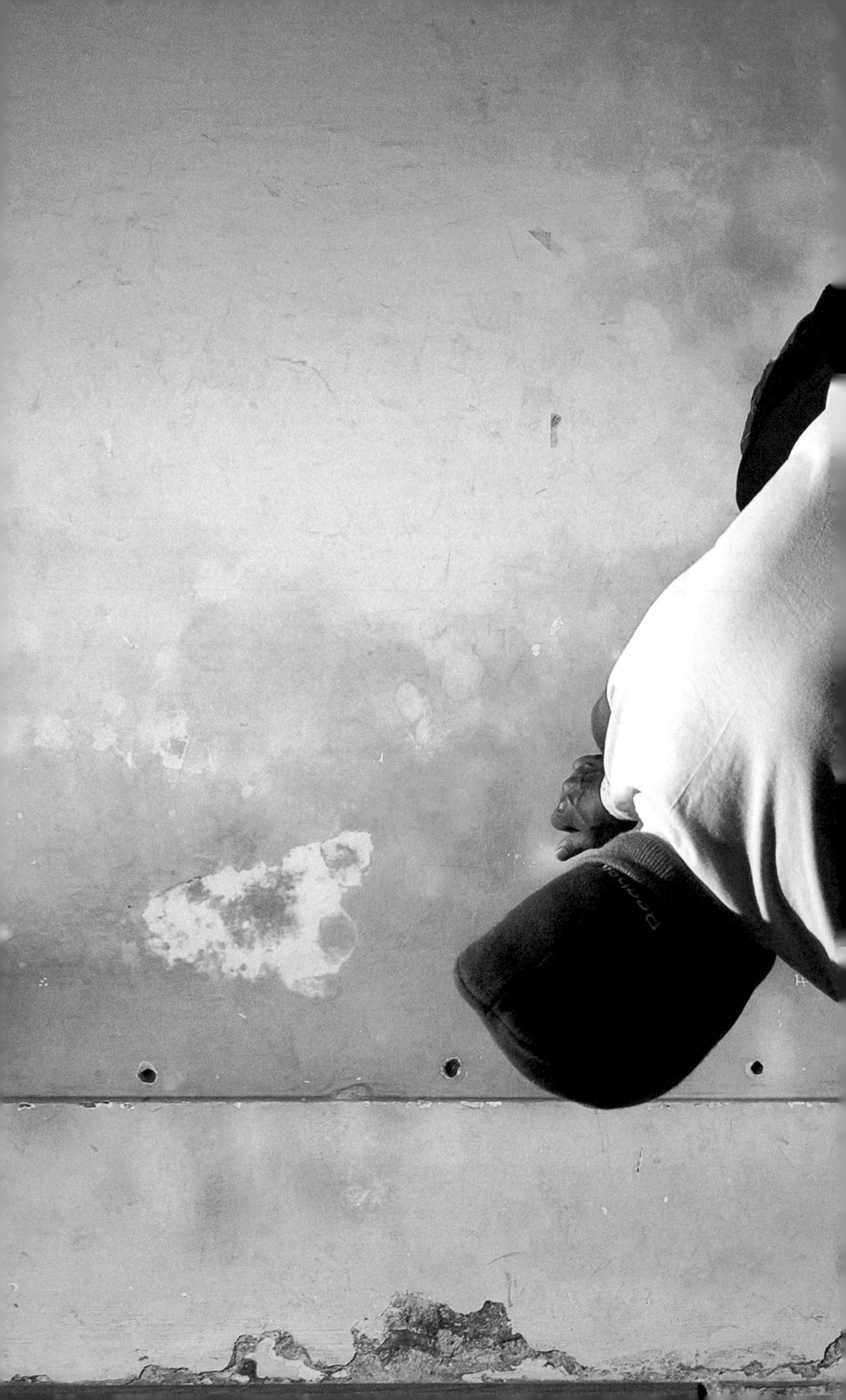

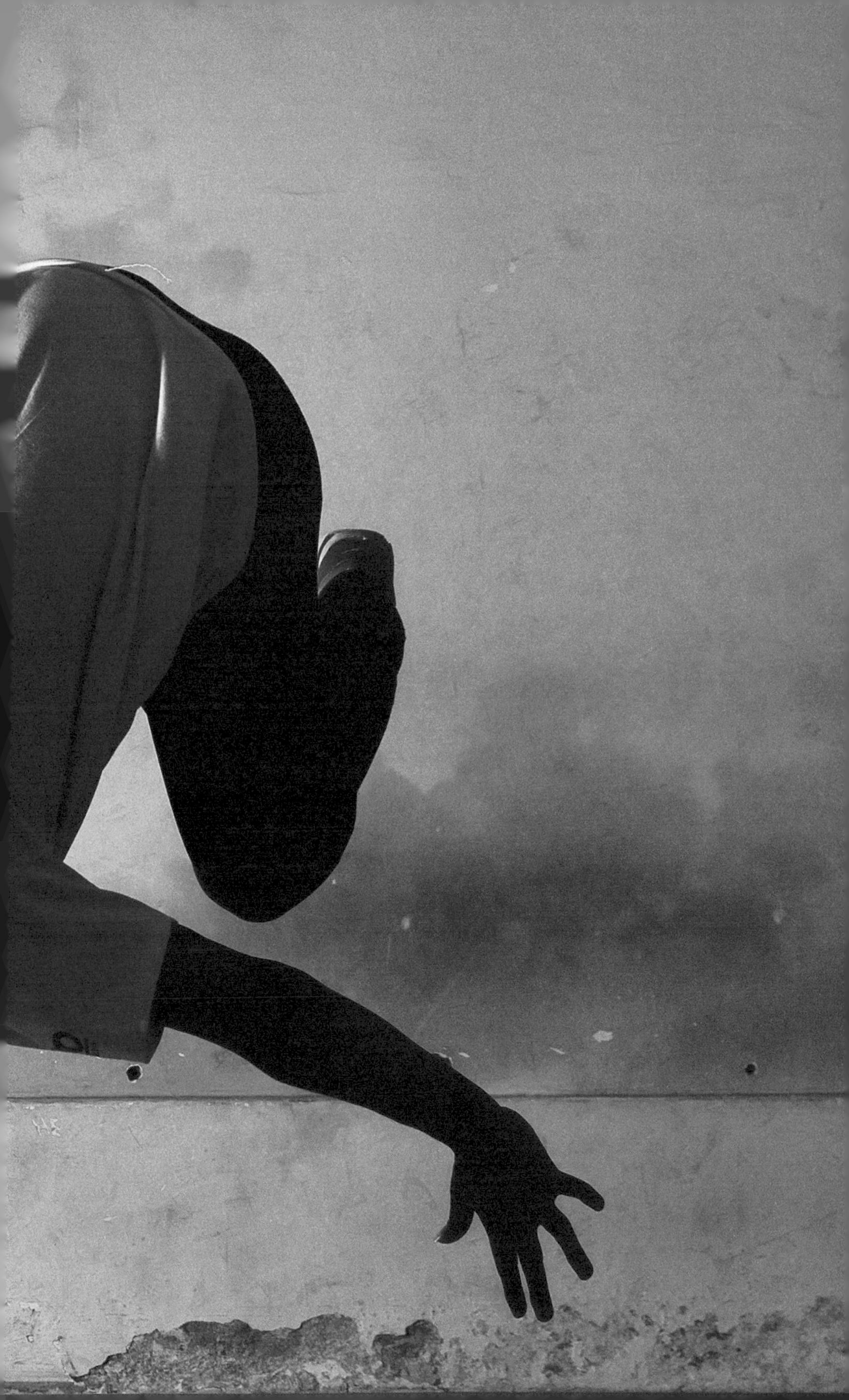

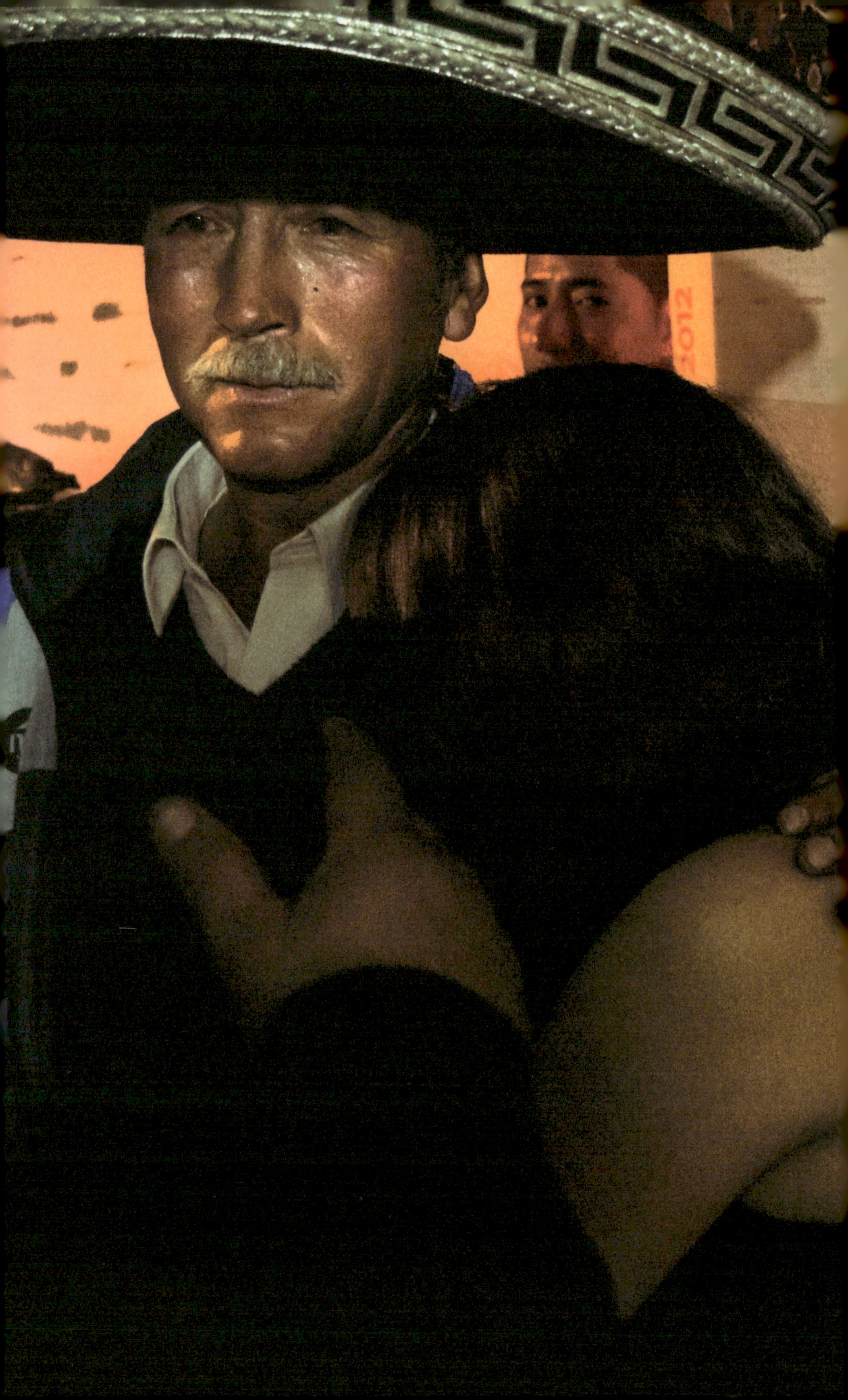

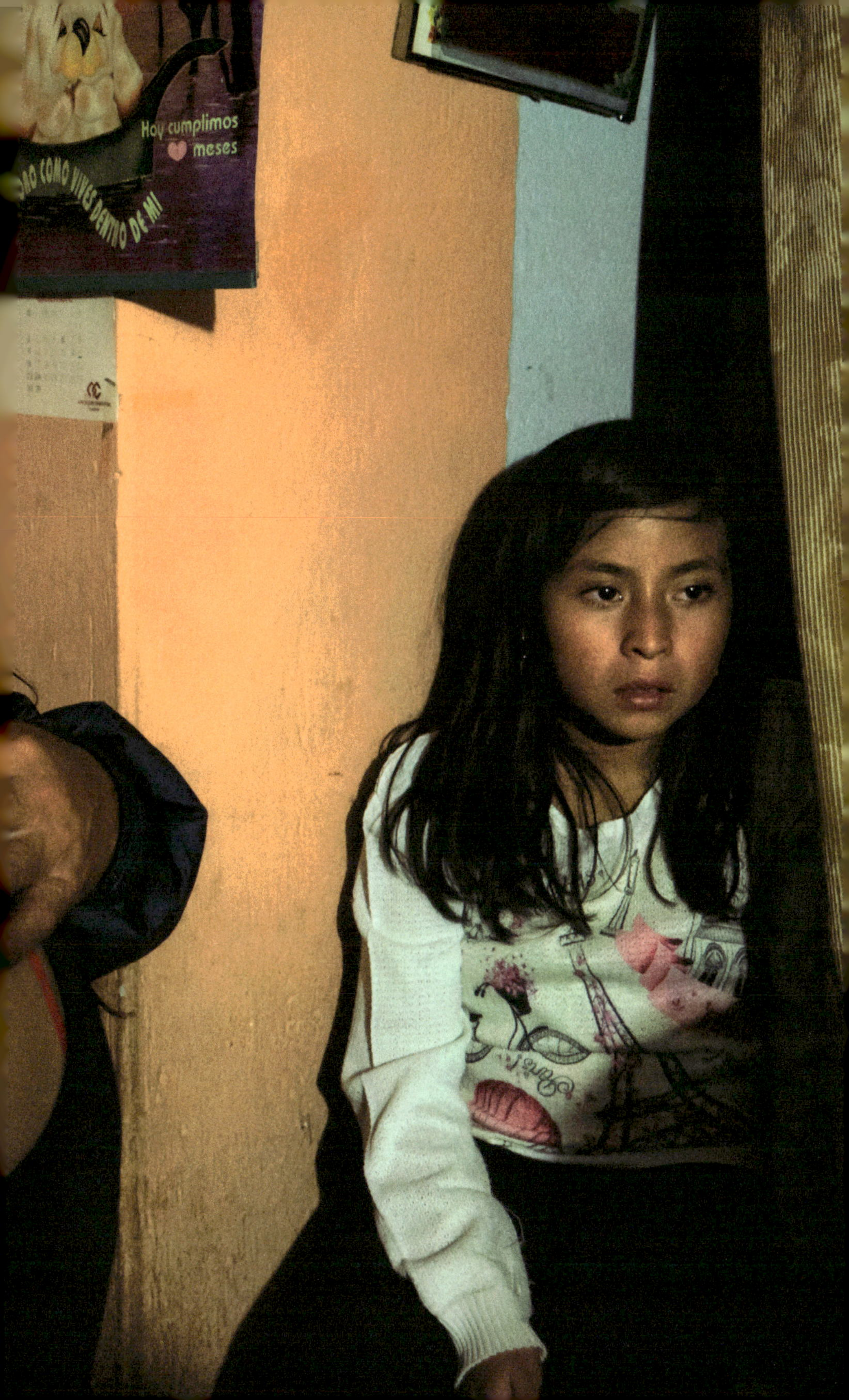

Hoy cumplimos ♥ meses
...DO COMO VIVES DENTRO DE MI

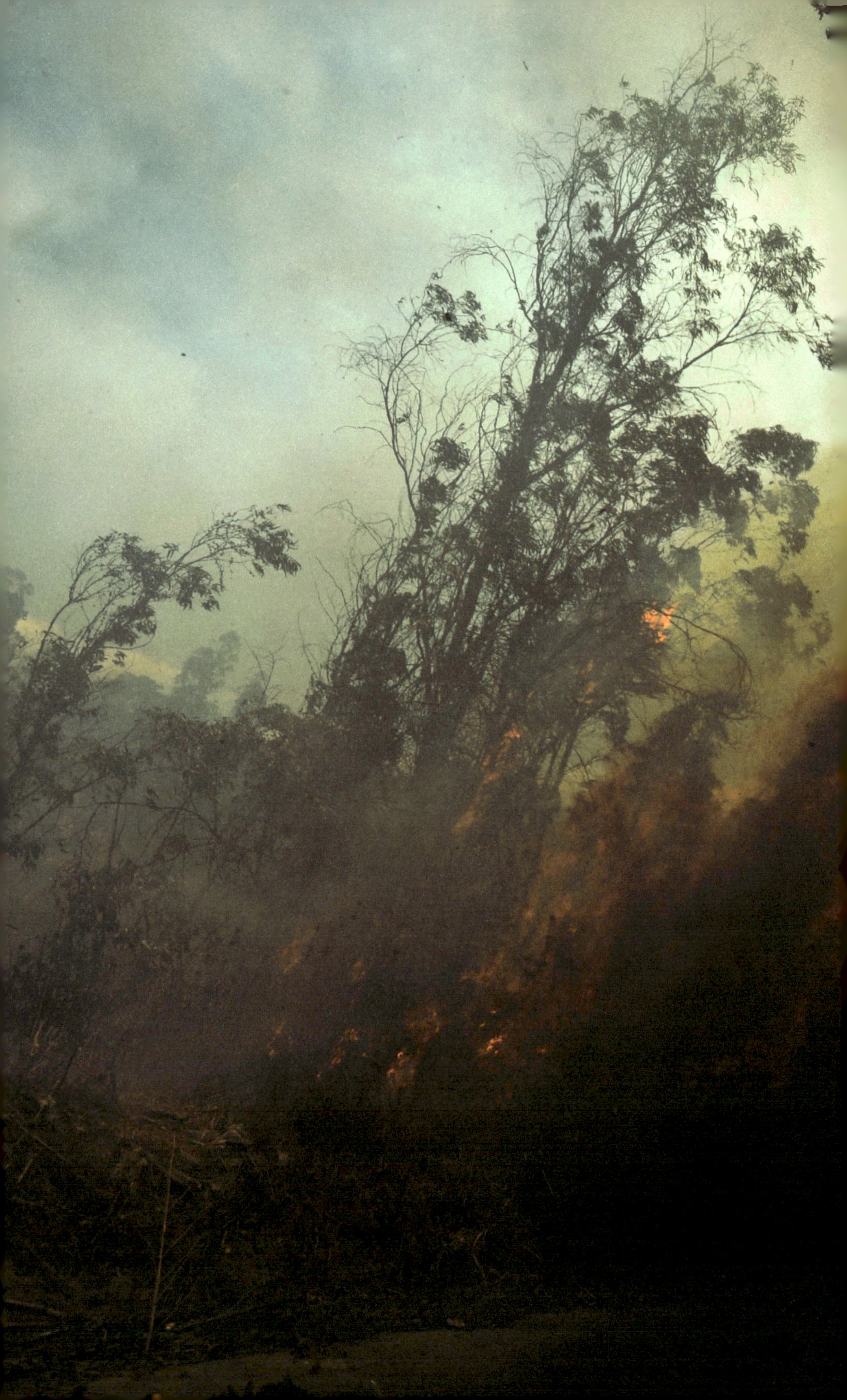

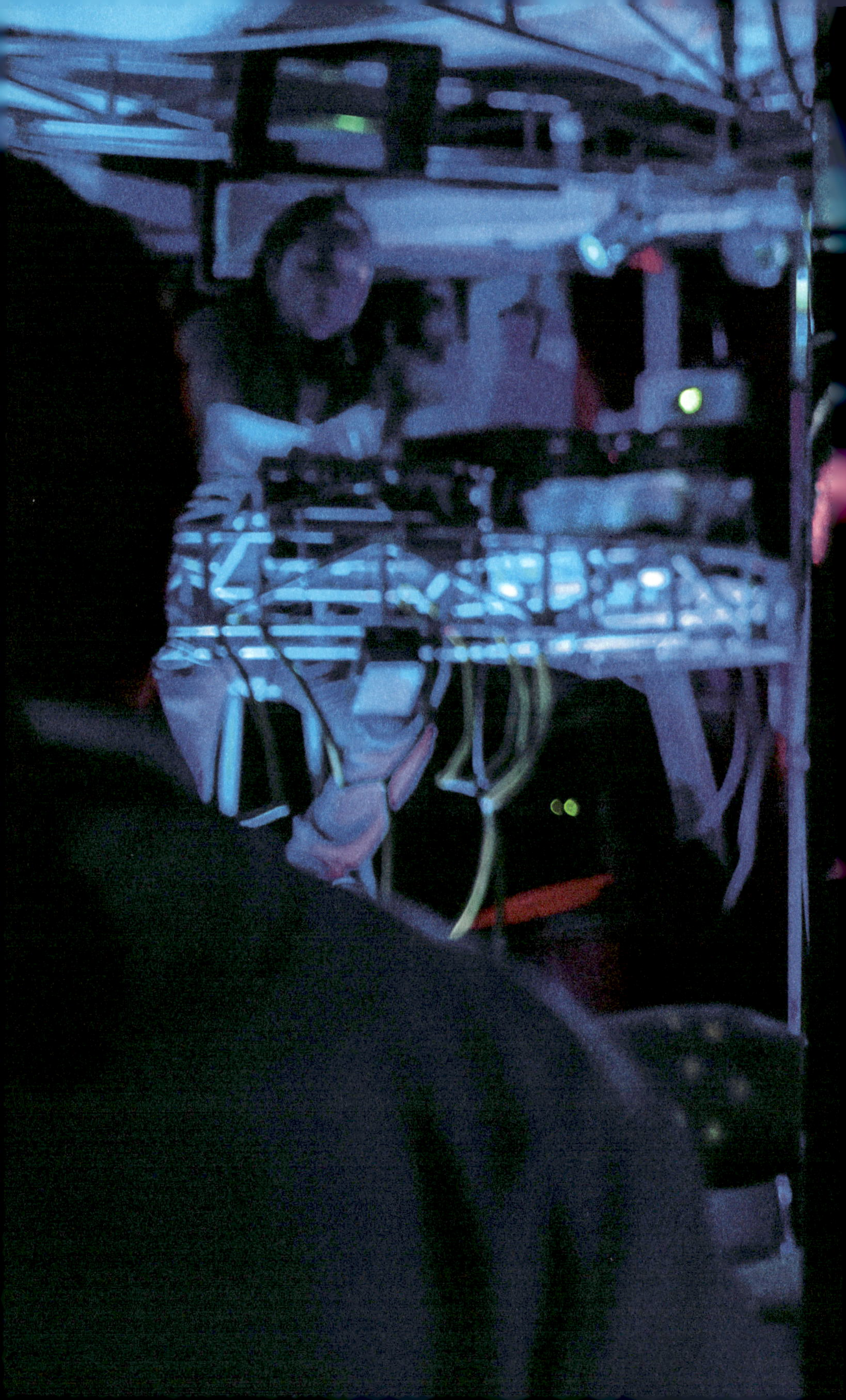

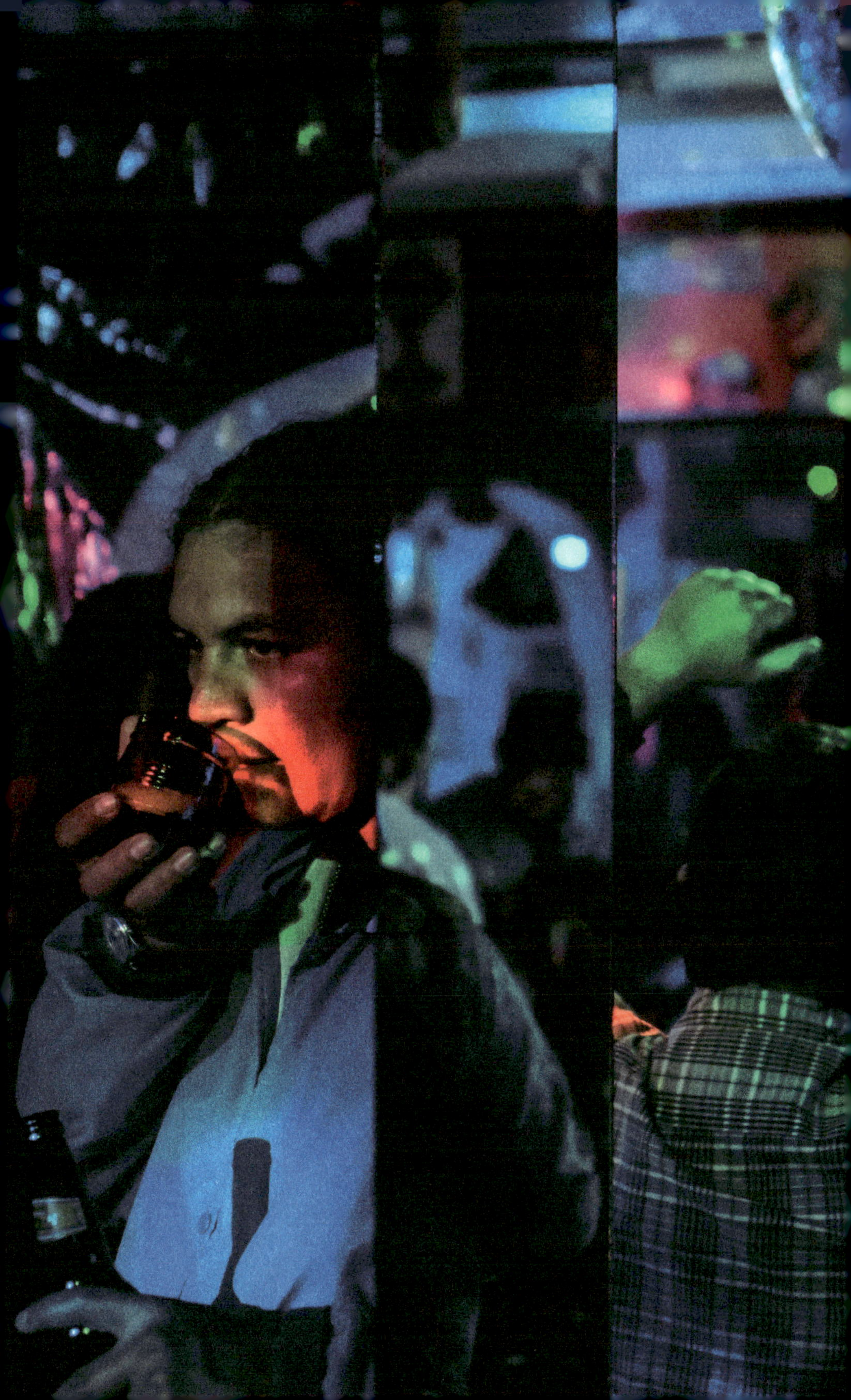

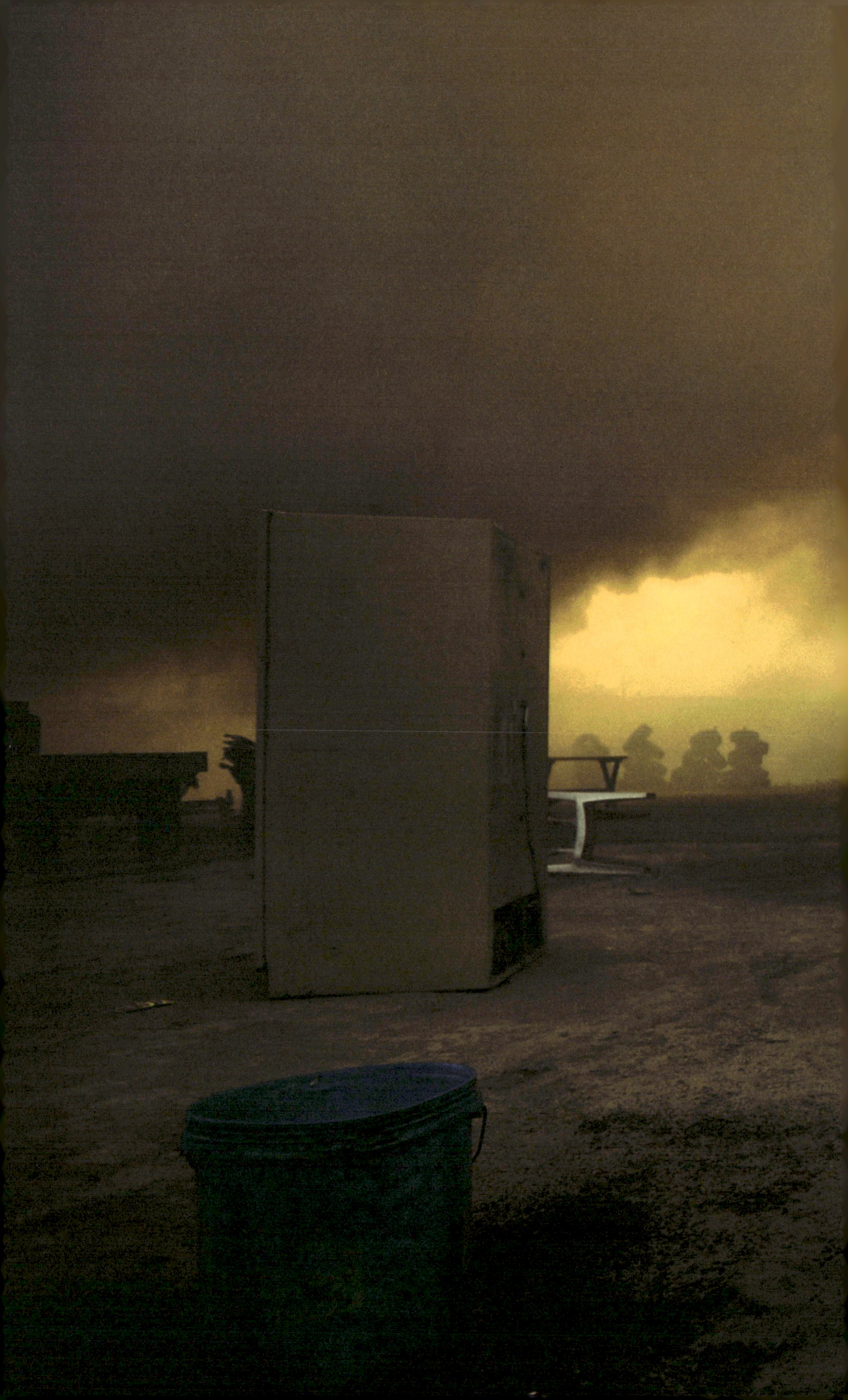

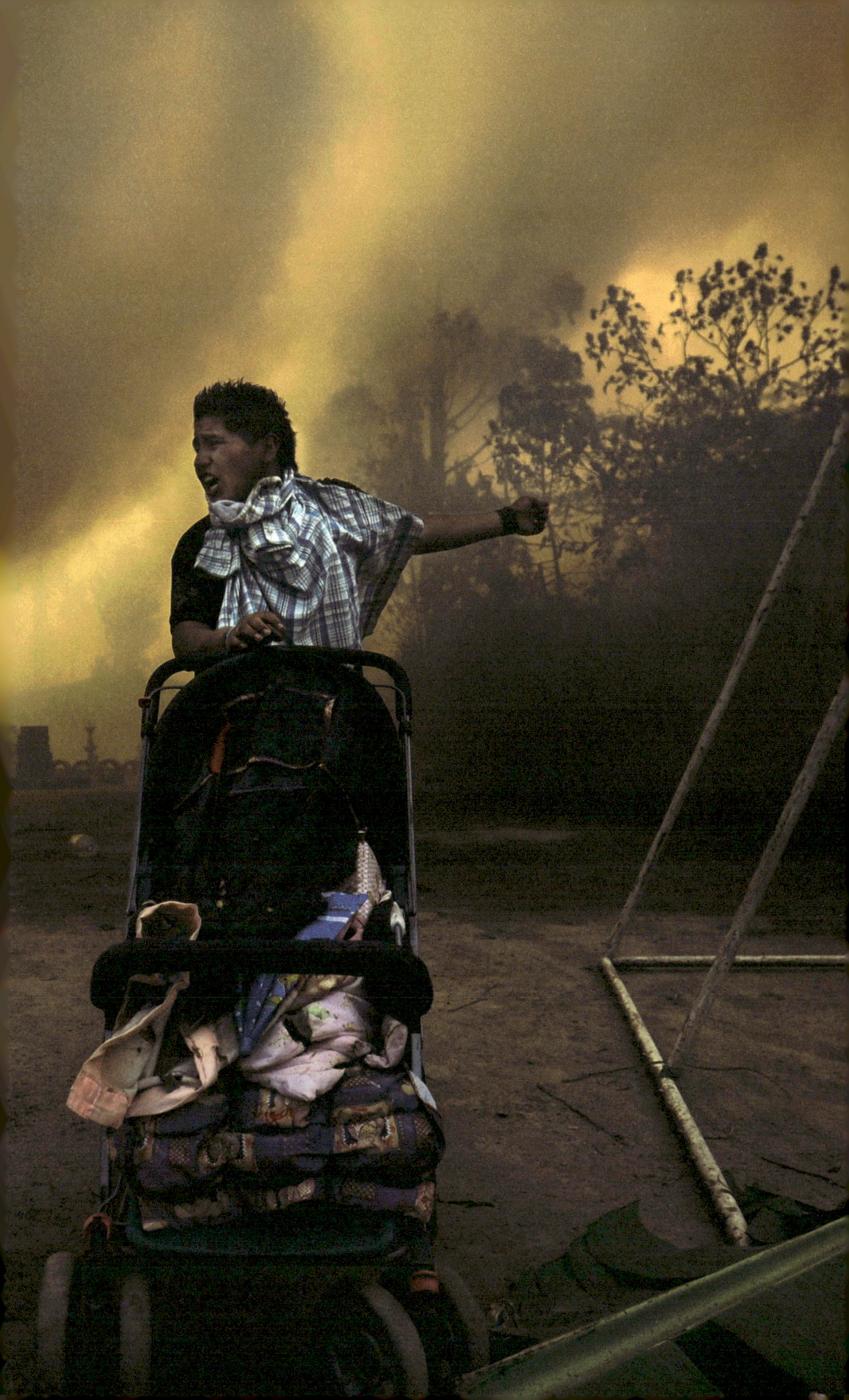

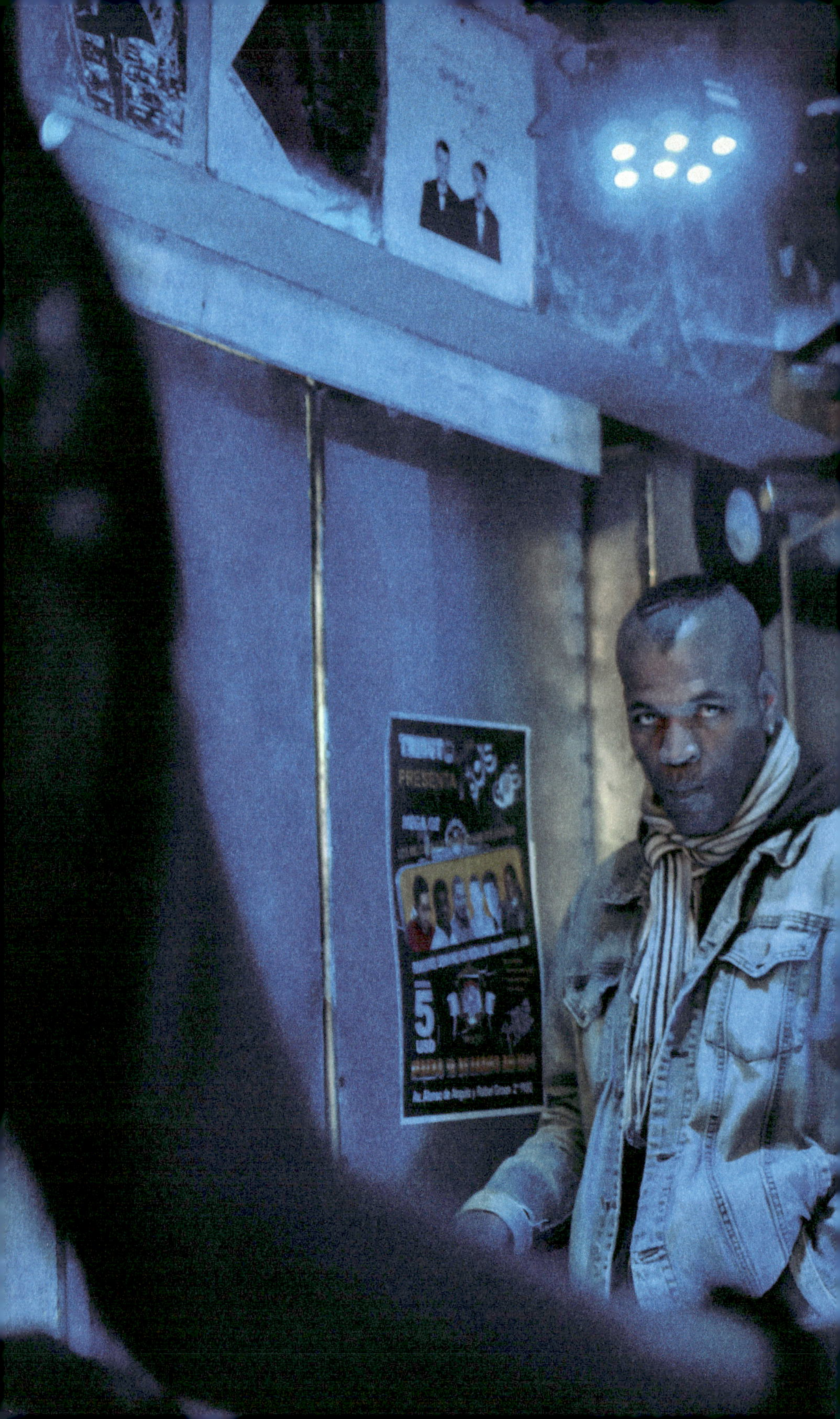

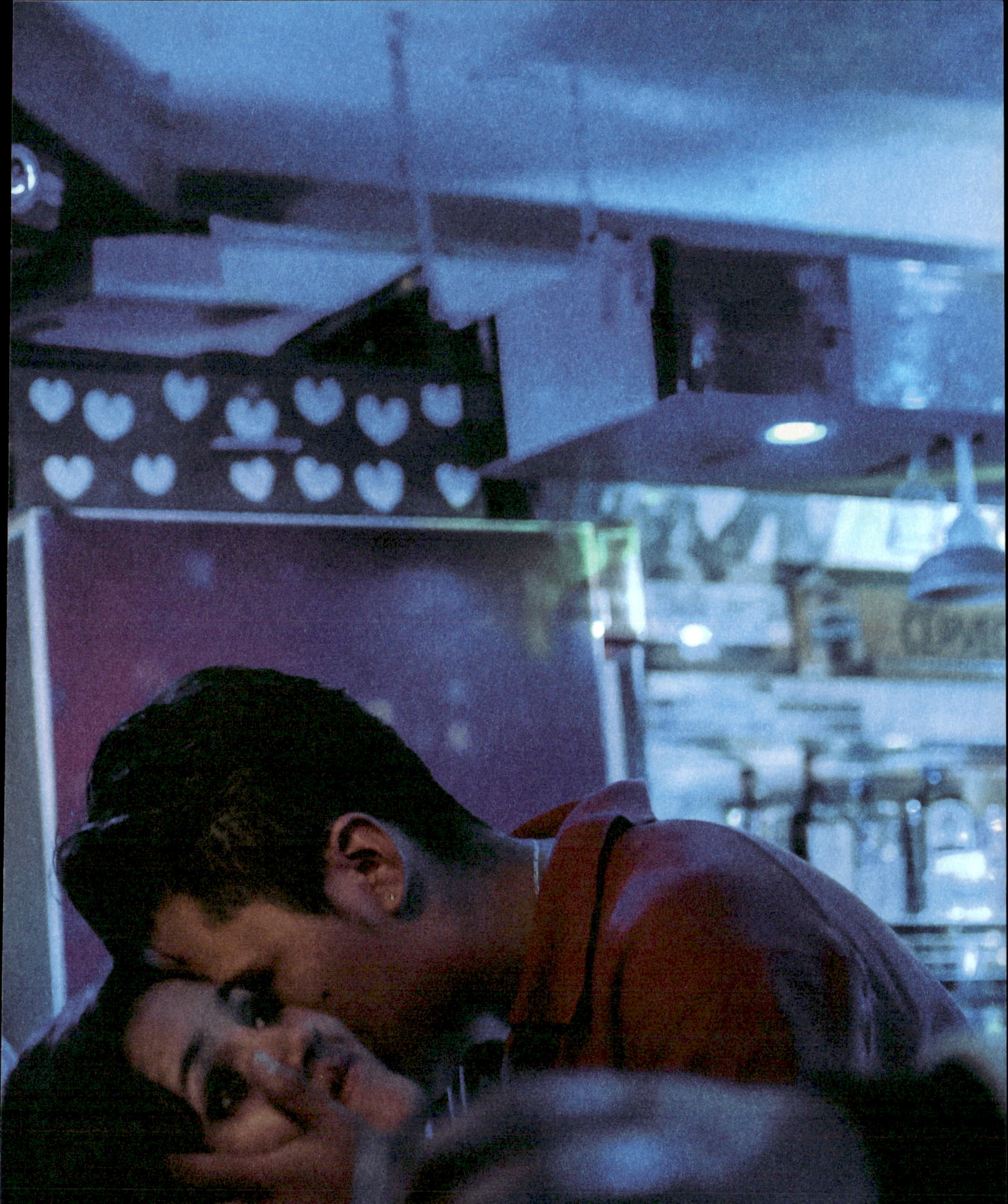

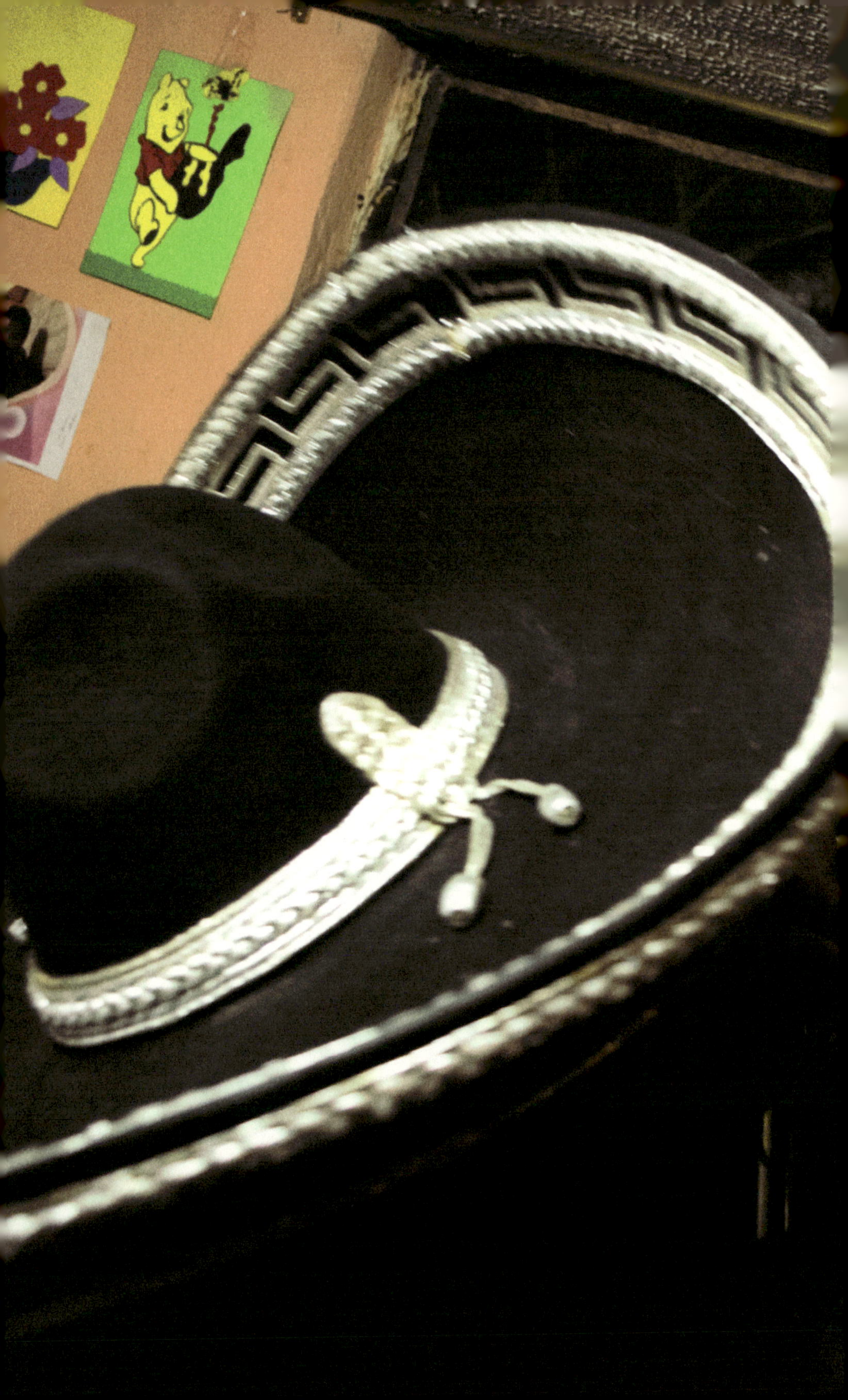

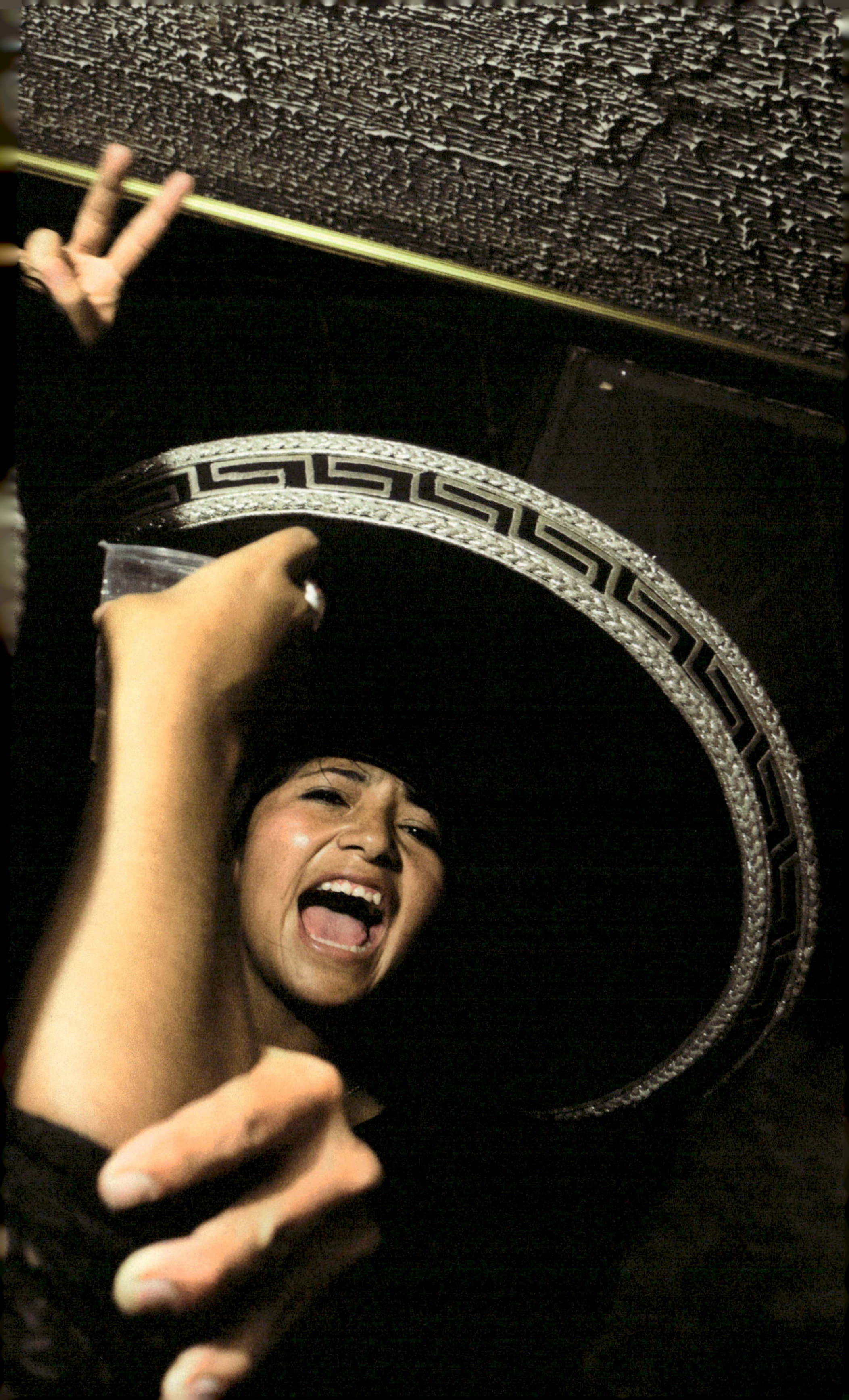

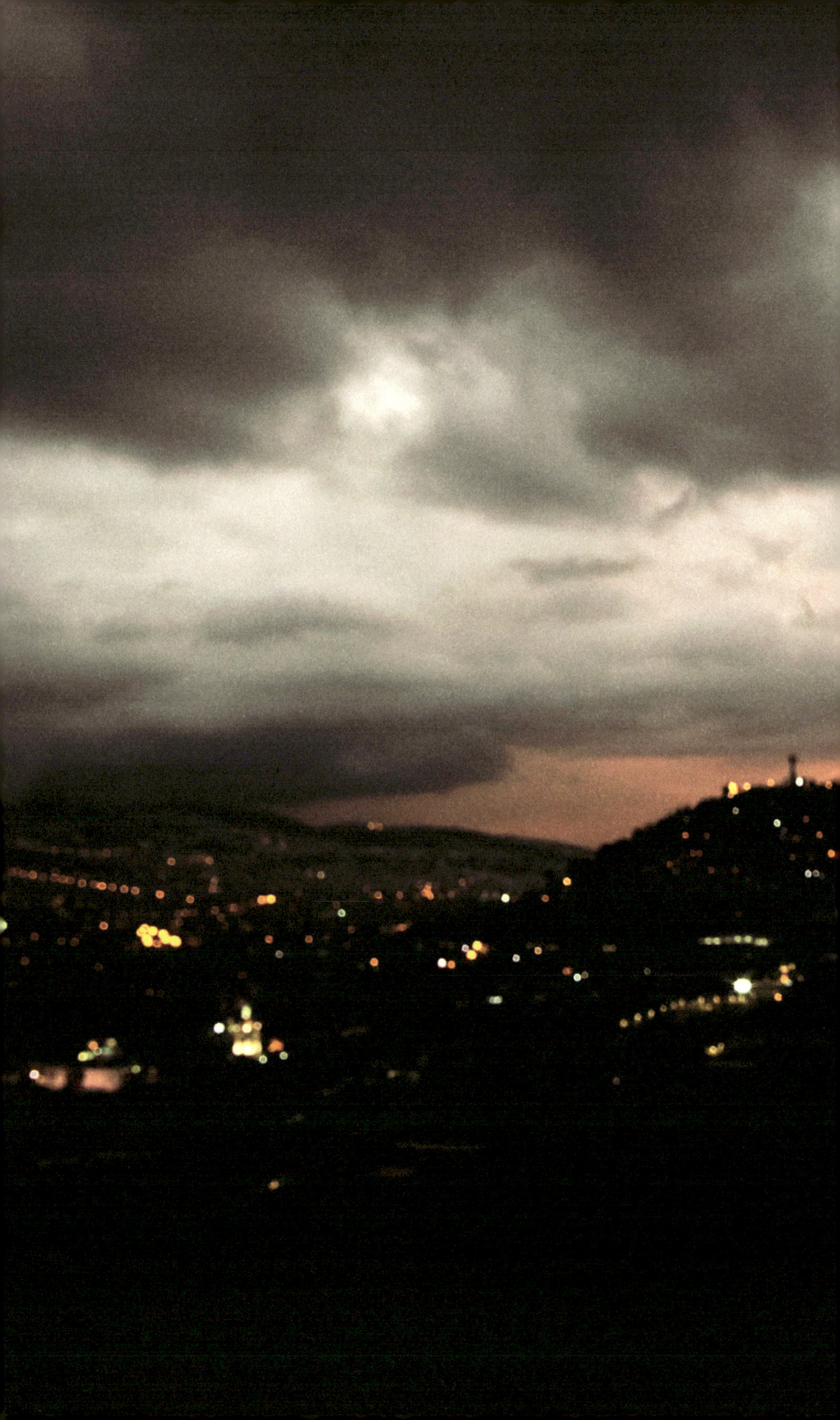

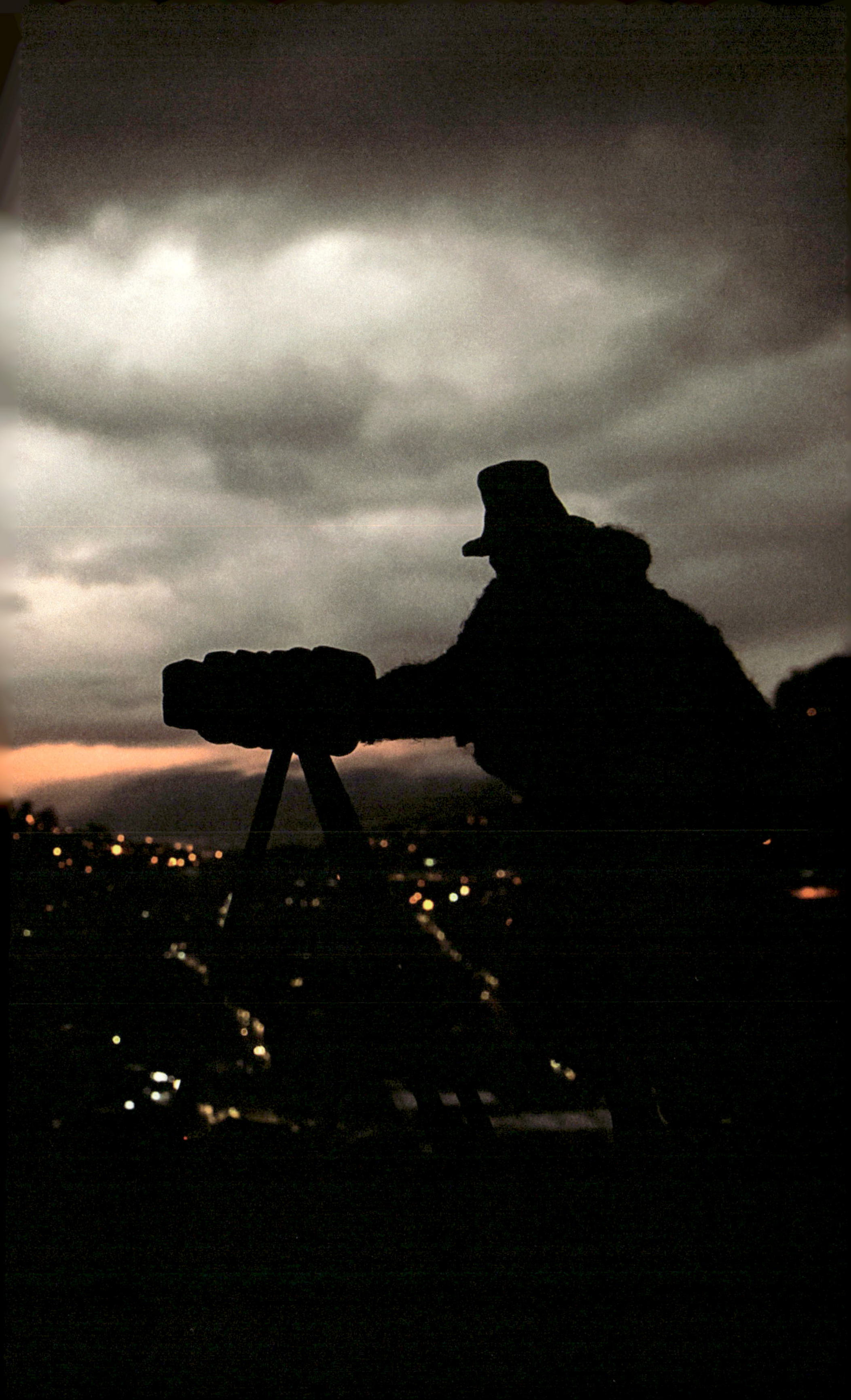

Impossible Portrait
Dr. Pablo Corral Vega
Secretary of Culture of the Distrito
Metropolitano de Quito

Portraying a city is an impossible task. Even if a hundred and fifty photographers fan out across the place and capture tens of thousands of images, the final result will always be incomplete, imprecise, arbitrary.

The great Mexican photographer and editor Pablo Ortiz Monasterio arranged the images of the Fluz Quito project, mostly taken by photographers from Quito, and constructed a visual narrative. He did so with the audacity of someone who has decades of experience in the field. We are presented the unsettling vision of a fragmented city, marked by a chaotic struggle between contemporary realities and tradition.

The book begins with a series of photographs of the skies of Quito. We *quiteños* are proud of our sky: we sing odes to it, praising its crystalline clarity and the absence of clouds during the summer months. And in this simple exercise of photographing the sky of Quito we are surprised to find there are many variations of blue, celeste, grey, pink, orange. The blue sky of Quito, that blue uniform, whose precise tonalities we all believe we carry in our psyche, is no longer able to provide shelter to all *quiteños*.

Then come the plaster figures of superheroes: incongruous superheroes, who are obviously not the all-powerful ones of Hollywood fame, but others, limited by underdevelopment. What powers do they have? We must be talking about more mundane but nevertheless urgent powers, such as protecting women from violence, or gathering up garbage, or ensuring safety in public transport hubs.

One of the functions of art is to offer us new perspectives, and the aim of documentary genres is to denounce, describe, recount. In recent years, Latin American photographers have decided to cross freely the borders between art and documentary photography, and Ecuador is certainly no exception. The photographs presented in this book do not strictly belong to either of the two spheres. We are not dealing with the unnecessary purism of a documentary photography that does not permit itself the slightest deviation from "truth," nor with an art abstracted from reality, which turns its back on the here and now. This is a book which, like most contemporary Latin American photography, passes freely between the documentary and artistic genres, with the sole mission of provoking.

We could even speak of this book as an invitation to practice visual archaeology. Out of a series of incongruous remains we have to reconstruct in our imaginations the noise of the city, its energy and diversity.

If we add up the parts, do we get a whole? If we add up the old sign of Latitude 0º and a village band and a penitent sinner playing the piano in a pointed hood and the portraits of passersby on the Plaza de la Independencia, do we get a whole? What is a whole? The whole is a diversity that causes us surprise and conflict. A diversity that does not fit under a single blue tonality. A diversity that cannot be explained in the images we have become accustomed to, of historical heritage buildings in the center of Quito or of the skyscrapers and shopping centers in the north of city.

I would speak of a telluric movement that has pulverized the roots of our supposed *quiteño* identity, of a provocation that demands we view ourselves through a rotating prism.

We photographers are drawn like flies to chaos and visual disorder, and we try to create meaning where there is none. This book is a kaleidoscope which offers different readings every time it is turned. I am drawn by the photo of the pseudo-medieval castle under construction, wrapped in fabric à la Christo & Jeanne-Claude. Is it a work of art or a whimsical postcard of a Quito always under construction? I am unsettled by the blurred image of a woman putting on lipstick next to her mobile phone and a wad of bills. Is it a portrait of bureaucracy or a portrait of these self-absorbed times?

If this book has one virtue, it is that is gives no answer to these questions, or even

154

tries to. The chapter on mobility is a transit through the void, the sensation of nothingness, of waiting, the non-place place. The buses give the impression of being prisons from which the passengers gaze at the sky of Quito, or wrap themselves up and dream. What dreams do they dream? They are nightmares of unsafe, bloodied places, of floral-patterned wallpaper and a clown, of ritual cleansings with fire, and of crazy tarot readings of a future of true love.

We of Quito speak of the Franciscan city, a wholesome city of convents and monasteries, a conservative city. This book is a stark report on how Quito has lost its innocence.

The exercise we have wished to carry out, through the city's Department of Culture, is to examine the social complexity of Quito by means of the tools of art, of documentary photography, of journalism, of theater. The essay on violence against women is a public reflection intended to raise awareness of this sickness that affects us all. The disorder in question is certainly the inability to process in a civilized way the diversity we represent.

Why do we mistreat women, children, refugees, gays, indigenous people, urban tribes? Why do mistreat one another? Why do we permit this mistreatment?

The purpose of this book is to present incongruence and restlessness. It is an uncomfortable book that is slightly dislodged, out-of-place. Nothing makes sense. Nothing has meaning. Like a B-movie, with too small a budget.

Discomfort is the purpose of this project. What is portrayed here is the city waking up from its innocence, looking in the mirror, and having a moment of uncertainty. Is that me?

Fluz Quito
Claudi Carreras
Director, Fluz Quito

This book and the images it contains are the result of Fluz Quito, a project of the Department of Culture of the Distrito Metropolitano de Quito conceived with a double purpose: to give greater visibility to certain social circumstances in the city and to do so in collaboration with both Ecuadoran and international visual artists of recognized prestige.

We live immersed in a virtual era, when the production of images has increased exponentially and there are more and more devices with which almost anyone can produce them. This process of mass availability has not been accompanied, however, by any qualitative development in the processes of construction of narratives and their contents. The facts show that most of this production tends to be lost in the immensity of virtual networks, without almost any reflection on its use or intention, in spite of its permanence over time.

With Fluz Quito we champion the role of photography and visual creation as a fundamental vector of communication and transmission of knowledge in our society. We know that photography has the capacity to generate encounters between realities that are not always directly related one to another, though they may be part of neighboring contexts, with a multiplicity of communicating vessels. This is why we opted for a collective gaze which, captained by photographers with wide experienced in contemporary imaginaries and modes of representation, would bring out fundamental aspects of our present-day circumstances and themes of particular importance to the people of Quito.

In the course of 2015–2016, foreign photographers were invited systematically to share their experiences with local artists, collaborating on workshops and thus generating shared synergies in the construction of imaginaries about Quito. The idea was, on the one hand, to give new significance to elements of importance to local government, and on the other to reevaluate the city's policies of social integration and acknowledge more fully the diversity of the urban fabric.

In Fluz Quito we have given creative artists a central role in the transmission of information and placed the results of their work within reach of ordinary citizens. In this way, we support the processes of consolidating visual creation not only at its source but also in terms of its purpose: to reach people through various mechanisms of exhibition in public spaces and on digital networks. We have designed structures and platforms by which to exhibit the work in large formats during mass events in the city. The idea of Fluz Quito has always been to give voice to photographers so that they can be heard on the streets. Therefore all of the visual production generated by the project—which has focused on the contemporary diversity of Quito—has been integrated with the city and discussed in the course of its everyday activities. To date, we have organized more than twenty interventions into public space with themes and approaches related to the city itself.

All of the images presented in this book were produced in 2015 during the development of the Fluz Quito project. A total of 149 Ecuador photographers and collectives responded to the open call, including *everydayecuador*, an Instagram movement that came to play an especially important role in this publication.

The book has been edited and the images selected by Pablo Ortiz Monasterio, one of the most important photography editors in Latin America. At no point have we sought to generate a globalizing vision of the city. This book is the result of a panoptic view, that of the editor examining the projects submitted within the framework of Fluz 2015. The books itself therefore offers a new way of reflecting on the images produced.

The workshops and interchange of experiences among the participating photographers have been the structural basis of the entire Fluz Quito project, which originated with the intention of consolidating networks within the field and so contributing to the integration of Ecuadorian creators into the international panorama. Participating in the interventions, and listed here in the order of their arrival in Quito, were figures of the stature of Cristina de Middel (Spain),

Marcos López (Argentina), Stephen Ferry (USA), Colectivo Paradocs (Ecuador), Nelson Garrido (Venezuela), Francisco Mata Rosas (Mexico), Iatã Cannabrava (Brazil), Ricardo Cases (Spain), Colectivo Runa Photos (Ecuador), editors Gonzalo Golpe (Spain) and Pablo Ortiz Monasterio (Mexico), and the members of the editorial board of *Sueño de la Razón*, a South American photography magazine.

They have all participated in collective creative processes, documenting and building imaginaries about realities as varied as urban tribes, the ethnic diversity of the country, gender violence, and the different social classes that coexist in twenty-first-century Quito. The results of all these interventions and workshops can be viewed at www.fluz.net.

The great challenge of Fluz Quito has been to address the needs of the city's residents, building imaginaries that catalyze reflection. And to do so in collaboration with photographers and other professionals in the sector. This means pulling reflection out of its habitual haunts and taking it onto the street, placing different realities side by side and questioning residents, transformed into spectators, about the determining social conditioners of their lives. All this through photography and in the hope of building a better future for all.

To See You Better
Pablo Ortiz Monasterio

The Quito you are going to see in these pages is the result of a series of photography workshops held in the course of 2015. The book does not seek to present the typical images of the Ecuadorian capital, such as the Virgin of Quito (or "Our Lady of the Adieux," as Mexican photographer Manuel Álvarez Bravo called her). Here we see the swarming tumult of human life, which Quito shares with any other Latin American city, its rites, its spirituality, its fetishes, its problems, its rhythms.

The authors whose images are presented in this collective work were guided by eminent photographers and editors such as Cristina de Middel, Ricardo Cases, Iatã Cannabrava, Gonzalo Golpe, and Nelson Garrido, who traveled to Quito to tutor local photographers engaged in specific production projects. Different aspects of *quiteño* life were photographed and, curiously enough, the images trace a profile of the city: not a complete and detailed portrait, but a snapshot of the urban flux.

Taken together, the group of images can be read as a thermometer of the city at the moment of the workshops. At the end of the book there are images of a forest fire which threatened the city in 2015, combined with others of a discotheque. The composition is daring, intended to present the issues in an unusual way in order to provoke reflection. It is also true that both the fire and the disco invade the space with heat and sound, qualities that unite them.

The editing process was by no means simple, given the diversity of images and approaches to reality, from direct documentation to careful studio construction. My intention was to include certain predominating themes and to construct a sequence which invites the reader/viewer to link the images, to share a snapshot which captures what Quito is like, how it confronts tradition and modernity, how it moves.

The ultimate purpose of the book is to make things felt. The images are a testimony to what was photographed and thought, to their very conditions of production. This will allow us, in future efforts, to advance by way of concrete references to achieve even greater depth.

Compared to Mexico City or São Paulo, Quito might seem more tranquil, but like so many other cities in Latin America and around the world, it is prey to violence and insecurity. In these photographs produced by participants in the workshops, verbal, physical, and sexual violence against women figures prominently. This violence is an old story, an abuse against a vulnerable sector of society, conditioned perhaps by anxiety and uncertainty about the future, but without any justification. Using photography to show all this is difficult and can even be dangerous, but it helps to raise collective awareness and generate solutions.

To return to the processes of photographic creation, I have the impression that the workshops held in 2015 will be a milestone in Ecuadorian photography, and I applaud the intelligence and tenacity of Pablo Corral and Claudi Carreras, who organized the project. There will be a *before* and an *after* to this experience, reflected not only in this book and in the exhibition that preceded it, but also likely to be noticed in the course of time through the work of those who participated in this great photographic exploit. For the moment, there is a time-freeze portrait of the city of Quito and, for the participants in particular and for Ecuadorian photography in general, an exemplary instance of collective work focused on learning.

The New Mobility
Jean Pol Armijos

Mobility is a concern that affects the residents of Quito every day. Excessive traffic causes delays and other inconveniences for *quiteños* who are unable to get to their jobs or get home on time. This not only affects individual productivity and the city's economy but also generates a collective unease about having to make long trips in often overcrowded buses, about issues of safety and sexual harassment, about air and noise pollution.

The trend in recent years shows that, although the great majority of people in Quito move about in public transport, its availability is diminishing, even as the number of cars is increasing. Measures are being taken to reverse this trend, through improvements in the city's offer of public transport services. Also, the vast majority of movement in the city is to and from the center, which generates problems on the main routes within the city and the ones providing access to it, which are saturated at rush hour.

At the same time, uncontrolled urban sprawl has negatively impacted mobility, making the average trip longer and more difficult to cover by means of public transport. In reaction to this, informal transport alternatives have emerged in more remote zones with insufficient connectivity. Another aspect which definitely needs to be improved is road safety, given the unacceptably high number of accidents that cause irreparable losses to *quiteño* families. The current state of mobility in the city is seriously deficient. In order to correct it, these trends need to studied and then mitigated or reversed through adequate planning and timely measures.

The new vision of mobility for Quito seeks to make the movement of people and goods sustainable through a common commitment to an efficient, innovative, intelligent, safe, and comfortable transport system, with reasonable travel times through pleasant public spaces, where mutual respect and special consideration for certain priority groups are the norm. The coverage and accessibility of the system must meet the needs of all the residents of Quito.

This new philosophy of mobility is focused on the movement of people, not vehicles, in a city where residents have a collective awareness of sustainable transport options and where public space is not something to be conquered but a place of harmonious coexistence and encounter, shared by all users. The universal accessibility policies of this new city would facilitate the use of both motorized and non-motorized transport systems and access by more vulnerable groups, such as those with physical disabilities and limited mobility, including children and senior citizens.

Although the steps already taken, both by the municipality and by urban collectives, are important, it is necessary to give still more attention to pedestrians by improving the quality of sidewalks, crosswalks, and entrances into public and private buildings, as well as to the densification of a public bicycle service and a network of bicycle paths connected to the integrated public transport system. It would be ideal for those who own a car to prefer to travel in public transport or by non-motorized means, but for this to happen the quality of public transport must improve substantially and investment in infrastructure be designed over the long term.

Indeed, the solutions required for sustainable mobility are achieved by comprehensive planning which includes zoning, urban design, environmental issues, and various aspects of social and economic development. In this sense, the design of a compact, multi-focus city, with mixed use development and a diversity of urban equipment, densified around high-capacity public transport stations, will substantially reduce travel times and distances.

In order to achieve the goals of sustainable mobility, an integrated public transport system is required, in which all the modes are empowered and connected to produce genuine inter-modality. The efficient handling of demand through adequate paid parking policies, charges for congestion (urban tolls), and priority to high-occupancy vehicles should discourage the use of private cars in the future, reducing congestion. Car sharing and teleworking would also reduce vehicular traffic and therefore lower air pollution levels and slow down global warming. New technologies and the use of alternative energy sources already reduce harmful emissions. Smart transport systems in other cities provide users with real-time information to help them make informed decisions and so avoid overcrowding and congestion.

Transport conceived as a mechanism of social cohesion and inclusion will foster the social diversity and unity of Quito. The territory cannot be divided into places where some have advantages over others: quality of life should be similar in all neighborhoods. This kind of equality makes every part of the city pleasant to live in and connected with the rest. Transport projects must be designed for the territory as a whole and generate a common identity. The aim is to cover the entire city, making the north accessible to the south and vice versa. Mobility integrates and balances the city in an inclusive way. Multimodal transport systems encourage and revitalize human interchanges and activities, bringing people together and providing access to places of encounter for all the city's residents.

Tradition and Modernity: Permanence and Change
Alberto Rosero

At first glance, the two terms seems to imply a question: Were things better in the past than they are now? The answers can be multiple and subjective, if the question is not formulated more clearly. If we are dealing with the urban phenomenon, for example, we could carry out a more objective analysis. Thus, we could ask ourselves: What is the difference between the ways of creating and experiencing a city in the past as opposed to nowadays? Let us take as our subject the original "Spanish" city founded on the site we now call Quito and attempt to clarify to what extent it was fitted to the needs of its inhabitants and to the prevailing social, economic, or political processes of the time. First we will look at the colonial house, as the typical constructed component of Spanish-American cities in the period.

The colonial house had a very particular element: the central patio, around which all of the rooms were built and the domestic functions articulated. The patio was the daily link between the family and the open spaces, especially for women, for whom it was not fitting to be seen too often in the plazas and other public spaces of the city, unless they were on their way to church. "A good woman," as the saying went, "is a woman of the house." The colonial dwelling was also frequently a small warehouse in which to store the produce of the owner's nearby lands. It was therefore equipped with storerooms and granaries, administered by domestic employees. There was therefore a tangible connection between the philosophy of the age and the constructed world. Colonial houses were

logical responses to prevailing functional and esthetic requirements.

The urban structure of the sixteenth and seventeenth centuries also corresponded to a model of territorial ordering, with very clear and concrete functional and spatial rules, determined by the actions and instructions carried out in the founding of the cities. In this model, decisions were taken beforehand and the task of urban planners was simply to apply them to the topographical circumstances. These decisions had to be respected, for they were designed to defend and consolidate the prevailing modes of production and ways of exercising power.

Cities were organized, like private dwellings, around a central public space: the plaza, where the general political (i.e. royal), local, and religious powers were located. There were really no other public meeting spaces. Residents of the city lived more or less close to this space symbolic of power, perhaps in direct proportion to their proximity to the power itself. In like manner, depending on the size of the alms or donation, a burial in the church would be more or less close to the altar and to eternal bliss.

In the present-day urban environment we find certain aspects that have remained constant and others that reflect important changes in the former environment. Concentrations of population are comparatively enormous nowadays and economic activity leans more heavily toward the service sector and less towards agriculture. A greater part of the wealth is concentrated in fewer—and proportionally more powerful—hands. National and local governmental authorities are elected by popular vote. Modes of landholding favor groups that wield economic power.

The biggest cities grow and form in accordance with two models: the informal invasion or occupation of land and the actions of public and private real estate developers (the latter being more influential). The population that is to be served (the vast majority of the total) is seldom duly consulted when decisions are taken that will directly affect it.

On the basis of the foregoing description, we may ask ourselves: Does there exist, in the houses of today, that same logical relation between their morphology and the requirements of the families that occupy them? Are they functionally suited to the activities of the people who live in them? Ethical considerations apart, is informal and illegal land use a perverse model that it is feasible to do away with? Does uniform unit housing favor the profits of the developer over individual interests?

And with regard to cities: Does their creation follow a precise model or is it determined by conjunctures? Has the participation of urban planners helped to create cities suited to the real circumstances of the people who live in them? Do cities have the capacity to ensure the good of the majority rather than that of a minority? Have new concepts of equity, transparency, and governance made substantial differences in the creation of new cities? Is there any hope in the short term of generating more equitable cities?

In the light of these considerations, we can affirm that nowadays too there is a certain concordance between the type of power, the type of predominating economic and social models, and the quality of the products the system generates: housing and city. In other words, they are in general concomitant (and in this sense equally consistent) with the degree of equity, legitimacy, and transparency of the environment in question.

What then is the difference between now and bygone times? There seem to be many formal ones but none in terms of content, if we take into account the relation of products generated with the situation and characteristics of the respective environments. One way of objectively evaluating the worth of the system and products of each time is to consider the unquestioned and accepted parameters of each age. There are doubtless many, but none is so clear as the one that marks people's quality of life, which must be the central aim of both city-dwellers and governmental authorities in this and in coming ages.

With this aim as premise and guide, we may be able to generate better urban and architectural products, learning from and taking advantage of the teachings of the past and overcoming deficit situations. But before undertaking this task, we must first know what ordinary people in all their diversity consider "quality of life." This will help us to work with them, consult them, and build solutions together. We must therefore reflect on the mission and techniques to be applied by urban planners in contributing to this end. In this way, a comparison between the past and the present can be not only objective but, above all, useful.

It Happens When We Are Silent

The issue of gender violence in Quito requires us to make use of public space and communications media to raise awareness about an alarming circumstance that we are all, both men and women, called upon to eradicate. We need to see in each photograph the price we pay for our silence, for remaining impassive in the face of a problem that makes it impossible for all of us to take advantage of the opportunities we deserves as citizens of Quito.

Seven of every ten women in Pichincha are victims of violence. Of these women, 54% are victims of psychological violence, 38% of physical violence, 26% of sexual violence, and 17% of economic violence... And there is also a symbolic violence, impossible to quantify but exercised daily in countless gestures and attitudes. The worst of it is that these figures are going up, which means that the State has not found the strategy by which to eliminate these expressions of violence, whose causes are structural, cultural, and emotional. The State has worked a great deal with the consequences of this violence. But if only consequences are dealt with, the violence itself returns. If we fight against the causes, however, from a holistic perspective, we can leave the violence behind us for good.